Louis Hennepin, Johann Georg Lange, Henry Stevens

Neue Reise-Beschreibung durch viele Länder, weit grösser, als ganz

Europa

die neulichst zwischen Neu-Mexico und dem Eiss-Meer in Amerika entdecket

worden

Louis Hennepin, Johann Georg Lange, Henry Stevens

Neue Reise-Beschreibung durch viele Länder, weit grösser, als ganz Europa
die neulichst zwischen Neu-Mexico und dem Eiss-Meer in Amerika entdecket worden

ISBN/EAN: 9783743448117

Hergestellt in Europa, USA, Kanada, Australien, Japan

Cover: Foto ©ninafisch / pixelio.de

Weitere Bücher finden Sie auf **www.hansebooks.com**

Neue
Reise = Beschreibung
Durch viele Länder/ weit grösser/ als
gantz
Europa/

Die neulichst zwischen Neu = Mexico und
dem Eiß=Meer in America entdecket
worden.

Worinn enthalten eine besondere
Beschreibung der Länder/ Sitten und Gewohnheiten der wilden Völcker in dem Süd-und
Norder-Theil der neuen Welt/ und was für Vortheil
man aus der Auffrichtung neuer Colonien in diesen
Ländern schöpffen könne ; Wie auch eine Anweisung/
durch einen kürtzern Weg als bißher ohne Passirung der
Equinoctial-Linie nach China und Japan zu kommen.
Nebst einer genauen Erzehlung von dem Unterfangen
des Herrn von Salle auff die Gold-Mixen zu St. Bar-
be/ ingleichen von der Eroberung der Stadt Quebeck in Canada durch die Engelländer.
Jn Frantzösischer Sprache beschrieben/
und mit Genehmhaltung Sr. Königl. Majest.
von Groß-Brittannien Wilhelm III. unterthä-
nigst überreichet von
R. P. LUDOVICO HENNEPIN,
Missionario der Recollecten und Notario Apostol.
Jns Teutsche übersetzet von
M. J. G. Langen/ Candid. Theol.

BREMEN.
Jn verlegung Phil. Gottfr. Saurman/
1698.

Seiner

EXCELLENTZ

dem

HERRN

Weipert Ludowig

FABRICIO,

Seiner Hochfürstl. Durchl.
zu Braunschweig und Lüneburg
würcklich geheimbten Rathe/Vice-
Cantzlern und Hochbetrauten
Ministro.

Meinem gnädigen HERRN.

Hoch-und Wohlgebohrner ꝛc.

gnädiger
HERR.

E W. Excellentz gegenwärtige Version einer Frantzöſiſchen Reiſe-Beſchreibung / die vormahls Seiner Königl. Majeſt. von Groß-Brittannien Wilhelmo dem III. zugeſchrieben worden/ unterthänigſt zu offeriren / würde mich niemahls unterſtanden haben/ wenn ich mich nicht noch gantz ergebenſt erinnerte/ mit was für einer gütigen Mine meine erſte Arbeſt auff dero hochadelichem Gute zu Weihe von Sie auffgenommen worden. Denn gleichwie Ew. Excellentz ſelbſt eine accurate Erkändtniß

die-

dieser Sprache haben/ und dahero Jhnen weit besser das Original selbst / als dieses schlechte Nachgemählte gebührete : also hätte ich auch billig Bedencken tragen sollen/dieselbe für dero Augen zu bringen/zumahl da ich es selbst für etwas geborgetes halten muß. Jedennoch da ich es nicht höher als ein Opffer meiner unterthänigsten Ergebenheit ausgebe / werde ich mich umb desto glücklicher schätzen/ wenn es in dergleichen Absehen angenommen/ und damit die Fehler/ die dero erleuchteter Verstand darinn antreffen wird / zugleich bedecket werden. Ew. Excellentz können sich dieses Geschencke nicht gantz mißfallen lassen / weil Sie dero Leutseligkeit nach (die Sie nebst andern einem fürnehmen Ministro höchstanständigen Qualitäten in einem vollkommenen

)(3   Grad

Grad besitzen/) auch viele geringere nicht verschmähen. Im übrigen würde ich Ew. Excellentz angebohrne Modestie beleidigen/ wenn ich entweder die hohe Gewogenheit/ die Sie nebst dero Gottseligen Gemahlin mir erwiesen/ oder das gnädigste Versprechen/ welches Sie mir/ für meine Wollfahrt Sorge zu tragen / gethan/ weitläuftig rühmen wolte: Dannenhero begnüge ich mich zu sagen/ daß ich Lebenslang für dero hohes Wohlseyn GOtt anruffen werde und in tieffen Respecte verharre

Zelle den 28. Febr.
1698.

Ew. Excellentz

Unterthänigst-gehorsamb-
ster Diener.

M. Jean Georg
Lange.

Vorrede des Verlegers.

Er Herr Author / nachdem er mehr als 11. Jahr in America oder West-Indien sich als Missionarius auffgehalten / hat Anno 1683. zu Paris in Frantzösischer Sprache herauß gegeben und drucken lassen einen Tractat/genant : Description de la Lovisiane, nouvellement decouverté au Sud - Oüest de la Nouvelle France etc. welcher auch darauff ins Hochteutsche übersetzt und gedruckt worden. Da sich derselbe nun aber zu Uytrecht in Holland auffhält/und Erlaubniß erhalten/ferner seine Beschreibung der Entdeckuungen neuer Länder in der neuen Welt herauszugeben / so hat er vor Außgang vorigen 1697sten Jahrs alldort drucken lassen : Nouvelle Decouverte d' un tres grand Pays, situé dans l'Amerique entre nouveau Mexique & la Mer glaciale &c. und bald darauff: Nouveau voyage d'un Pays plus

)(4   grand

Vorrede des Verlegers.

grand que l' Europe &c. Jenes nennet er denn ersten und dieses den 2ten Theil seiner neuen Entdeckungen/und den 3ten Theil hat er jetzt würcklich schon unter der Presse. Wann dann nun dessen Louisiane wohl abgegangen / so hat man auch diese seine übrige Schrifften im Teutschen heraus bringen wollen ; es wird aber dabey gebeten / nicht übel zu deuten / daß jetzt der 2te Theil / als die nouveau voyage &c. zu erst erscheinet / denn wegen der Kupffer und Land-Charten / so bey dem ersten Theil befindlich / hat man mit selbigen nicht so bald fertig werden können / jedoch soll derselbe mit ersten ebenfalß heraus kommen/ wie nicht weniger der dritte Theil in künfftiger Michaels Messe.

Was an Druckfehlern mit eingeschlichen/ wolle man mit günstigen Augen übersehen/und gedencken/daß es nicht mit Fleiß geschehen/und fehlen menschlich sey.

De-

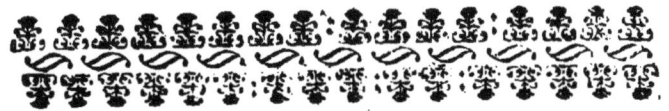

Dedication des Authoris.

Dem

Allerdurchläuchtigsten / Groß-mächtigsten Fürsten und Herrn/ Herrn Wilhelm dem III. König in Groß-Brittannien / Franckreich und Irrland.

Sire.

Achdem auff Ew. Königl. Majest. Genehmhaltung / wie auch meines Königes/Sr.Chur-Fürstl. Durchl. von Bäyern und meiner Superioren Erlaubniß ich in diese glückseelige Provintzien von Holland kommen bin / an der Herausgebung unser grossen Entdeckung zu arbeiten ; so lebe ich der unter-thänigen Hoffnung / daß wie Ew. Königl. Ma-jest. mir die Gnade erwiesen/den ersten Theil von diesem Wercke anzunehmen/Sie auch jetzo diesen zweyten Theil/ welchen Deroselben zu überrei-chen mich erkühne / mit gütigen Augen ansehen werden.

Ich rede darinnen von der Reise eines Men-

)(5

Dedication des Authoris.

Menschen / den ich in America viele Jahre lang begleitet habe/ und dessen geschwinder Tod/ welchen die Raserey seiner eigenen Soldaten befördert/ das grosse Vorhaben / welches er auff die Gold-Minen zu St. Barbe in Neu-Mexico hatte/ alleintzig unterbrochen hat. Die Betrachtung/ welche ich über dieser letzten Reise habe / werden der Nachwelt zu erkennen geben / daß man niemahls undanckbahr gegen seine Freunde seyn müsse / eben wie man niemahls nach dem Beyspiel Ew. Maytt. an seinen Feinden sich rächen muß / als in so fern man das gemeine Beste betrachtet / welches allezeit das privat-Interesse überwägen soll : Und dieses ist auch die Absicht gewesen/ womit Ew. Maytt. Durchleuchtigstes Hauß von Nassau jederzeit gepranget / das ehemahls auff dem Römischen Thron gesessen/ und die Siege in dem Felde der Ehren und des Ruhms fortgesetzet / ja welches wir jetzo in der Persohn Ew. Königl. Majest. mit der Ober-Herrschafft über 3. Königreiche bekleidet sehen.

Sire! Es siehet die gantze Welt / daß die Natur und Gnade sich glücklich einander begegnen/ in Ew. Königl. Majest. Persohn die Abrisse aller Christlichen Tugenden/ und aller Staats- und Kriegs-Maximen Ihrer hohen Vor-Eltern zu vereinigen. Denn die hohe Erhebung und allgemeine Erkändtnüß/ welche nichts / als was edel und löblich ist / von sich spüren lassen; das großmühtige und freygebige Hertz / welches der Geburth Ew. Königl. Maytt. recht wohl anstän-

ſtåndig; die groſſe Gnade/ſo Sie auch ihren eigenen Feinden erwieſen; der bequeme und leichte
Zutritt; die Standhafftigkeit des Gemühts bey
allem Wechſel des Glücks/ darinnen Sie/ Sire,
durch nichts als ihre Großmühtigkeit unterſtü-
tzet geweſen; die Tapfferkeit/Gerechtigkeit/Bil-
ligkeit/Auffrichtigkeit/Haß gegen die Verſtellung
und Gleichgültigkeit im Wohlſtande und Wider-
wårtigkeit; Die ungefårbte Gottſeeligkeit/ welche in allem Unterfangen und Begebenheiten ob-
ſieget: Dieſe Tugenden/ſage ich/ſind die herſchen-
de Eigenſchafften und Seele des Wandels Ew.
Majeſt. ſtets geweſen/und Sie/groſſer Printz/ha-
ben ſchon in dem 22. ú 23. Jahre Ihres Alters/
als damahls dero erſte Krieges-Proben bey den
Armeen abgeleget und dadurch dieſe måchtige
Staaten von Holland von dem frembden Joch
befreyet worden/allenthalben Kennzeichen Ihrer
Tapfferkeit ſpüren laſſen / die auch die geſchickteſten Capitaine übertroffen/ und als ein Baum im
Frühling die ſchönſten blüthen gebracht/daraus
man ſpüren können/was für herzliche Früchte in
dem darauff folgenden Herbſt zu hoffen wåren.

Niemahls hat ein Printz beſſer/ als Sie/
Sire, gewuſt/die Gemåhter unterſchiedlicher Nationen zu beſånfftigen; Ihr Intereſſe zu befördern; Ihr Vorhaben zu entdecken; Ihr Vornehmen zu vernichtigen; die Unbeſtåndigkeit der
Auffrühriſchen auffzuhalten; ihnen zugleich Liebe und Furcht / Gehorſam und Ehrerbietigkeit
einzudrucken. Daher dann niemand ſo wohl in

)(6.   Ew.

Dedication des Authoris

Ew. Königl. Majest. An-als Abwesenheit dero Unterthanen zum Abfall bewegen können / was für Mühe auch Ihre ärgsten Feinde darzu angewendet haben.

Bey diesem grossen Vortheil nun haben Ew. Königl. Myst. nicht nöhtig gehabt das Blut der unter Dero Herrschafft lebenden Völcker zu vergiessen / sondern es ist allein Dero eigenen Geschicklichkeit/ Wachsamkeit und Fleiß / sonderlich aber dem Göttlichen Seegen / womit der grosse GOtt Ihr gerechtes Unternehmen bekröhnet/ zu zurechnen: Denn die Ehre Gottes ist die einzige bewegende Ursache dero klugen Wandels und der Entzweck Ihrer fürtrefflichen Thaten gewesen/ indem Sie nicht den geringsten Vortheil darunter gesuchet. Der grosse GOtt / sic, hat deßwegen zu keiner Zeit zugelassen/ daß ein so gerechtes / billiges und ruhmwürdiges Vorhaben durch die Wolcke der übelgesinneten solte verfinstert werden/ vielmehr aber gewolt/ daß der Besitz Dero glorwürdigste Tugenden destomehr befestiget/ Ihr Ruhm mit einem neuen Glantz vermehret/ und das Zeugnüß/ welches alle hohe Alliirte von Ew. Königl. Majest. Klugheit gegeben/ weiter ausgebreitet würde; In Summa/ daß Ew. Majest. der beste Ruhm beyzulegen sey / indem Sie Europa von dem Untergang in gegenwärtigem Krieg befreyet/ und so vieles gantz glücklich zu einem allgemeinen Frieden beygetragen haben / wofür auch die gantze Welt Ew. Majest. stets verpflichtet bleiben wird.

Ihr

Dedication des Authoris.

Ihr Ruhm/ Sire, ist daher in solchem hellen Glantz/ daß Ihre Feinde ihn niemahls werden verdunckeln können. Man siehet alle Jahr Ew. Königl. Majest. an der Spitze Dero eigenen und der andern hohen Allürten Armeen zu Felde/ umb die Freyheit von Europa zu vertheidigen / welche man zu unterdrücken willens. Sie unterhalten das glückliche Verständniß/ darin die Krafft ihrer grossen / langen und recht raren Vereinigung bestehet/und welches einmahl die Ursach seyn wird/daß so viele Länder erhalten werden/welche man unter das Joch zu bringen suchet. Ew. Majest. Weißheit vergleichet sich mit dem Verstand des Cæsars; Ihre Tapfferkeit übertrifft den Muht des Alexanders / und diese rare Klugheit/durch welche Sie/ Sire, als ein ander Hannibal auff eine verwunderungs-würdige Weise diese grosse Läger regieren / unterstützet solche Ubereinstimmung mit dem grösten Ruhm/wodurch endlich die Ruhe des beängstigten Europä glücklich wird befodert werden.

Die Göttliche Providentz/ Sire, welche die gantze Welt regieret / und die Ordnung und Schönheit dieses grossen Gebäudes / ohngeacht der Veränderung und Revolution/so täglich darinnen fürfallen / hat Ew. Majest. deßwegen erwecket / daß sie 3. mächtige Königreiche beherschen/damit dadurch/indem Sie an dem Wohlseyn ihrer eigenen Unterthanen arbeiten / auch zu gleicher Zeit die vorige Glückseligkeit der Christenheit verschaffet würde und die Völcker von

dem

dem blutigen und graufahmen Kriege möchten
befreyet werden.

Ich bitte Ew. Majeſt. umb Vergebung/
daß ich mich allhier über etliche privat-Perſohnen
dieſer Stadt beklage/ welche/ ohngeacht ſie dem
Schein nach mit mir eine Religion bekennen/
ſich dennoch bearbeiten/ mich verhaſt zu machen/
und es übel gethan ausſtreuen/daß ein Geiſtlicher
des Ordens St. Franciſci 2. Bücher des In-
halts einer Erzehlung von der groſſen Entdeckung neuer Länder in America in dieſer
Stadt drucken läſt/und ſie Ew. Majeſt. offeriret.

Denn wie ich nicht anders daran arbeite/
als mit Genehmhaltung Ew. Majeſt. und Erlaubniß der Hochmögenden Staaten dieſer Provintz; ſo reſpectiren dieſe Leute weder Ihro
Majeſt. geheiligtes Anſehen/ und den Schutz/
welchen Sie mir gnädigſt zu ertheilen beliebet/
noch die Ehre/ſo mir die Herren Staaten erwieſen haben.

Dieſe Leute/ welche nichts als ihr eigenes
Intereſſe auff das hefftigſte lieben/ werden endlich ihren Irrthumb einmahl erkennen. Ich
habe in dieſem allen keinen andern Zweck/ als die
Ehre GOttes zu befördern/ und unter dem Befehl Ew. Königl. Majeſt. den Weg nach China
und Japan/ der durch das Eyß-Meer von den
Engelländern und Holländern ſo eyffrig bißher
geſuchet worden/ damit man nicht nöhtig habe/
2. mahl die Equinoctial-Linie zu paſſiren/ welches ſonſt ſehr viel Mühe/ Zeit und Umbwege ver-
ver-

verursachet / bekandt zu machen. Ich hoffe/
Sire; daß ich was darzu werde beytragen kön-
nen/und bin menschlicher Muhtmassung nach
versichert/daß man mit Beystand GOttes durch
das Mittel meiner Entdeckuug noch vor Aus-
gang dieses Seculi damit werde zum Ende kommen können.

Auff diese Weise/ Sire, würde zugleich der
Nahme GOttes einer unzehlbahren Menge
Völcker / die uns Europäern bißher unbekandt
gewesen/ verkündiget/ und gleich wie der Sohn
GOttes vorher gesaget / daß sein heiliges Evangelium in der gantzen Welt solle geprediget wer-
den/also hat die Gottseligkeit der Gläubigen stets
wegen dessen Erfüllung an diese barbarische Völcker und wilde Nationen sich bemühet.

Sie lassen mir zu/ Sire, daß ich der gantzen
Welt zu erkennen gebe / wie GOTT biß an
die Sorge Ew. Majest. die Ehre auffbehalten/
das Liecht des Evangelii so vielen Ländern / die
wir entdecket / und darinn die Völcker annoch
in der Finsterniß ihrer Unwissenheit stecken/ mittheilen zu lassen / und ich würde mich glücksee-
lig schätzen / wenn ich selbst durch eine so besondere Begebenheit an der Unterweisung so vieler verblendeten Völcker ferner arbeiten und
ihnen einige Erkändtniß der Warheit mittheilen
könte.

Es würde/ Sire, diesen unzehlbahren
Völckern die allergrösseste Freude seyn / sich Ew.
Majest. Herrschafft zu unterwerffen / daraus sie

10

so grossen Vortheil zu erwarten hätten. Sie
würden in einem beständigen Gehorsam und Un-
terthänigkeit Ew. Majest. Regierung küssen/ un-
von Erkändtlichkeit und Liebe gegen einen so
mächtigen / großmühtigen und ihren Unterthanen so lieben Monarchen gantz eingenommen
seyn. Sie würden zu gleicher Zeit sich glücklich
zu dem Liecht des Evangelii geführet sehen/ ja/ so
viele Völcker / die biß annoch des Worts dessen/
der GOTT und Mensch zugleich / beraubet le-
ben/ würden denselben inskünfftige für ihren allgemeinen Richter der lebendigen und der todten
bekennen / und Ew. Majest. würden die Vergnügung haben / ihren durchleuchtigsten Nahmen in dem gantzen Begriff dieser neuen Welt
verehret zu sehen.

Ich bitte den Himmel/ Sire, der allenthalben die Rechtfertigung Dero grossen Thaten
begleitet/ daß es demselben belieben wolle/ stets
die glorwürdigen Unterfangungen Ew. Majest.
mit glücklichem Außgang zu bekröhnen/ und Ew.
Königl. Persohn inskünfftige zur vertheidigung
des Interesse meines allercatholischen Königs
und aller hohen Alliirten/ zum Wohlstand ihrer
Unterthanen und des gantzen durch diesen betrübten Krieg bedruckten Europä zu erhalten.

Dieses sind die Wünsche/ welche ich aus dem
innersten meines Hertzens beständig hohle/ und
indem mein grösseres Verlangen dahin zielet/
GOtt anzubeten/ und in den demühtigsten Dien-
sten

ften gegen Ew. Majeft. fortzufahren; also will ich ftets auffs getreuefte ausrichten/was Sie mir zu befehlen belieben werden/ und zur Erkändlich-keit lege ich dieses öffentliche Zeugniß mit dem tieffeften Respect für Sie nieder/mit welchem ich bin und bleibe

Allerdurchleuchtigfter Großmächtigfter
König und Herr

Ew. Königl. Majeft.

allerunterthänigfter/gehorfambfter und getreuefter Diener

F. Ludowig Hennepin/ Miffiona-rius Recoll. und Not. Apoft.

Vor-

Vorrede des AUTHORIS.

Ch erachte gar nicht nöhtig,
dem Leſer durch eine gelehrte und
wohl-erſonnene Vorrede zum vor-
aus einige Luſt und Anmuht zu dieſem gegenwärtig-dem Druck über-
gebenen Büchlein zu erwecken
dann wie die Warheit die Seel
und eigentliches Weſen von der Beſchreibung der
neu-entdeckten Länder iſt / ſo hat davon itziger
abermahliger Theil / den ich aus meiner Hand
den Nachkommen hinterlaſſe / ſich wenig einiges
Schmuckes wegen zu bekümmern / weil ihm die
nackt-und offenbähre Warheit allein genug das
Wort reden wird. Etwas neues oder fremdde
macht ſich ohndem auch ſelbſt beliebt / ob man
gleich das Land/daraus es herkömmet/ der guter
Policey halber/ in Anſehung unſer/ nicht rühme
darff : Daß alſo zweyhundert bißher unbekandte Völcker / ſo alle ihre unterſchiedlich
Sprachen haben / und derer ich in meiner Beſchreibung von Louiſiana / wie auch in dieſen
Buche Erwehnung gethan / ja derer Länder wi
neulichſt entdecket / und mit dem Herrn Rober
Cavelier de la Salle zum erſten durchgereiſet/de
Neu

ubegierigen zweiffels ohn, einigermaffen
hl behagen werden.

Eh ich aber dasjenige / was man meinen
chrifften / so ich bereits ans Liecht gestellet/
r und entgegen werffen wollen/ beantworte/so
ib ich es vor gut angesehen / dem Leser vorher
lgende Approbationes über meine Louisiana
m denen Geistlichen meines Ordens/ davon ich
e Originalia in meiner Verwahrung habe/
eyläufftig mitzutheilen / umb darauß zu ersehen/
as solche deßfals mir für ein Zeugniß geben/
elche dann nun also lauten:

Jch untergeschriebener urkunde und beken-
ne/so wohl gelesen als bey mir überleget zu
„haben / ein und eben daffelbige Buch) / so den
„Nahmen führet einer Beschreibung von Loui-
„siana / und den Gebräuchen der wilden Ein-
„wohner selbigen Landes/ nur erst unlängst zum
„Süd-Westen von Neu-Franckreich entdecket;
„so da gemacht und beschrieben ist von dem Ehr-
„würdigen Pere Louis Hennepin, Predicateur
„Recollect & Missionaire Apostolique:
„Bezeuge auch/ daß ich nichts darinn gefunden/
„welches unserm Glauben oder den guten Sitten
„zu wider wäre ; sondern / daß es mit vielen
„Anmerck- und nöhtigen Erinnerungen / so
„wohl zur Bekehrung der wilden Menschen /
„als auch zum Besten des Staats-Wesens
„und gantzen Königreichs Wollfahrt sehr
dienst-

Vorrede des Authoris.

„dienst- und nützlich / überall erfüllet
„Actum, in unserm Kloster der Recolle(
„Paris/den 13. des Christmonahts 1682.

F. Cesarius Harveau, Lehre(
Gottseeligkeit/ Pater Provi,
und Prior der Recollecten
Klöster vö. St. Denis in Fra

✳✳ ✳✳ ✳✳

„Ch hab ein Buch durchgelesen / da
„Titul führet: Die Beschreibung von
„siana / nur gar kürtzlich zum Süd-Weste
„Franckreich entdecket / nebst darbe
„geführten Gewohnheiten derer wilden La
„Einwohnern re. In diesem Buche hab ic
„nicht allein nichts angemercket/daß da ent
„mit dem Glauben der Catholisch-Aposti
„Römischen Kirchen/ mit den Gesetzen de
„nigreiches/oder mit den guten Sitten nicht
„überein kähme; sondern ich muß gestehe(
„es uns sehr hoch verpflichtet / umb
„Christlichen Glauben in der neuen W(
„mehr und mehr fortzupflantzen / wie
„die Herrschafft unsers unüberwindlichen
„narchens in ein solch grosses Land /
„von allen Gütern einen Uberfluß hat/ l
„Fleisses noch weiter auszubreiten und
„vermehren. Datum in unserm Kloste

Recollecten von St. Germain in Laye/ den
4. Decembris 1682. Und gezeichnet von

F. Innocentius Micault, Definiteur
der Recollecten von der Provintz
St Denis in Franckreich / und
Commissaire General der Klö-
ster derer Recollecten von St.
Antoni in Artois.

1. Bin ich versichert/daß einige Leute/ so mit
ir allhier den Römischen Glauben bekennen/
ich wegen meines Glückes beneiden / oder auch
it einigem Vorurtheil wider mich eingenom-
en sind / welche sich dann folgends befleißigen/
ich bestmüglichst verhasset zu machen/ und bey
n Einfältigen zu verleumden und zuverlästern.
ie streuen ins besonder von mir aus/ es sey gar
cht glaub-oder wahrscheinlich / daß ein Geistli-
er des Franciscaner-Ordens die Außbreitung
s Evangeliums in solchen grossen Landschaff-
n/als er entdecket/durch einen Reformirten Kö-
g zu befordern auffrichtig begehren und wün-
en werde. Es soll mir aber nicht schwer fallen/
eine Unschuld und guten Namen sampt meiner
ache/wie billig/zu verthädigē. Diesen Verleum-
rn ist zwar/wie es scheinet/nicht verborgen/ daß
le Dinge gut oder böß ausgeleget werden kön-
n; mögen sie aber mit Bestand es auch woll
el ausdeuten / daß die höchsten Häupter von

Eu-

Europa / als gleichsam in die Wette / mit dem dritten Wilhelm / König von Groß-Brittannien / für ihre Länder und Unterthanen unermüdet wachen und arbeiten? Und obgleich Ih. Königl. Majest. selbst dero Gebieth und Ober-Herrschafft unter so vielen wilden Barbaren / gesetztem Fall nach / ferner vergrösserte und außbreitete; ist es dann nicht billiger / ja besser / daß eine solche unzehlbahre Menge Völcker den Nahmen Christi annehmen / als länger sonder Erkändniße GOttes in ihrem elenden Zustande bleiben? Meine Verfolger solten sich vielmehr im Hertzen darüber erfreuen / daß durch dieses Mittel / welches ich entdecke und an die Hand gebe / die Engelländer und vereinigte Provincien so viele Unchristen und Heyden / die annoch in der Finsterniß ihrer Unwissenheit stecken / in GOttes heiligem Worte unterrichten und unterweisen möchten. Geniessen nicht auch diejenigen / welche mich allhier zu verkleinern und schwartz zumachen trachten / die Freyheit unsers Gottesdienstes unter der Zulassung und Gutbefindung des Königes von Engelland / Wilhelms III.? Und da sie dieses mir nicht läugnen können / so verhoffe ich eben dadurch zur Außbreitung des Königreichs Christi umb etwas beyzutragen hülff-und dienstlich zu seyn. Zum andern / so möchte man mich wohl für einen undanckbahren Menschen aus schreyen / daferne ich diesen grossen Monarchen der Englischen Nation nicht gebührend erkennte und verehrte / der da bereits gegen uns so hold selig

ig als seine Reichs-Vorfahren unsern Re-
ecten in America sich erwiesen / wie der Leser
Ende dieses Buches wird beschrieben finden
von selbst anmercken können.   Aber nur
h mit einem Worte: mein Allercatholischer
nig / Jhre Churfürstliche Durchleuchtigkeit
Bäyern / die schrifftliche Bewilligung der
perioren meines Ordens / die Standhafftig-
meines Glaubens und feste Unterhaltung
iner Gelübte / welche mir Jhro Groß-Brit-
nische Majest. nicht unterbricht / seyn die be-
Bürgen und Vertreter für mich und der
ffrichtigkeit meiner guten Meinung / und wer-
dieselbe mich endlich gnugsahm rechtfertigen
d von der lästerhafften Zunge solcher meiner
idersacher woll befreyen.

2. So seyn einige / welche da nicht wohl begreif-
mögen / wie ich doch in so kurtzer Zeit so viele
eilen auff dem Fluß Meschasipi habe zu-
ck legen können ;   Sie wissen aber nicht / daß
an mit den Canots / oder von Baumrinden ge-
achten Indianischen Schifflein / alltäglich 20.
biß 30. Meilen / ja noch mehr / wann es die
oht erfordert / durch Hülffe der Ruder fortkom-
n könne.   Und hätten wir auch schon mit uns
eyen / wie wir dann gewesen sind / des Tages nur
en Meilen gereiset / so würden wir doch in 30.
igen derer 300. zurücke geleget haben.   Ja in
Zeit / die wir von dem Fluß der Illineser biß
n Einfluß des Meschasipi in den See-Busem
von

von Mexico zugebracht/ hätten wir wohl 2. ma
so viel außrichten können / im fall wir n
denen Canots noch fleißiger zu Wercke geh
wollen.

3. Befinden sich Privat-Leute / die eb
keine sonderliche Christen sind/ welche wegen d
eingebildeten Vortheils mein Verderb und U
tergang bey sich beschlossen haben/ nachdem n
mir ihnen einiger Argwohn und Nachdenck
soll erwecket seyn. Diese/ damit sie verhinde
möchten/daß meine Reise-Beschreibungen nic
gedrucket würden/haben meinen Buchhändle
zu Untrecht gesagt/oder sagen lassen/wie daß all
dasjenige/so ich ihnen zu drucken gäbe/nichts a
ders als eine blosse Erneuerung der vorhin sch
beschriebenen Louisiana sey ; hinbeyfügend/ d
sie bereits auch schon die teutsche Ubersetzung d
von gesehen hätten. Diese mit Einbildu
schwanger gehende Menschen geben genug
erkennen/daß sie vielmehr mitleidens als vera
tenswürdig seyn ; aber es ist gar leicht/ sie
rer schändlichen Unwarheit zu überführen. Da
wie ist es müglich/daß ich aus meinem ersten B
che von Louisiana/welches gedrucket 19. oder 2
Bogen außliessert / einanders von mir ungese
20. oder 22. Bogen/ wie solches der Augensch
(zu verstehen in der Französischen Edition) d
thut hätte machen / und das erste dem Kön
von Franckreich zuschreiben / meine zwey and
und letzten aber Wilhelm dem III. itzigen Kön
pen Groß-Brittannien/ auffs neue unverän

wieder zueignen können? Gewiß / die dieses
den Leuten einzupredigen vermeinen / müssen sich
auch der grössesten Lügen nicht weiter schämen.
Es ist zwar nicht ohn / daß ich in meinem Buche von Louisiana auch einige Dinge erwehnet/ so
ich abermahls hierinnen anführe / und kan ich
solches nicht verneinen ; doch hat es denjenigen
so beliebet / welchen ich damahls zu Gebott stun-
de/ und muß solches allein zu meiner Entschuldi-
gung gnugsam seyn. Die aber dieses außspren-
gen / haben gar keinen andern Entzweck vor
sich/als durch die Unterdrückung meines Wercks
meine Person selbst aus Utrecht zu vertreibe; doch
werden ermeldte meine Lästerer in offtangezoge-
ner Louisiana die Beschreibung meiner Entdeckung von dem Mund des Illinoisischen Flusses
auff dem Meschasipi biß an den Mexicanischen
See-Busem nimmermehr anweisen können:
wie dann auch darinn die Reise von Msr. de la
Salle gleichfalß nicht zu finden/welche ich nebenst
meinen Anmerckungen und andern sonderbahren Sachen hinbey gefüget / sonst aber noch nie
herauß gegeben habe. Gesetzt auch/ich hätte einen Theil von der Louisiana in mein letztes Buch
mit hinein gebracht ; so ist es mein Werck: ich
mag und darff davon Erwehnung thun / umb/
was ich entdecket/vollkömmlich vorzustellen. Ich
bin auch ja der erste nicht / welcher ein Buch zu
unterschiedlichen mahlen außgehen lassen / und
noch hernach einige Dinge hinzu gethan / die es
doch vorher mit fleiß vorbey gegangen ; wie ich

)( )(

es dann gewißlich in meinen zwey letzten Büchern
verrichtet/die ich einem Könige zun Füssen gele-
get/dem ich doch sonst nicht damit wäre auffgezogen kommen. Solche und dergleichen hohe
Persohnen versiehen und unterscheiden eine
Sache viel besser / als andere schlechte/im Gehirn unrichtige und einfältige Leute / wie die
seynd/so von meinen Lästerern hintergangen wer-
den/und die auch in ihrem Leben niemahls etwas
sonderliches begangen / derhalben sie sich dann
nicht wenig ungehalten anstellen / wann einem
andern über ihren Begriff (eben so gering / wie
sie) eine wichtige Sache woll und glücklich aus-
geschlagen.

4. So ist vornehmlich auch ferner ein klu-
ger tiessinniger Mann / welcher allhier über die
Zeit von ungefehr eilff Jahren/in welcher meine
neue Entdeckung geschehen/seine Anmerckungen
gemacht hat. Er gibt aber keine Achtung dar-
auff/wie daß ich alle hin-und heraethane Reisen
mit darzu rechne / und daß ich öffters gezwungen
worden / mich hie und da eine Zeitlang auffzuhal-
ten/ ehe ich eine vollkommene Nachricht von unserer weiten Reise an des Tages-Liecht kommen
lassen. Wann man dann das Jahr meines Ab-
zugs aus Europa kurtz nach dem Haupt-Treffen
bey Senef/ allwo ich mein Leben öffters mitge-
waget/nemblich Anno 1674. zu dem Jahre der
zweyten Heraußgebung meiner Louisiana rech-
net/welches das 1688te Jahr gewesen/ so werde
ich auff meinen Reisen und in der Bemühung

meine

ame Begebenheiten auffs Papier und
ruck zu bringen eine Zeit von fünfzehen
oll zugebracht haben/welches vier Jahr
macht/als die eilff Jahre / seit dem sie
sser seyn. Wie man spricht/so begehet
genauen Untersuchungen der sehr hoch-
Scaliger je zuweilen noch wohl einen
; und es werden sehr wenige Authores
werden / welche nicht in ein und andern
von einigen, eigensinnigen Klüglingen
gefochten werden. Ich habe in dieser
ytrecht schon viele Gemühter ange-
: von Natur einem gern etwas anhaben
d die sichs hefftig angelegen seyn lassen/
n ihrer Macht stünde/ mich gantz und
erdrücken. Diese nun sind viel schäd-
oberwehnter gelehrter und durch seine
re Gaben hochberühmter Mann / der
igkeit davon nichts gemeldet/ so offt ich
enossen / mich in seiner angenehmen
sfft woll vergnüget zu befinden.

Gibt es noch anderes sehr halßstarrige
öder/ welche vorgeben / daß ich dieses/
lich unter den Wilden/woselbst ich mich
ten / man die Sonne in ihrer Sprache
enne/wohlbedächtlich angeführet/ umb
z von Franckreich damit zu schmeicheln/
s wenn Louis der XIV. keine andere
bey sich hätte/und etwann meiner Lob-
h bedürffe. Es ist nichts/das besser den
offer Helden verkündige/ als eben dero-
)O(2 selben

selbige einige Thaten. Was ich aber gesaget habe/
will ich noch einmal wiederholen: dañ wie ich bey
den Iſſati und Naduessans in America als ein
Leibeigener ſeyn muſte/da mich endlich einer von
ihren Vornehmſten/ Nahmens Aquipaguetin,
zu ſeinem Sohn angenommen / und ſo lange ich
unter dieſen Barbaren / umb ihre Sprach zu er-
lernen/mich aaffhielte / habe ich ſie niemahls von
der Sonnen reden hören / daß ſie nicht dieſes
Wort Louis darzu gebrauchet hätten. Zwar
benennen dieſe Wilden auch den Mord alſo; aber
ſie unterſcheiden das Wort/ indem ſie den Mond
Louis Baſatche heiſſen/ welches nach der Eigen-
ſchafft ihrer Sprache die Sonne/ ſo des Nachts
ſcheinet/bedeutet. Wann nun meine Feinde
mir nicht glauben/ſo mag ich wohl mit dem Apo-
ſtel ſagen : Quod ignorant, blaſphemant.
Was ſie nicht verſtehen / das läſtern ſie.

6. Noch andere/eben ſo gut wie die vorigen/
können auch das Maul nicht halten/ ob ſie ſchon
nichts anders zu ſagen wiſſen / als nur/ daß der
Pater Hennepin in ſeinem Buche nicht gar viel
beſonders vorſtelle. Dieſe unvernünfftige Creaturen machen ſich aber ſelber nur verächtlich.
Deñ kan auchwohl einem etwas ungewöhnlichers
vorkommen/als wenn man von 4. oder 5. groſſen
Seen/welche 4. biß 500. Meilen groß / ja deren
eine 700. in ihrem Umbkreiſe begreiffet / ſo wir
ſüſſe Seen benahmen können / gleich wie hierinn
von mir geſchicht/verſtändiget wird? Auff dieſen
beſchriebenen Seen hat ſich niemahls ein ander
Schiff

Schifferblicken laſſen als das von 60. Tonnen/ſo
wir des Orts gebauet / und wormit wir von einer
See zur andern / über 500. Meilweges / zur
höchſten Verwunderung aller daſelbſt herum ſich
auffhaltenden Menſchen/gefahren haben. Die
Wilden / ſo dieſes gleichſam von ſich ſelbſt fort-
wandernde Schloß zu allererſt gewahr wurden/
ſahen mit auffgeſperrten Augen und Mäulern
gantz beſtürtzt/ erſtaunt und erſtarret zu / und
wenn ſie den Knall des Geſchützes / ſo wir mit
uns führeten/hörten/vermeinten ſie/als wenn der
Donner ſie zerſchlagen und in den Abgrund ſtür-
tzen würde. Und ſolte woll etwas ſeltzamers
können geſagt werden/ als der groſſe Waſſer-Fall
von Niagara/den ich beſchrieben / und der ſo er-
ſchrecklich als kein anderer in der gantzen Welt
iſt; ſintemahl ſolches Waſſer bey 6. ja 700.Fuß
hoch herunter fällt/ und aus den weiten Seen ent-
ſpringet/welche den groſſen Fluß St. Laurentz zu
wege bringen? Befrembdet einem was mehr /
als mit ſpitzauffmerckenden Ohren von einem
durch uns erſt neulich entdeckten Lande zu hören/
das in der Gröſſe unſer Europa übertrifft / und
mit mehr als 200. Nationen Völcker/ſo alle ihre
eigene Sprache reden / beſetzet und erfüllet iſt;
deſſen doch noch kein Geſchicht-Schreiber jemahls einige Meldung gethan/und das nie durch
einige Land-Charten oder allgemeine Welt-Be-
ſchreibung anderſt als durch mich vor Augen geleget worden? Solche Thoren thäten dann viel
beſſer / daß ſie lieber gar ſtill ſchwiegen von dem/

)O(3   was

was über ihre Vernunfft steiget / als daß sie sich
dessen verwundern / was ihre Zunge nicht tauget
außzusprechen/nachdem sie nichts / als was uns
täglich zu Gesichte kömpt/angeschauet/und etwan
4. oder 5. Schritt ausserhalb Landes in die
Frembde gethan haben.

7. Ja endlich diejenigen Menschen / die
da von schlechtem Verstande und geringer Wissenschafft derer Dinge sind/so uns die entfernten
Länder zeigen / haben gemeiniglich die Gewohnheit oder das Laster an sich/ daß / was sie nicht
fassen noch begreiffen können/nur für albern oder
gar für nichts zu schätzen: vermeinend/man spot-
te ihrer/wann man eines Landes / viel grösser als
gantz Europa/gedencket/ indem sie sich einbilden/
die Welt reiche nicht ferner / als wie sie die be-
wohnen/ und daß Canada allein ein solcher Platz/
den das allerkleineste Theil von America umb-
fangen und beschliessen möge.

Dieselben aber / so da die Beschreibungen der
Reisen/welche nach unterschiedlichen Oertern der
Welt/umb sie ferner zu entdecken/angestellet wor-
den/fleißig gelesen haben / sind des Gegentheils
genug versichert ; Und man weiß daher / daß
nichts falschers als obgedachtes Vorurtheil zu
befinden. Ich habe auch in der Louisiana/so meine erste Arbeit ist/deutlich angezeiget/ daß Canada mehr als 700. Meilen in sich begreiffe / wann
man nemblich von der durchlöcherten oder
durchbohrten Insul und grossen Bäye den sehr
grossen Fluß/St. Laurentz genant/auffwerts säh-
ret.

ret. Ich habe solche Reise biß an den Ursprung dieses Flusses verrichtet/ auch erfahren / daß er aus vielen andern grossen Flüssen und denen vorhergedachten 4. weiten Meeren oder süssen Seen zusammen lauffe und bestehe ; welche wir dann mit Schiffen oder Canots von Bast gemacht durchgestrichen haben / wie man solches in denen Charten / so ich dem vorigen oder ersten Theile beygefüget habe/ von selbst nachsehen kan.

Eben solches kan ich auch von dem unvergleichlichen Strohm Meschasipi vermelden / welcher sich noch weiter erstrecket als der von St. Laurentz. Ich habe auch den grossen Fluß der Amazones in der General-Charte meiner Entdeckung angewiesen/ welcher ins Südliche America jenseits der Equinoctial-Linie befindlich/ inzwischen so glaube ich nicht/daß derselbe den Meschasipi an Grösse und Länge übertreffe / wie er denn auch nicht so starck/als der von St. Laurentz sich ergiesset/und solches vermuhte ich daher/ alldieweil zu beyden Seiten dieser 2. Flüsse sehr grosse Landschafften anzutreffen//welche mehr als 200. verschiedene Völcker in sich begreiffen. Derohalben ich dann nun für fest stelle/ daß diejenigen Oerter des festen Landes / so ich erstlich zu entdecken das Glück gehabt/ allzusammen in der Grösse gantz Europa übertreffen / und man in Warheit die gewaltigsten Königreiche darinnen woll auffrichten könne.

Im gegenwärtigen Buche habe ich mir nun

)O(4 vor-

vorgenommen/ diese unterschiedliche Länder/ so ich durchzogen/ zu beschreiben / und die Früchte/ so sie hervor bringen/ sampt den Kauff-Handel/ den man allda anzustellen hätte / auch mit eins den Witz / die Zuneigung und Gebräuche der Einwohner/ zum wenigsten so viel als die Materie/ davon ich zu handeln gesinnet/ erfordert/ bestmüglichst kund zu machen. Zu welchem Ende ich nicht weniger bequem und füglich als nütz- und dienlich zu seyn vermeine / eben diejenige Reise/ so der Herr Robert Cavelier de la Salle verrichtet/ ordentlich allhier hinbey zufügen. Nachdem ich dann einen kurtzen Entwurff aller derer Dinge/ so ich zur Unterrichtung des Lesers nöthig/ vorhergehen lassen/ will ich dieses Buch/ gleich wie das vorige/ in Capittel abtheilen.

Zum Beschluß desselben will ich auch die schlechte Bekehrung der Wilden/ungeachtet allen angewandten Fleisses derer so woll treueiffrigen als zugleich sehrgeschickten Mißionarien/ welche von langen Jahren her sich daselbst befunden/ und dem HErren einen Weinberg in Canada zu pflantzen/ auch sorgfältiglich ihn zu unterhalten/ sich bemühet haben/zu erkennen geben. Und dieses ist es/was uns verpflichtet/mit einer geziemenden Ehrerbietung die unbegreiffliche Güte und Weißheit GOttes zuverstehen zu lernen: nemblich daß uns GOtt zu seiner seeligmachenden Erkäntnisse verholffen/da doch noch so viele andere Völcker in greulich-und abscheulichem Irrthumb/

umb/ Finsterniß und Unwissenheit stecken/ und
ohne GOtt/ohne Glauben und Hoffnung leben/
a vom Liechte des heiligen Evangelii gantz nichts
u sagen wissen.

Jedoch bin ich menschlicher Weise nach
versichert/daß alle Völcker/ die wir bey dem Fluß
Meschasipi angetroffen / viel geschickter zur Annehmung des Christenthumbs als die andern
seyn werden / nachdeinmahlen man sie etwas
ehrsahmer und nicht so wild / auch sanfftmühti-
ger befindet / als diejenigen wohl sind / so nach
Norden wohnen/ welchen man derohalben nicht
wohl beykommen mag/ und sich viel halßstarriger
als die Völcker gegen Süden bezeigen.

Dieses Buch dann nun dem Leser desto ver-
ständlicher in die Hand zu geben/ so habe ich über
die letzte Reise des Herrn Robert Cavelier de la
Salle einige Anmerckungen gemacht /die ich also
thun wollen / weil ich viel bessere Wissenschafft von diesen grossen Ländern / als der Ehrwürdige Pater Christian le Clercq/ Actual-Defi-
niteur oder Vorsteher unserer Recollecten von
Artois / der eine Beschreibung davon gemachet
hat habe. Dieser Pater/ welchem ich mich dem-
noch sehr verbunden erkenne/ und mit dem ich allezeit gute Freundschafft gepflogen / hat zwar eine
vollkommene Wissenschafft der Geschichte von
Gaspesiane/ so er auffgesetzet/ wie auch von Cana-
da/allda wir recht offenhertzig miteinander umbgegangen ; er hat aber mit solcher Vergewisse-
rung als ich von Louisiana nicht schreiben können/
ange

)(5

angesehen er nur in Canada und zu Gaspee gewesen / welches da zwischen Baston und der durchbohrten Insul lieget / woselbst ich wegen der Fischer / so alle Jahr mit unterschiedlich vielen Schiffen dahin kommen / als ein Mißionarius einen gantzen Sommer über mich auffgehalten habe: also/ daß er von einem Lande/ so er selbst nie gesehen/ nichts als aus Erzehlungen von andern beybringen mögen. Die grosse Baye von Gaspee am Ufer des Welt-Meers und an Canada in Cadie gelegen / allwo ged. Pater le Clercq auch ein Mißionarius gewesen / ist weiter als 1200. Meilen von denen Ländern in Louisiana entfernet. Uberdem so hat der Pater le Clercq von dem Tagbuche meiner vorgenommen- und glücklich-abgelegten Reisen woll gewust / alldieweil ich davon eine Copey dem Pater Valentin le Roux / Commissario Provinciali zu Canada/ habe zukommen lassen / wie auch schon im vorhergehenden Buche berühret worden. Demselben hat der Pater le Clercq dasjenige mit angehänget / was er aus den Anmerckungen des Paters Zenobe Membre/ des Recollecten/ da er zu Quebeck sich auffhielte/ außziehen und außfinden können. Ubrigens ist gewiß / daß der Stylus und alle Schreib-Art des Pater le Clercq mit des E. Pater Valentin le Roux seinem gar genau übereinkomme.

Es würde mich sehr verdriessen / wofern mir einer auffzubürden gedächte/ daß ich dem Pater le Clercq in seinen Fußstapffen oder in seinen
Mân-

Nåugeln (welches in der Französischen Spra-
he auff einerley außkompt) gefolget hätte. Ich
erinnere mich sonsten dabey eines Gedichtes vom
Herrn de Boileau, welches also lautet:

,Menage, der Poet / nicht sonders hoch zu prei-
sen/

„Hat durch ein Lob-Gedicht mir wollen Ehr' erweisen :

„Und sagt / er hab' es selbst zu allererst er-
dacht;

„Da ich es doch wohl weiß / daß er es nicht
gemacht.

„Was hat man aber ihm dasselbe vorzurü-
cken?

„Es sind ja mehr / die sich mit frembden Federn
schmücken.

Ich verwundere mich aber nicht darüber/
daß mehr gedachter Pater le Clercq eben solches
thun wollen/ nachdem er damit den Pater Zenobe Membre/ den Recollecten/ welcher sein naher
Anverwandter/ zu beehren vermeinet/ der da an-
fänglich mein Reise-Gefehrte biß zu den Illinoi-
sern gewesen ; allwo er aber verblieb/ dieweil
ich unterdessen die Entdeckung neuer Länder fort-
setzete. Ich bin indessen vergnüget / daß man
weiß/ es sey der Pater Zenobe mein Freund / dessen Ehr zu kräncken ich mir nicht vorgenommen.
Wir haben immer zusammen gute Freundschafft
gehalten/ und wie der Pater Zenobe auß America
wieder zuruck gekehret/ so besuchte er mich in un-

sern

serm Kloster von der Festung Cameric / dem ich
damahls als Vicarius und regierender Supe-
ricur bin vorgestanden. Und wie ich ihn freundlich willkommen geheissen/erzehlte er mir / wie er
abermahl mit dem Herren de la Salle dorthin
gedächte/umb von den Jllineisern biß zum See-
Busem von Merico den Strom Meschasipi her-
durch zu streichen / und daß er alldort die Zeit
würze haben/dasselbe Land noch viel besser / als
ich im Jahr 1680. gethan/zu erforschen und aus-
zukündigen : Dieweil/seinem Vorgeben nach/
er mit grösserer Macht/ sonder Furcht von denen
Barbaren überfallen zu werden/ des Weges reisen würde.

Nun ist des Herrn de la Salle Reise von
diesem Fluß der Jllinoiser biß an den Golff von
Merico nicht eher als 2. Jahre nach mir geschehen. Ich habe meine Reise im Jahr 1680. verrichtet; er aber trat die seine erst im Jahr 1682.
an. Nachdem er mich dann beym Pater Hyacinthe le Fevre schwartz gemachet/ dessen ich vor
diesem wohl gedacht/ so gebrach es in Ansehung
meiner dem Herrn de la Salle an Vorsichtigkeit.
Dann er hätte sich wohl leicht die Rechnung machen können/daß wenn nun erwehnter Pater Hyacinthe meine Verbannung aus Franckreich (un-
tern Vorwand/daß ich ein Unterthan des Königes von Spaniē wäre)befordert hätte/ich alsdann
nicht unterlassen würde/ diejenigen Länder/so ich
in America entdecket/denen/welche mehr Liebe zu
mir/als gedachter Pater Hyacinthe und der Hr.

De

e in Salle gehabt/ kund zu machen / und anzu-
weisen. Aber über dieses alles ist gewiß / daß
die Menschen ihre bestimmte Zeit haben/ und alle
ihre heimliche List und verborgene Anschläge
vor dem Richter-Stuhl GOttes offenbahret und
eine andere Gestalt gewinnen werden.

Wann man dieses nun zusammen woll er-
weget/ so erhellet klärlich daraus / daß alle diese
Leute mir den Vorzug ungestreitet lassen
müssen ; und daß selbst das meiste ihrer Beschreibungen aus meinem Tag-Buch (welches
sie durch Hülffe benanter Ehrw. Pat. Hyacinthe
le Fevre und Valentin le Roux in Händen haben) entlehnt und abgeborget sey : so/daß der
Leser der Warheit meiner Schrifften und alles
desjenigen/ was ich von diesen grossen Ländern/
die ich von allen Europäern zu erst gesehen und
bereiset habe/ vermelde / gantz gewiß und versichert seyn kan. Es ist zwar wahr/ daß mir damahls viele wunderliche Abentheure begegnet/
viele Beschwerungen vorgekommen und unzähli-
che Gefahr zu handen gestossen : GOtt aber hat
mir dermassen mit seiner Gnade beygestanden/
damit ich alles überwinden/ und was ich so sehr
gewünschet zu Ende bringen mögen.

Es ist ein gewisser Ort auff der Insul
Montreal in Canada / so 25. Meilen in seinem
Umbkreise begreiffet/ allwo der Herr de la Salle
einige Häuser zu bauen angefangen/ worvon hernach ein grosser Flecken geworden/ welchen man
Beschimpffungs-weise China nennet / weil man
allda

allda zu wohnen sich hat niedergelassen. Dieses
Orts Einwohner haben offtermahls von ihm ver-
standen/ daß so bald er sich von den Gold-Berg-
wercken zu St. Barbara in Neu-Mexico zum
Meister gemachet/ er sich zu gelegener Zeit (durch
die Länder / welche wir hernacher mit einander
entdecket haben/ sonder die Equinoctial-Linie zu
passiren) dermahleins nach China und Japan
begeben wolte/und daß er schon ein Mittel finden
würde/ in die Süder-See zu kommen/welche an
die Länder von Louisiana stößet. Dieses war
es/wornach eben dieser vielversuchte Herr de la
Salle mit mir sich stets gesehnet / da wir unser
Verbleib noch auff der Festung Frontenac hatten / und waren wir über nichts mehr als nur
darüber bekümmert / indem es auch die Ursache
war/daß wir auff die stille Süder-See/ von der
so eben Erwehnung geschehen/ uns zu begeben bedacht waren. Diejenigen/ welche die Land-Charten / so ich vor diesem herauß gegeben/ woll einge-
sehen und betrachtet haben/ werden mir/ daß solches woll müglich sey/ nicht in Abrede seyn können. Es finden sich auch viele Mathematici und
Gelehrte in der Geographie/ die uns versichern/
daß Japan an den Ländern des Nordlichen A-
merica fest und nicht gäntzlich davon abgesondert
sey. Selbst der weitberühmte Herr Grävius/
einer von den klügsten und verständigsten in den
Historien dieser Zeit hat/als derselbe die Entdeckung unserer grossen Länder woll und reifflich er-
wogen/ in Beyseyn sehr erfahrner und wegen ih-

rer

Vorrede des Authoris.

rr Verdienste hochansehnlicher Leute in dieser
Stadt Utrecht mir die Ehre gegönnet/ offenhertzig zu bekennen/wie er festiglich glaube/ daß Japan keine Insul sey/wie man wohl dafür hält/son-
dern daß die Länder sothanen grossen und mächtigen Reichs und die weit ausstreckende Landschafften unsers Louisianens irgendswo aneinan-
der hängen. Ich kan nicht umbhin/ allhier den
Bericht der Wilden anzuziehen/ die aus den nach
Westen gelegenen Ländern als Abgesandten die
Issati und Nadsüessans begrüsten / woselbst ich
als ein angenommener Sohn eines vornehmen
Capitains unter denen Barbaren und in desselben grossen Cabanne oder Hütte mich auffgehalten habe. Von diesen Abgesandten bin ich durch
einen Dolmetscher versichert worden / daß keine
Strasse oder Meer-Enge von Agnien zu befinden
sey/wie man woll bißher der Meinung gewesen:
welches uns so vielmehr zu glauben veranlasset/
daß die grossen Land-Striche von dem Norder-
America biß an das feste Land von Japan reichen und beyde an einander sitzen/so/daß sie durch
keine See/oder Strasse von Agnien/wie man dan
fürgibt/von einander abgesondert und geschieden
seyn. Ob nun gleich viel Mühe und Unkosten (nach
meiner vorig-gethanen Meldung) die Engell-
und Niederländer / so den Ocean mit ihren
Schiffen am meisten befahren/ gantz unverdros-
sen angewendet haben/ umb durch das Eiß-Meer
nach China oder Japan zukommen: so haben sie
alles ungeachtet doch ihren Zweck und Absicht

nicht

nicht erreichen können: Liessen mich aber die
mächtige Herren / denen ich zu grosser Ehr auff=
gewartet habe/ nach den von mir new entdeckten
Ländern wieder zurück kehren/ so würde ich woll
ungezweiffelt einen bequemen Weg finden / umb
durch die Länder von Louisiana auf dē dem berühm=
ten Strohm Meschasipi gegen über gelegenen
Flüssen/so man mit grossen Schiffen befahren
kan/in die Stille Süder=See zu kommen/ und so
ferner nach China und Japan fortzugehen/ ohne
die Equinoctial=Linie 2. mahl zu passiren / wie
man noch biß bieher zu mit Verlust so vielen
Volcks hat thun müssen.

Zum Kennzeichen des guten Vertrauens/
so ich zu diesem löblichen Unternehmen habe/
erbiete ich mich von gantzem Hertzen / noch ein=
mahl da/wo ich gewesen/ wieder hinzugehen. Und
weil es ein Werck/so zu GOttes Ehren gereichet/
so muß ich eben so voller Eiffer und unverzagt/
wie ehemahls unsre alte Recollecten im König=
reich Voxu zum Osten in Japan befindlich ge=
than haben / mich bezeigen. Denn dieselbe
durch ihre Predigt so viel Frucht geschaffet/ daß
der König daselbst zum Glauben an den wahren
GOtt bekehret worden / welcher darauff über
800. Götzen hin und wieder in seinem Lande ver=
brennen lassen. Ja derselbe ist es gewesen/so im
Jahr 1613. die weitbeschryene und gnugbekand=
te Gesandschafft von 100. Edelleuten abgeschicket/
welche den 28. October 1613. zu Schiffe gieng/
und den 10. Nov. 1614. unter der Anführung

der

Vorrede des Authoris.

es Ehrw. Pater Ludovic. de Sotello eines Re-
oll: c:en in Spanien ankam/ und darauff erstlich
um Könige daselbst/hernach aber gar zur Päbst-
lichen Heyligkeit gebracht wurde; vergewissernd/
aß ihr König mit seinen Unterthanen der Chri-
en wahren GOtt erkandt / und der Abgötterey
ich begeben hätte.

Hiebey beliebe der Leser in acht zu nehmen/
as Spanien Anno 1540. und 41. allbereits
mehr als 100. Königreiche/und mehr Länder/als
Europa dreymahl groß ist / unter sich gebracht
yat/ und daß unsere Geistliche des Ordens St.
Francisci die allererste und vornehmste gewesen/
o eine grosse Menge Japaner dem Herrn Christo zugeführet haben.

Ich muß keinen geringern Trieb zur Vollendung meines Vorhabens/umb einen neuen Weg
dorthin zu bahnen/bey mir spüren lassen/ als der
berühmte Christophorus Columbus gehabt/ der
mit unsern Franciscanern vergesellschafftet/Anno
1492. und 1493. zu erst West-Judien / sonsten A-
merica genandt / entdeckte.

Durch unsere neue Entdeckung einen kürtzern Weg nach China und Japan anzutreffen/
wird so viel / ja noch mehr in künfftigen Zeiten
gelten/als bißher die Entdeckungen/so in Ost-Ju-
dien/in Neu-Mexico / in West-Judien und im
Nördlichen America geschehen/sind hochgehalten
worden. Und wie ich durch die Gnade Gottes die
Patenta und Vollmachten von meinem General
und dr vornehmsten meines Ordens erlanget/um
auch

auch am allerferneſten in gantz America / als ein
Mißionarius / mich wieder hin zu begeben ; ſi
ſol der Außgang von meiner Wiederkunfft in die
ſe weite Länder / falls meine gebietende Herren
ſolches belieben/ mit Göttlicher Hülffe die Auff
richtigkeit meiner guten Meinung der gantzen
Welt gnugſam offenbahren. Ja ich mag ſon
der mich zu rühmen ſagen / daß ich menſchlicher
Weiſe verſichert bin/ dort den kürtzern Weg nach
China und Japan bald zu finden / und zweiffle
gar nicht/oder es wird dieſe meine Offenbahrung
die ich bereits gethan/ und unterm Schutz GOt
tes annoch zu thun gedencke / eine der rareſten und
merckwürdigſten Geſchichte itziger und künfftiger
Zeiten abgeben.

Schließlich beliebe der Leſer noch anzu
mercken/ daß die Fortpflantzung neuer von hier
dorthin geführten Völcker allgemach durch Geiſt
liche und Weltliche wird geſchehen müſſen; wie
wohl die Geiſtlichen St. Franciſci/nach etzlichen
Jahrhunderten/auff den liegenden Gründen die
ſer ſehr weit ſich erſtreckenden Länder / nicht mehr
Recht/als den erſten Tag ihrer dortigen Ankunfft
haben werden. Wann aber auff andere Weiſe
dieſe Gegenden der eins mit Volck beſetzet wer
den/ſo wird man befinden / daß die herrlichſten
und fruchtbarſten Ländereyen und beſten Ein
künffte beſondern Mißionarien / beydes geiſt
und weltlichē/zu beſitzen anheimb fallen werden
wie wir dann in einem abſonderlichen Buch all
hier zu Utrecht darthun können/ſals man ſolchen
den

m gemeinen Wesen (so ich lebenslang dem
rivat-Nutzen vorziehen will) ersprießlich ansie-
t. - Und bin ich nicht gesinnet/ jemand/ wer es
ch sey/ zu beleidigen/ ob gleich ich viele Wieder-
ärtigkeiten habe erdulden müssen / und zwar
n solchen Menschen / die mir ohn mein Ver-
ulden gram sind; ja auch von denen / die un-
chtfertiger Weise mein Geld behalten / das ich
tweder ihnen vorgestrecket/ oder zu meiner Un-
rhaltung vorher ausgeschossen habe : dafür sie
ich dann mit Undanck belohnen / auch an statt
ir solches wieder zu geben mich in bösen Ver-
acht zu bringen sich befleißigen ; da doch solches
eld der König von Engelland Wilhelm III.
ir geschencket hat/ seitdem ich nach seinem Gut-
finden hiesiges Orts gewesen / und er mir die
hre wiederfahren lassen/ mich von meinen Su-
rioren zu. verschreiben/ den hochnütz-und rühm-
lichen Vorsatz / wills GOTT ! unfehlbar glücklich auszu-
führen.

Rei-

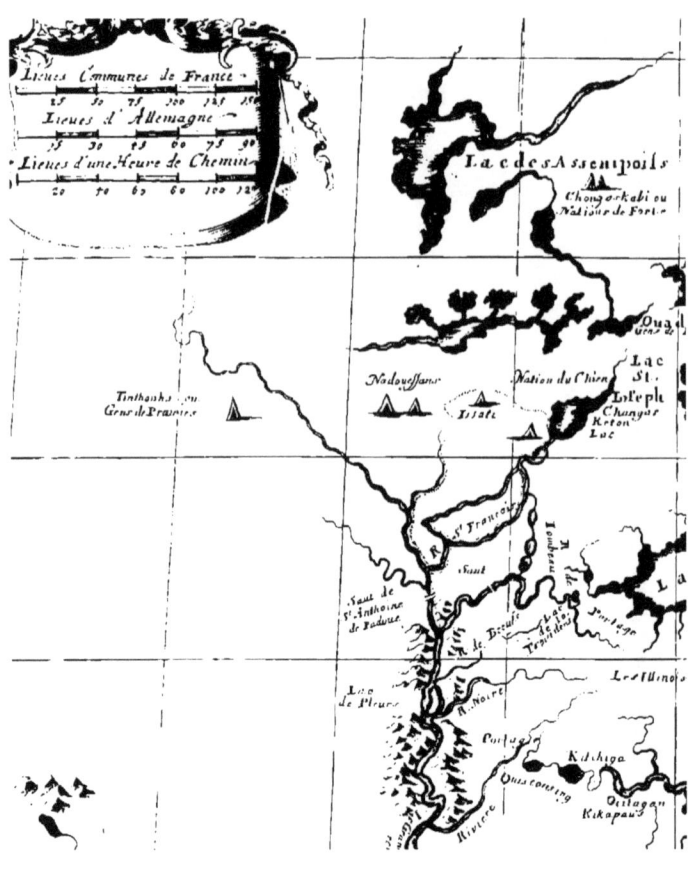

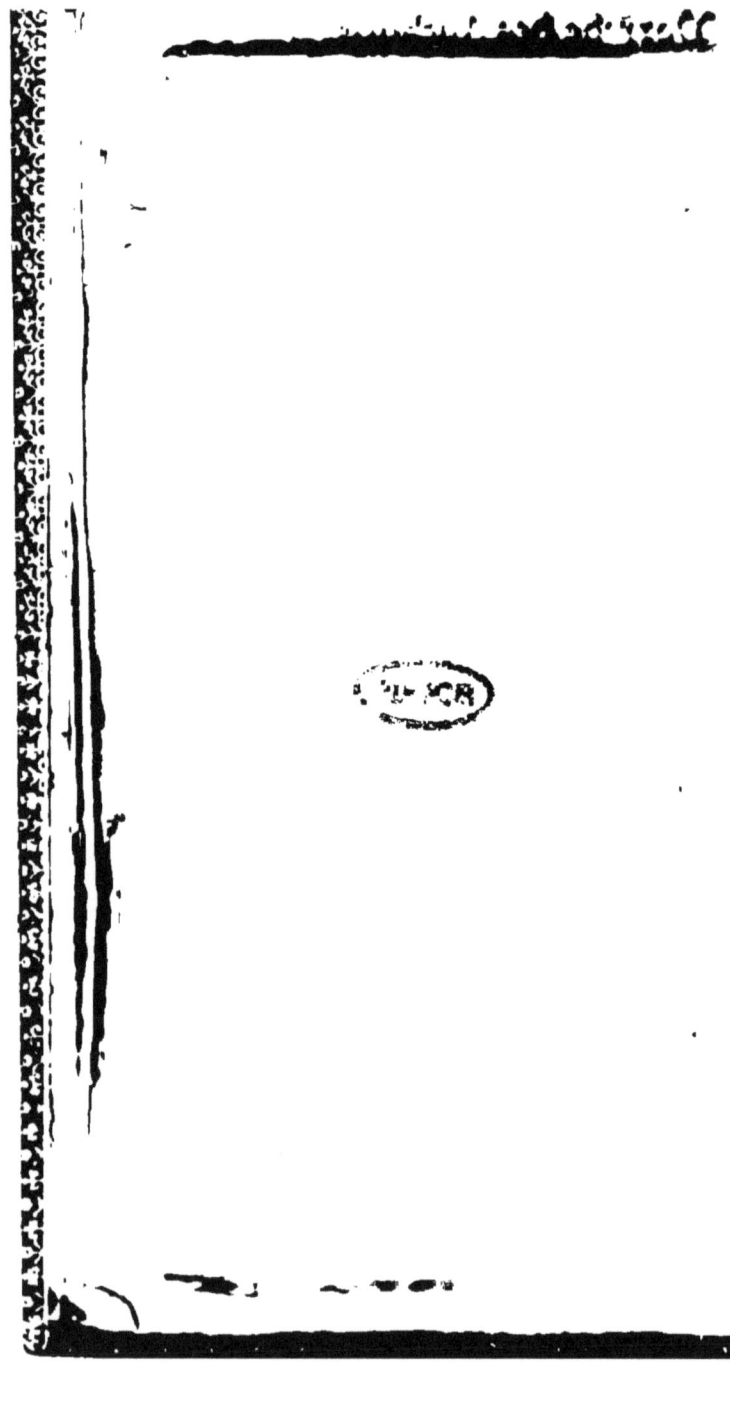

Reise-Beschreibung

durch einige Landschafften / viel grösser als

Europa/

Neulich zwischen dem Eiß-Meer und Neu-Mexico in America entdecket.

Das erste Capitel.

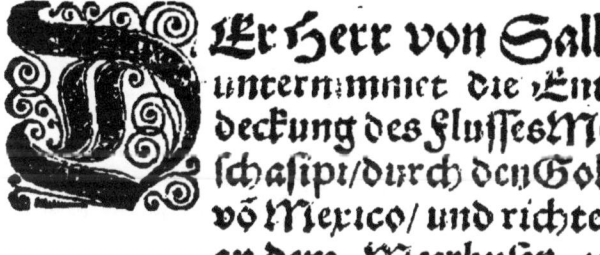

ER Herr von Salle unternimmet die Entdeckung des Flusses Meschasipi/durch den Golf võ Mexico/ und richtet an dem Meerbusen zu St. Louis eine neue Colonie auff.

Die Sterblichen sollen in allen Dingen stets die gesunde Vernunfft ihre Regiererin seyn las-

A   sen/

sey/und wenn sie nicht können die Intention der-
jenigen/von welchen sie einigen Verdruß empfan-
gen/entschuldigen/müssen sie dennoch/ daferne sie
den Titul rechtschaffener Christen verdienen wol-
len/es vielmehr ihrer Schwachheit als Boßheit
zu schreiben. Ich habe mich fast 3. Jahr in der
Qualität eines Missionary bey dem Herrn Robert Cavelier von Salle/ in der Festung Katara-
kouy oder Frontenac/ darin er Gouverneur
und zugleich davon Eigenthumbs-Herr war/auff-
gehalten. Diese Zeit nun nützlich zu passiren/
bemüheten wir uns offt zugleich die Reise-Beschreibungen des Johann Ponce von Leon/ des
Pamphili Narvaez, des Christophori Columbi,
Ferdinandi Soto und anderer/ so sich durch
ihre grosse Reisen berühmt gemacht/ durch zule-
sen/damit wir uns desto besser zu der Entdeckung/
die wir unter Händen hatten/ möchten gefaßt machen. Gewiß der Herr von Salle war zu dem
grösten Unterfangen capabel/ und man kan ihn
mit Recht unter die fürnehmsten Persohnen/ so
sich von vielen Zeiten her durch ihre Reisen
eine Hochachtung erworben/ setzen. Denn die
Warheit zu bekennen/ so hat er alle seine Kräffte daran gewendet/ umb die grösseste/ wichtigste
und gefährligste Entdeckung/die in diesem Seculo sich zugetragen/ glücklich zu Ende zu bringen.
Er hat sein Volck in den Ländern erhalten/ wo
alle andere/ausgenommen Christophorus Colum-
bus/ das ihrige eingebüsset/ ohne daß sie den
geringsten Vortheil von ihrem Unternehmen gehabt

habt hätten / ob sie wohl über 200000. Menschen dazu employret ; Und niemahls hat für
dem Herrn von Salle und meiner Wenigkeit jemand in einem gleichen Dessein sich mit wenigerm
Volcke unter die grosse Anzahl der unbekandten
Völcker/die wir daselbst entdecket/gewaget.

Unsere erste Gedancken / indem wir uns
in der Vestung Frontenac auffhielten/ waren dahin gerichtet/ daferne es möglich/ den Weg nach
dem Süder-Meer / nach welchen man bißher so
lange geforschet hat/zu finden/ohne daß man nöhtig hätte/die Equinoctial-Linie zu passiren. Denn
ob wohl der Fluß Meschasipi uns dahin nicht
bringet/hatte dennoch der Herr von Salle so viel
Verstand als Muht/ daß er hoffte durch seine an-
gewendete Mühe ihn zu finden. Ich zweiffele
auch nicht / daß er glücklich in seinem Vorhaben
gewesen wäre/wenn anders GOtt ihm das Leben
noch etwas zu verlängern beliebet hätte: Aber
er ward über dieser Nachforschung massacriret/
und es scheinet / das Göttliche Verhängniß habe
mich nur deßwegen ihn überleben lassen/ daß ich
öffentlich das Mittel an den Tag legte/ wie man
vermöge meiner Entdeckung den Weg nach China und Japan finden solle. Und in der That wo
Se. Königl. Majestät von Groß-Brittannien/
oder die hohen und mächtigen Herren der General Staaten/verlangen/daß ich diejenige/so sie dahin senden werden/ die Nachforschung dieses kür-
zeren Weges zu Ende zu bringen/begleiten möge/
so bin ich allem Ansehen nach versichert/ daß wir

unfern Zweck/ so es GOtt gefäll
diefes Seculi etreichen wollen.

wie gefagt/ das Land der Illinoi
Gegenden/ so dasselbe umbgeben
Entdeckung waren/ hatte der H
Refolution gefaffet/ dafelbft eine
zu etabl ren.   Gleichergeftalt .
fes en paffant erinnere)   müffe
der Souveraine Staaten/ die a
Untersangen arbeiten / diefes g
durch Veftungen und Colonien/
Ort zu Ort auffrichten können/

   Des Herrn von Salle f
fehen war derowegen/ zu Waffer
wo fich der Fluß Mefchafipi in d
fico ergieffet/ zu fuchen / und d
Titul feines Königes neue Wo
richten.   Die Vorfchläge/ die e
Paris in dem groffen Rathe tha
günftig von dem Herrn von Sei
fter und Staats-Secretario wie
tendanten der Kauffmansfchaff
von Franckreich/ angenommen :
Majeft. beliebten fie und entfch
Vorhaben nicht nur durch erthe
Commiffionen/ damit fie ihn beel
ren/ fondern ihm auch ferner
Volck und Geld beyzuftehen.

   Der Herr von Salle/ fich
holffen fehend/ dachte alsbald an
fen Ländern die Ehre Gottes zu

warff die Augen auff 2. unterschiedliche Sorten
der Missionarien/ damit er Unterthanen hätte/
die fähig wären/mit nutzen an der Wollfahrt der
Seelen zu arbeiten/und die Gründe des Christenthumbs in diesen barbarischen Ländern zu legen .
In diesem Absehen begab er sich zu dem General
Superioren des Seminarii zu St. Sulpitius
in Paris/dem Herrn Troncou/ welcher gerne an
diesem grosse Wercke zugleich mit Antheil haben
wolte.   Dieser verordnete 3. seiner Geistlichen/
welchen es weder an gebührlichem Eiffer / noch
Tugend und Geschicklichkeit mangelte/und benen-
nete zu dieser neuen Verschickung den Herrn Cavelier den Bruder des gemeldten Herrn von Sal-
le/den Herrn Chefdeville seinen Verwandten/
und den Herrn von Majulle/die alle 3. als Prie-
ster/in diesem Seminario lebeten.

Ich selbst hatte dieses Vorhaben des
Herrn von Salle/so er zu der Ehre Gottes/zu der
Wollfahrt der Seelen in den grossen Ländern
von Louisiane/und zu der jenigē Nutzen/die zu der
Vestung Frontenac gehören/unterfangen/bey 12.
Jahren her unterstützet.   Denn wie der Pater
Zenobius und ich ihn stets durch diese Gegenden/
allwo unser Pater Gabriel von Ribourde durch
die Barbaren niedergemacht worden/begleiteten:
also ließ er fürnehmlich ihm angelegen seyn / auch
Franciscaner zu haben/ die mit ihm zugleich sich
umb die Auffrichtung des Reiches Gottes in diesen neu-entdeckten Ländern bemüheten.

Indem er nun dieser wegen auch mit dem

A 3   Pa-

Pater Hyacinthe le Fevre/der zum andernmahl
Commissarius Provincialis in der Provintz St.
Denis in Franckreich war/geredet/ wolte dieser
Geistliche nicht nur nach allem Vermögen das
gute Verhaben des Herrn von Salle befördern/
sondern gab ihm auch als Missionarios mit den
Pater Zenobium Membre / gebürtig aus Ba-
paume/ zum Superioren ; Die Patres Maxi-
mum le Clerc aus Ryssel in Flandern/Anastasi-
um Douay von Quesnoi in Hennegau/und Dio-
nysium Marquet von Arras/alle 4. Franciscaner
aus der Provintz St. Antony in Artois. Der
erste/wie ich schon erwehnet/ war mit dem Herrn
von Salle und mir gekommen biß an die Illineser am Ende des 1679. und Anfang des 1680.
imgleichen 1682. Jahrs/und 2. Jahr nach mir
hatte er auff dem Fluß Meschasipi biß an den
Golf von Mexico geschiffet.   Der ander hatte
5. Jahr als Missionarius in Canada mit vieler
Erbauung gedienet/ und sonderlich sehr eifrig bey
den Verschickungen in den 7. Insuln und Anti-
costie sich erwiesen.   Der 3te/welcher würcklicher
Vicarius der Franciscaner zu Cambrai ist/ hatte
Americam niemahls gesehen. Der vierdte aber/
nemblich der Pater Dionysius / nachdem er sich
von dem dritten Tag seiner Einschiffung an sehr
übel befunden /wurd dadurch obligirt/von seinem
Vorhaben abzustehen und wieder in sein Kloster
zurück zu kehren.
     Der Pater Provincialis gab darauff der
Versamblung de propaganda fide von dieser
Ver-

Verſchickung Nachricht / umb die jenige Autho=
rität / der ſolche Mißionarii zur Ausübung ihres
Ambts benöhtiget ſind /zu erhalten. Er empfieng
von ihnen die Decreta in der beſten Form und der
Pabſt Innocentius der XI. ertheilte ihnen dabey
in einer expreſſen Bulle diejenige Macht und
glaubwürdige Erlaubniß / ſo in 36. Artickuln be=
ſtehet/und damit man gemeiniglich die Mißiona=
rios verſiehet/welche durch ihre weite Entfernung
ſich auſſer dem Stande geſetzet / zu der ordinairen
Authorität ihre zuflucht zu nehmen. Auff dieſe
Art wurden die Sachen verordnet/ohngeacht ſich
der Biſchoff von Ouebec dawider ſetzte / und der
Cardinal von Etrees ihnen zu verſtehen gab/ daß
die Diſtance der Oerter/dahin ſie ſchiffen wolten/
nemblich von Quebec biß an die Ergieſſung des
Fluſſes Meſchaſipi ins Meer/über 900. biß 1000
Meilen ſich erſtreckte.

Die Hoffnung/die man auff dieſe berühm=
te Entdeckung / welche wir mit ſo groſſer Arbeit
verrichtet hatten/ſetzte/war ſo groß/daß ſie viele
junge Edelleute antrieb / ſich in der Geſellſchafft
des Herrn von Salle als Voluntaires zu bege=
ben. Dieſen Nutzen hatte der Herr von Salle
von meiner Publication der Louiſiane/ davon ich
eine Beſchreibung für ſeiner Wiederkunfft aus
Canada hatte drucken laſſen; Denn wie ſolche
ihm groſſe Reputation erworben/ und ſonderlich
bey dem Herrn von Seignelay in Credit geſetzet
hatte : Alſo muſte ich mit dieſem Miniſter von
den Umbſtänden unſerer Entdeckung öffters Un=

A 4   ter=

terredung halten. Indeſſen verbarg ich die Par-
ticularia / die den Fluß Meſchaſipi von dem U-
fer der Illineſer biß an den Gulf von Mexico betreffen / und war nur mein Vorhaben dahin ge-
richtet/günſtige Gedancken dem letzt verſtorbenen
Printzen von Conti und dem Herrn Seignelay
von gemeldten Herrn von Salle beyzubringen.

Indem ihm alſo der Wind/ nach dem gemeinen Sprichwort / in die Seegel bliß / hätte
er Gelegenheit / 12. junge Edelleute/welche gemeiniglich in neuen Dingen eine Ergetzung ſuchen und zu Unternehmung dieſer Reiſe ihm gantz
capabel ſchienen/zu erwehlen. Es waren 2. ſeiner Enckel darunter/ nemblich der Herr Moranger und der Herr Cavelier ; welcher letzte erſt
das 14te Jahr ſeines Alters erreichet hätte.
Nachdem er nun noch einen Sohn des Herrn
Merlin/ eines reichen Kauffmanns in Rochelle/
in ſeine Compagnie bekommen / rüſtete man die
kleine Flotte ſo dieſe entfernete Reiſe thun ſolte/
in dem Hafen ſelbiger Stadt aus. Sie beſtund
aus 4 Schiffen) nemblich aus dem Schiff des
Königes Joli/ oder das artliche genandt ; aus einer Fregatten/ die den Nahmen la Belle oder der
Schönen führete; aus einer Fluite / welche mit
dem Titul der Liebreichen oder l' Aimable bele-
get war / und endlich aus einem Kauffmanns-
Schiffe/welches St. Franciscus hieſſe.

Das Schiff des Königes wurd Commandi-
ret durch den Herrn Beaujeu/ einem Edelmann
aus der Normandie / mit welchen ich ſeit dem in
un-

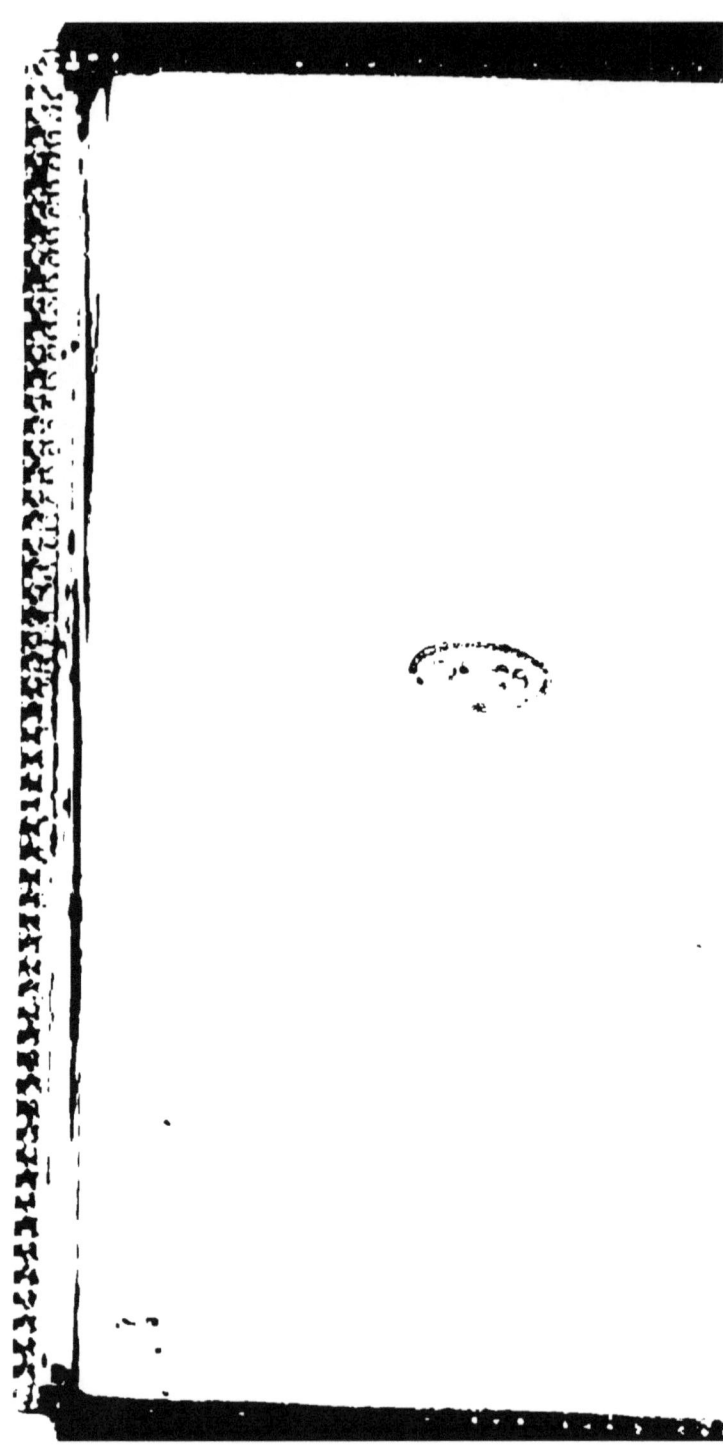

unserm Convent zu Dünckerken zum öfftern geredet. Er ist eine Persohn/ die sich beydes durch
ihre Tapfferkeit und Erfahrung / als durch ihre
grosse Dienste / längst bekand gemacht. Zum
Lieutenant hatte er den Herzen de Here / dessen
Herr Vatter ehemahls der Vornehmste unter
den Räthen im Parlament zu Metz gewesen / er
aber jetzo die Charge eines Schiff-Capitains auf
der Flotte seiner Königl. Majest. von Franckreich
verwaltet. Der Fähndrich war endlich der Hr.
von Hamel/ ein Edelman aus Bretagne / der
gleichfalß so wohl Feur als Courage in allen seinen Actionen spüren ließ.

Zu wünschen wäre nur gewesen/ daß man
unter dem übrigen Volck und Equipage auch eine solche gute Wahl getroffen hätte. Diejenige/
welchen davon Commission gegeben war/ hatten
dieweil der Herr von Salle/ seine Sache zu beför-
dern/ am Hofe sich auffhielte/ 150. Soldaten zusammen gerafft/ die gantz elend und ungestalt sich
befunden/ ja recht Lumpen-Gesinde waren/ auch
nicht einmahl eine Mußquete loß zu schiessen
vermochten. Uber dem hatte der Herr von Salle
Ordre ertheilet/ daß man ihm 3. oder 4. Handwercks-Leute von jeglicher Art auslesen solte:
Allein er ward mit ihnen so übel verwahret/ daß
man/ als sie an die gedachte Oerter nunmero kah-
men/ und sich derselben bedienen wolten/ verspü-
rete/ wie sie nichts weniger als ihr Handwerck
verstünden. Es präsentirten sich endlich 8. biß
10. gute Familien/ die sich anboten die neue Colo-

A 5   nien

nien mit helffen anzufangen. Man nahm ihr An-
erbieten an / und wurd so wohl ihnen als den
Handwercks-Leuten und Soldaten grosser Vorschub gethan.

Nachdem also alles fertig / gieng man den
24. Julii Ao 1684. zu Seegel. Das Ungewitter/
so einige Tage hernach sich erhub / nöthigte sie zu
Chef de bois einzulauffen/umb wieder einige ihrer Masten / die durch den Sturm zerschmettert
waren/zu verbessern. Sie zogen darauff den 5.
Tag Augusti wiederumb ihre Seegel auff/ ihren
Weg gegen St. Domingue zu nehmen ; Allein
es überfiel sie ein neues Ungewitter und sonderte
die Flotte den 14. Sept. voneinander. Die Fluy-
te/ genandt l' Aimable oder die Liebwürdige und
die Fregatte / die den Nahmen la Belle oder der
Schönen führete / blieben allein zusammen und
arrivirten zugleich zu St. Domingue/ allwo sie
zu allem Glücke das Schiff Joli oder das Artliche
gleichfals antraffen. Was aber das Schiff St.
Franciscus/so mit Kauffmans-Wahren und unterschiedlichen andern Gütern beladen war /
betrifft / so kunte es den andern nicht
folgen. Es war daher in dem Hafen von Paix
eingelauffen/von dannen es wiederumb/nachdem
das Ungewitter nachgelassen/ abreisete/ umb sich
mit der übrigen Flotte zu conjungiren. Allein
als in einer sehr stillen Nacht der Pilote und die
übrigen auff dem Schiffe an sichern Oertern zu
seyn vermeineten/und das Wachen versäumeten/
wurden sie von 2. Spanischen Raub-Schiffen ü-
ber-

berfallen / und von denselben erobert.

Sonsten als ich noch in Canada mit dem
Herrn von Salle war / pflegten wir offt auff der
Vestung Frontenac von dem Entwurff / den wir
von diesem grossen Unterfangen gemacht hatten/
Unterredung zu halten. Er bekante mir/ daß er
gantz vergnügt sterben wolte / wenn er sich nur
von den Gold-Minen und Adern zu St. Barbe/
die in Mexico sind/könte Meister machen. Indem
er nun diesen Discours offte wiederholete/ ohngeacht ihm nicht unbekandt / daß ich ein Unterthan
des Königes von Spanien wäre / habe ich nicht
unterlassen können eines Tages meine Affection
gegen mein Ober-Haubt spüren zu lassen. Ich
brach daher in diese bekante worte aus: Vincit
Amor Patriæ, Die Liebe zu meinem Vatter-
land behält in meinem Hertzen die Oberhand.

Ich hätte vielleicht nicht so viel/ als nach-
mahls geschehen/ erdulden dürffen / daferne ich
diese Gedancken bey mir besser verborgen hätte.
Allein ich habe mich bey dieser Gelegenheit nicht
mäßigen können. Unterdessen brütete eben diese
Neigung gegen meinen Landes-Printzen folgende
Betrachtung bey mir aus: Nemlich/nachdem unsere Spanier so glücklich gewesen/das Kaufmans-
Schiff/welches der Hr. von Salle auf seine eigene
Kosten beladen lassen/zu erobern/würden sie das
Vorhaben/so er zu den Gold-Minen zu St.Bar-
be trug/erfahren haben/ und auff Rechnung sei-
ner guten Intention sich bereichern.

Dieses erste Versehen war zugleich des
A 6 erste-

erſte Anfang / welcher die gantze Schiffart nachmahls unglucklich machte. Wie demnach die
gantze Flotte darüber in ein groſſes Schrecken gerieth ; alſo empfand inſonderheit der Herr von
Salle/welcher eben von einer groſſen Kranckheit/
die ihn in die euſſerſte Gefahr geſetzet hatte/geneſe/
darüber bey ſich einen tödtlichen Schmertz. Man
verharrete noch einige Tage zu St. Domingue/
und verſahe ſich mit allerhand Erfriſchungen/gu-
tem Vorrath von Indianiſchen Korn und allerhand zahmen Thieren/umb das neue Land/dahin
man zu ſeegeln willens/damit zu beſetzen.

Die Herren von St. Laurent / Gouverneur der Inſuln/Begond/ Intendant/ und von
Guſſi/Special-Gouverneur des kleineſten Theils
von St. Domingue (indem die Spanier
den gröſſeſten Theil davon beſitzen) favoriſirten
ihnen in allen/und lieſſen ſich zugleich in ein heimliches Verſtändniß ein / welches ſehr nohtwendig zu unterhalten war/ dafern ſie in dergleichen
Unterfangen wolten ihren Zweck erhalten / weil
der Herr von Salle viel heimliche Feinde hatte/
die ſein Vorhaben tückiſcher Weiſe zu vernichten
ſuchten. Indeſſen/ da die Soldaten und die ü-
brige Suite der Freyheit ſich unterfangen/ allerhand Debauchen zu machen/ und ein Viehiſches
Leben zu führen / (wie denn ſolches in dieſem
Lande mehr als zu gemein iſt/) verdorben ſie ihre
Geſundheit ſo ſehr/und zogen dadurch ſo gefährliche Kranckheiten ſich über den Halß/ daß ein gut
Theil derſelben auff der Inſul ſturben/ die übrigen

gen aber täglich / ohne daß sie hätten wiederumb
zu ihrer vorigen Gesundheit gelangen können/da-
von incommodiret wurden.

Diese kleine Flotte/welche nunmehr/ nachdem das 4te verlohren / auß dreyen Schiffen be-
stand/hub die Ancker den 25. November im 1684
Jahr wieder auff und verfolgete ihren Weg glücklich längst der Insul von Caiman. Wie sie auch
die Jusul de Pair/ nachdem sie daselbst einen Tag/
umb sich mit Wasser zu versorgen / stille gelegen/
vorbey passiret/gewonnen sie endlich den Hafen
von St. Antonius/allwo gleichfalß diese 3. Schiffe einlieffen. Die Schönheit und Annehmligkeit des Orts/ und daß der Hafen vortheilhafftig
gelegen/erweckte bey ihnen die Lust / eine Zeitlang
daselbst stille zu liegen und ans Land zu steigen.
Man kunte nicht errahten /. auß was für Raison
die Spanier daselbst allerhand Erfrischungen/
nebst Spanischen Wein in grosser Menge gelassen. Gnug:sie machten sich denselben zu Nutze/
und nach 2. tägiger Ruhe seegelte man ab / umb
den Lauff gegen den Golf von Mexico fortzusetzen.

Der Herr von Salle war sonsten von einem
fürtrefflichen und fast übernatürlichen Verstande/
und ließ sich nicht leicht betriegen : Allein damahls hatte er allzuviel der Nachricht/die ihm etliche Persohnen zu St. Domingue gegeben / ge-
trauet. Er erkandte/wiewohl zu spät/ daß alle
die Wege / davon man ihm part gegeben/ falsch
wären. Die Furcht/den Nord-Wind und dessen
gefährliches und continuirliches Wehen im Ein-

A 6 gang

gang dieses Golfs (wie man ihm sehr nachdrück
lich vorgestellet hatte) entgegen zu haben/nöhtig
te ihn zwar 2 mahl mit seiner Flotte zurücke zu
weichen; Aber der Verstand und grosse Muh
des Herrn von Salle machte/ daß er zum dritten
mahl diesen Weg versuchte. Man Schiffete endlich den ersten Januar. Anno 1685. glücklich in
den Mund des Golfs ; Der Pater Anastasius,
ein Franciscaner / celebrirte daselbst die Messe/
und man danckete GOtt für seinen Beystand.
Als nach diesem die Schiffe ihren Weg beschleu-
nigten/kriegte man am 15. Tag das Land Florida
ins Gesichte/allwo ein starcker Wind das Schiff
Joli nöhtigte / auff das weite Meer zu fahren.
Die Fluite und Fregatte blieben hingegen an der
Seiten des Landes / und war der Herr von
Salle recht vergnügt / daß er demselben sich nähern kunte.

Gleichfalß hatte man ihn zu St. Domingue überredet/ daß die Ströme des Meers in den
Golf mit einer unglaublichen Geschwindigkeit
gegen den Canal von Bahama liessen. Dieses
hat mir der Herr von Salle mehr als 100. mahl
für Antretung seiner Reise entdecket : Allein
diese falsche Nachricht verursachte/ daß erlgäntz-
lich seinen Weg verlohr. Denn in den Ge-
dancken/daß er höher gegen Norden/ als es in der
That sich verhielte/wäre/passirte er die Baye von
St. Esprit/ohne daß er sie einmahl gekandt hätte:
Hingegen folgte er stets der Seiten/ so weit über
den Fluß Meschasipi ist. Man würde auch darin

in fortgefahren seyn / dafern sie nicht aus seinem
Zurücklauf/den er gegen Süten hält/und aus der
Höhe des Poli gemercket hätten / daß man über
40. oder 50. Meilen von dem Ort / wo sich dieser
Fluß ins Meer verbirget/wäre. Sie wurden in
dieser Meinung bekräfftiget / weil der Fluß Meschasipi / ehe er sich in den Golf ergiesset / das
Meer desselben gegen Westen treibet / dergestalt/
daß ob sie wohl nicht die Länge/weil sie den Schif-
senden unbekandt ist / treffen kunten / sie dennoch
funden / daß sie sehr weit über die Paralel-Linie
dieses Flusses geschiffet hätten.

Die 3. Schiffe conjungirten sich endlich im
Februario in der Bay des H. Geistes. Man
entschloß sich wieder umbzukehren/und wie sie 10.
oder 12. Meilen hinter sich geleget / kamen sie an
die Baye/die man St. Louis nennet. Weil aber
die Lebens-Mittel zu ermangeln begunten/waren
die Soldaten bereits ans Land gestiegen. Der
Herr von Salle erforschete indessen die Tieffe der
Baye/die eine halbe Meile breit ist/ und befand/
daß sie gutenGrund hätte. Er hielte daher nicht
mit falschemWahn dafür / daß dieses der rechte
Arm des Flusses Meschasipi seyn künte/und deßwegen ließ er die Fregatte den 18. Febr. daselbst
glücklich einlauffen. Ob nun wohl der Canal
biß an die Sandbanck/ die den Eingang einiger
massen darzu verriegelt/sehr tieff war / hatte er
dennoch/wenn es Ebbe / kaum 12. oder 15. Fuß
Wasser.

Das

Das II. Capitel.

Von den unglückseeligen Begebenheiten / welche dem Herren von Salle zugestoffen.

Er Herr von Salle hatte dem Capitain der Fläite befohlen/er solte nicht eher in den Canal der Baye/St Leuis genandt/ einlauffen/er nähme denn den Pilut von der Fregatte / auff welchen man grosse zuverficht fetzete / mit fich. Uber dem hatte er ihm anfagen laffen/feine Canonen und Waffer-Tonnen in die Chaloupe zu legen/damit er die Laft des Schiffes erleichterte. Es war ihm expreß aufferleget worden/genau der Straffe / welche fie bemercket/zu folgen: Allein er verrichtete von allen diefen Befehlen das geringfte nicht / fondern diefer Ungetreue/ungeacht der Nachricht eines Boits-Gefellen/der oben in dem Maft-Korb faß/und ihn erinnerte/fich nach dem Winde zu richten/führete das Schiff auff einen Platz / da es anftieß und fo feft auff den Grund fich fetzte/ daß folches wieder davon zu bringen unmüglich fchiene.

Der Herr von Salle ftund eben am Ufer des Meers/und erblickte diefe unglückseelige Schiff-Fahrt/wolte auch felber zu Huffe zu kommen fich gleich in ein Both fetzen/als er wohl 100. Wilde auff fich anmarchiren fahe. Er mufte dahero bedacht feyn/feine Leute in die Waffen zu bringen/ wiewohl auff das Schlagen einer Trommel alle

Dar-

Barbaren die Flucht nahmen. Man verso᷒gete
sie/und nachdem ihnen eine Calumet oder Pfeiffe
(welche das gewöhnliche Friedens = Zeichen un=
ter denselben Nationen ist) præsentiret worden/
führeten sie sie ins Lager/allwo man dieselbe rega=
lirte und nachmahls mit einigen Präsenten von
sich liesse. Man wuste ihnen darinen so wohl zu
begegnen/ daß sie mit ihnen eine Alliantze auff=
richteten/ und in den folgenden Tagen allerhand
Speisen ins Lager brachten. Sie tractirten
auch mit einigen wegen ihrer Kahne / und man
hatte Ursach / alles von einem so nohtwendigen
Bündnüß zu hoffen.

Aber zu allem Unglück war ein Pack De=
cken / aus dem gestrandeten Schiff/auff die Sei=
te geworffen warden/ welches einige Trouppen
der Wilden etzliche Tage hernach weggeholet hat=
ten. Ob nun wohl der Herr von Salle seine
Leute/den Ballen in Freundlichkeit von ihnen zu
odern/ an sie abgeschicket / hatten sie dennoch
schlecht Belieben / solchen in der Güte wieder zu
geben. Der Commendant präsentirete ihnen
deßwegen ein Rohr/ und stellete sich selbes loß zu=
drücken : Allein dieses machte die Wilden so toll/
daß sie die Leute des Herren von Salle nicht an=
ders als Feinde ansahen. Wie sie dahero da=
durch gantz unsinnig gemacht/versambleten sie sich
in der Nacht vom 7. biß auff den 8. Martij/fielen
ins Lager / und funden die Schildwacht einge=
schlaffen. Indem sie aber ein greulich Schieß=
en mit ihren Pfeilen anfiengen/ lieff man auch

zu den Waffen / und der Knall der Mußqueten
trieb sie endlich in die Flucht. ' Bey dieser
Action wurden der Herr Oris und Deslo-
ges auch 2 Cadets/die als Voluntairs mitgegan-
gen/getödtet. Der Herr Moranger/ Lieutenant
und Enckel des Herren von Salle/wie auch der
Herr Gayen waren gefährlich verwundet / und
des Morgends hatten sie noch 2. Leute des Herrn
von Salle / die sie längst der Seiten eingeschlaf-
sen funden/ nieder gemacht.

Indessen lag die Fluite bey 3. Wochen an
dem gestrandten Ort/ohne daß sie zerborsten wäre.
Hingegen wurde sie von allen Seiten mit Wasser
angefüllet/daher man alles/was man kunte/wenn
die Stille es zu liesse/an dieselbe zu kommen / mit
Chalonpen und Kähnen salvirete.

Indem nun der Pater Zenobius eines Tages auff denselben gieng / zerscheiterte es durch
einen hefftigen Wind/so auff das Schiff stieß.Alle
Leute stiegen geschwind über Bord / daher dieser
gute Geistliche / welcher am letzten / die andern
zu salviren/darinne geblieben / bald darüber er-
soffen wäre/ dafern ein Bots-Gesell ihm nicht einen Strick zugeworffen hätte.Dieses Mittel er-
rettete ihn noch/als er bereits zu sincken anfienge.

Endlich gieng Monsieur von Beaujeu auff
dem Schiff Joli mit allen seinen Leuten den 12.
Martii zu Seegel/umb nach Franckreich wiederumb zu kehren. Der Herr von Salle/nach-
dem er einen ausgesehenen / Orth mit
Brettern und Pallisaden befestigen lassen/
ließ

eß dahin seine Leute und Wahren in Sicherheit
bringen/ und wie er 100. Leute/ unter Commando des Herrn von Moranger/ daselbst gelassen/
reisete er mit denen 50. übrigen davon.   Er führte mit sich den HerrnCavelier/ welcher als Priester schon einige Zeit bey uns sich auffgehalten
hatte/ als ich nach der Vestung Frontenac verschicket ward.   Die PatresZenobius und Maximus
Franciscaner leisteten ihnen Gesellschafft und sie
giengen in den Grund der Baye/ die Ergiessung
des Flusses Meschasipi / nebst einer bequemen
Gegend zu einerWohnstadt/zu suchen.

Der Capitain von der Fregatte hatte Ordre/
mit einer Chaloupe die Tieffe dieser Bay zu er-
gründen/und dieselbe so weit/als es sich thun ließ/
hinein zu führen.Er Schiffete biß 12. Meilen an
der Länge der Seiten hin/welche vonSüd-Ost gegen Nord-Ost lieget / und Landete in einer Ecke
gegen über an / welcher der Herr Hurier seinen
Nahmen gab/ weil er daselbst zum Commendanten verordnet ward.   Dieser Post dienete zu einem Vor-Post dem Seelager/ welches der Herr
von Salle im Grunde der Bay den 12.April ver-
fertigte.   Er war bey 2.Meilen an einem schönen
Fluß/welchen man den Rüh-Fluß nennet / weil
daran eine sehr grosse Menge dieser wilden Thiere gefunden wird/ avanciret/als ein Troup Barbaren dahin kam / unsere Leute zu attaquiren/
aber sie jagten sie / ohne den geringsten Ver-
lust/wieder zurücke.

Nachdem endlich / den 21. Martij am O-
ster-

ſter-Abend / der Herr von Salle wiederumb ins
Lager zurück gekehret / feyrte man darauff den andern Tag und in den drey übrigen folgenden dieſes groſſe Feſt mit allen nur möglichen Solenni-
täten/und ein jeder communicirte an demſelben.
Nach dieſem trugen ſie aus den 2. Lägern/ welche
die Herren Moranger und Hurier commandir-
ten/alle Wahren und insgemein alles das jenige/
was dem Herren von Salle zu ſeinem Lager dienen kunte/darauff man dieſe 2. Veſtungen zerſtö-
rete.   Der Herr von Salle ließ auch während
dieſer Zeit bey einem Monath das Land umbar-
beiten/ doch weder das Korn / noch die Hülſen-
Früchte giengen auff / entweder daß ſie durch das
Meer-Waſſer verdorben/oder doch die Jahrszeit
ihnen nicht allzu günſtig war.   Der Herr von
Salle hat ſich damahls nicht erinnert / was ich
ihm ſonſten / als wir uns nach den Illineſern be-
gaben/geſagt/ nemblich daß das Korn und alle ü-
brige Saamen / die man aus Europa in America bringet / in ihren Aehren und Schalen ſeyn
müſſen;   Sonſten verliehren ſie ihren Safft auff
dem Waſſer und können auff einem Lande / das
noch nicht getragen und gebauet iſt/nicht wachſen.
     Man baute daſelbſt an einem ſehr vortheil-
hafften Poſten eine Veſtung und brachte ſie bald
in Defenſions-Standt.   Nachdem ſie auch darauff 12. Canonen gepflantzet/machten ſie ein groſſes Magazin unter der Erden / umb alle Kauffmanns-Wahren und allerhand Proviant daſelbſt
zu verſchlieſſen/und ſie für dem Feuer zu bewahren.

                                                              Der

Der geehrte Leſer beliebe hie zu mercken/
daß er nicht eben groſſer Mühe bedarff/ eine Ve-
ſtung/ wider die Pfeile der Wilden/ zu bauen.
Nicht eine einzige Nation hat unter den Ameri-
canern das Hertz gehabt/ die Europäer wegen
ihrer Feuer-Gewehre zu attaquiren. Bloß die
Jroquois haben ſich unterſtanden auff der Jnſul
Orleans/ die man nachmahls St. Laurent von
Quebec genandt/die Frantzoſen anzufallen. Sie
waren verſchantzet und bedecket mit groſſen Pfälen: aber dieſe barbariſche Völcker/ welche die
grauſamſten und ſtreitbarſten in gantz America
ſind/ wurffen Feuer hinein/ und damit ſie Schuß-
frey ſeyn möchten/trug ein jeglicher nicht einen ei-
ſern Schild/ſondern dicke Bretter und Dielen
für ſich/die Kugeln damit auffzufangen.

Was nun das unterirdiſche Magazyn/ davon fürher geredet/betrift/ſo machte der Hr. von
Salle alle nohtwendige Anſtalt/ es wieder den
Anfall der Wilden zu bewahren/weil ſonſt nichts
für dem fliegenden Feuer ſicher iſt/ denn ſie binden
fern an die Pfeile Feuerſtricke/die ſie nachmahls
mit groſſer Ungeſtümigkeit loß drücken. Sie
durchbohren damit die Veſtungen/ nebſt den
Brettern/welche oben auff den Häuſern ſind/und
wenn ſie ihr Vorhaben ins Werck geſtellet/ſalvi-
ren ſie ſich mit ſolcher Geſchwindigkeit/ daß keiner unter den Europæern capabel iſt/ ſie in den
Wäldern/dahin ſie gewohnet ſind zu fliehen/ zu er-
haſchen. Jm übrigen ſo ſchwächten die
Kranckheiten/ welche die Soldaten auff
der

der Insul St. Domingue sich über den Halß gezogen hatten/sie mehr und mehr / denn es sturben
an denselbigen über 100. in wenig Tagen / was
für Fleiß man auch anwendete/ihnen durch Sup-
pen/ Artzeneyen von Jachzinthen / Theriac und
Wein zu Hülffe zu kommen.

Als den 9. Augusti drauff 3. Leute des Herrn
von Salle auff der Jagd / (welche in diesen Gegenden überflüßig ist / indem man daselbst aller
Orten das Feder-Wildbret nebst andern wilden
Thieren findet/) waren/sahen sie sich auff einmahl
von einem Geschwader Wilden umbgeben so mit
Bogen und Pfeilen versehen. Allein diese Leute
setzten sich zur Wehr/ tödteten alsbald das Haupt
dieser Barbarn und nahmen zugleich seinen
Kopff mit sich. Dieser Streich erschreckte und zer-
streuete die Feinde; Wiewohl sie einige Tage
hernach nicht unterliessen/ einen Europæer/ welchen sie alleine funden/nieder zu machen.

Indem nun der Herr von Salle stets von
den Wilden angefallen ward/ zugleich auch einige
von ihren Schiffen/entweder freywillig / oder mit
Gewalt zu haben suchte/weil man derselben nicht
wohl entrahten kunte/ faste er den 13. Octobr. die
Resolution/sie mit Krieg zu überziehen/ umb da-
durch/dafern es möglich wäre / zu einem vortheilhafften Frieden zu gelangen.

Er brach derohalben mit 60 seinen Leuten/
die mit Brust-Harnischen wider die Pfeile der
Wilden versehen waren/auff ; Und wie er endlich an den Ort/allwo sie versamblet/ arrivirte/

jag

agte er nach unterschiedlichen Rencontren / die
r mit ihnen so wohl bey Tage als Nacht hatte/
in Theil derselben in die Flucht /   verwundete
iele/tödtete eine ziemliche Anzahl / und bekam
iele Gefangene.   Sonderlich waren darunter
iele Kinder/davon ein Mädgen von 4. Jahren
zetauffet wurde / welches aber einige Tage hernach starb / und gleichsam den Erstlingen gleich
war / so man GOTT von dieser Verschickung
brachte.

Indessen baueten diejenige/ welche eine neue
Colonie daselbst anfangen wolten / Häuser/
und Pflügten das Land in dieser Wüsten.   Sie
säheten Korn/welches man in seinen Aehren behalten hatte / und gerieth solches weit besser als
das erste.   Man Schiffete darauff auff die andere Seite der Baye in Kahnen / allwo sie längst
der grossen Rivier eine grosse Menge wilder
Ochsen und Kühe nebst Welschen Hahnen antraffen.   Uberdem zogen sie allerhand Haußthie-
re/als Kühe/ Ferckel und Geflügel auff / die sich
daselbst sehr nehreten.   Der Krieg/ damit man
die Wilden überzogen / hatte die kleine Colonie
auch ein wenig mehr als zuvor in Sicherheit gesetzet   / und hätte man ziemlich zu frieden seyn
können/wenn nicht das vorher gegangene Unglück
durch ein neues wäre vermehret worden.

Der Herꝛ von Salle hatte für diesem auff
unsern Reisen offtmahls Erwehnung gethan der
unerhörten Grausamkeiten/ die die Spanier in
New und Neu-Mexico gegen die Völcker dieser
                                        grossen

groſſen Reiche ausgeübet/ indem ſie alle Männer
und Weiber/ ausgenommen die Kinder/daraus
ſie ein neu Volck machen wollen/ ſo viel nur möglich geweſen/ ausgerottet hätten. Ihm mißfiel
zum höchſten dieſe Conduite der Spanier/ und er
verfluchte ſie als eine den Chriſten höchſt unan-
ſtändige Sache.

Ich ſagte alles/was ich zu ihrer Entſchuldigung beybringen kunte / und gab ihm zu erken-
nen/daß / daferne ſie nicht eine groſſe Menge der
Mexicaner ausgerottet / ſie ſelbſt hätten in ihrem
Unterfangen verdorben müſſen. Denn es hätten
ſie um öfftern gantze Armeen in Neu-Mexico/
umb ſie in Stücken zu zerhauen/überfallen/ daher
die Raiſon d' Etaate ſie obligiret hätte/eine groſſe
Anzahl derſelben nieder zu machen/ damit ſie ſich
ihrer Conqueſten verſicherten.

Mich bedüncket / daß der Herr von Salle
alles dasjenige / was er von der Conduite der
Spanier in Abſehen auff ihre neue Entdeckungen tadelte/ jetzo vergeſſen hatte. Er kunte ſich
ja leicht einbilden/ daß die Wilden/(welche niemahls können wiederumb verſöhnet werden/
wenn ſie einmahl auffgebracht/ wie ſolches die Erfahrung an den Iroquois und Canadiern lehret/
als von welchen jene ſich geſchwind oder langſam
gerächet/was für ein Accommodement auch die
Canadier mit ihnen gemacht) nicht manquiren
würden/von ihnen wegen des zugefügten Krieges
Rechenſchafft zu fodern. Denn man ſiehet in der
That / daß die Einwohner von Canada noch
würcklich

würcklich mit den Jroqueseren im Kriege begriffen
sind/da diese doch hergegen die Holländer/ die in
Neu-Jorck sich niedergelassen/ niemahls überzogen haben.   Und ist die Raison diese / weil die
Holländer/ohngeacht der particulier-Anfälle / so
sie von ihnen erduldet / stets mit ihnen in gutes
Verständniß zu leben sich bemühet.

Der Herr von Salle / welcher sonst sehr
scharffsinnig / und mit der Gabe/ die Wilden zu
gewinnen/versehen war / hätte sich versichern sol-
len/daß er oder die seinigen früh oder spat / in E-
tablirung ihrer Colonien / es entgelten müsten/
weil er gegen diese Völcker einen öffentlichen
Krieg geführet.Uber dem verhinderte er dadurch
sehr die Bekehrung dieser Barbarn/ und machte
alle Arbeit der Missionarien/ die er mit sich füh-
rete/fruchtloß.   Denn in Warheit ein jeglicher
Christ/der da Seelen bekehren will/soll sich gelin-
derer Mittel bedienen / nach der Lection unsers
Heylandes:Lernet von mir/denn ich bin sanfft-
müthig und von Hertzen demüthig.

Indessen hatte der Herr von Salle dem
Capitain der Fregatte / die nunmehr allein noch
übrig war/befolé/genau sich der Tieffe in der Baye/
allwo er sich niederlassen und das Land erforschen
volte/dafern er avanciren würde/ zu erkündigen.
Er hatte ihm nebst dem aufs fleißigste recommendiret / alle Abend seine Leute wieder am Bord
ommen zu lassen: Allein dieser Capitain und 6.
einer geschicktesten und stärckesten Leute / welche
die Lieblichkeit der Jahrszeit und Schönheit des

B   Lan-

Landes anlocketen / giengen / nachdem sie ihren Kahn und Waffen am Strande gelassen / ein
Schuß Weges auff einer Wiesen / daselbst sich zu
erfrischen. Sie waren in einen tieffen Schlaff
gefallen / als ein Troup Wilde ihrer gewahr wurden / und sie unter Faveur des Schlaffes und der
Nacht überfielen. Sie massacrirten dahero
dieselben grausahmer Weise / und zerbrachen ihre
Waffen / nebst ihren Kahnen / welcher traurige
Zufall das gantze Lager in die eusserste Be-
stürtzung setzte.

Als man nun diesen Unglückseeligen die
letzte Pflicht erwiesen / und der Herr von Salle
auf 6. Monath diejenigen / so in diesem Lager sich
auffhielten / mit Lebens-Mitteln versehen hatte /
verreisete er mit 20. Leuten / in Gesellschafft des
Herrn Cavelier seines Bruders / umb zu Lande
den Orth / da sich der Fluß Meschasipi ins Meer
ergiesset / zu sehen. In dieser Baye lauffen viele
Flusse zusammen / darunter aber nicht einer weder
breit noch tief genung zu seyn scheinet / daß man
ihn für einen Arm des Meschasipi halten könte.
Der Herr von Salle lief dahero alle Riviere
durch / in den Gedancken / daß vielleicht höher der
Arm des Flusses Maschasipi anzutreffen wäre /
oder daß er aufs wenigste das Land wohl durch
passiren müste / ehe er sich des Laufes dieses Flusses recht erkündigte. Es wurde über dieser
Entdeckung mehr Zeit verspielet / als man meine-
te. Er wurd auch genöthiget Flösser zu machen /
umb alle die Flüsse / die auf dem Weg ihm auffflies-
sen /

Den Heer de la Salle wort ongeluckig vermoort.

In Vianen
del. et fec.

vmb alle die Flüsse/die auf dem weg ihm aufftoß-
sen/

sen/ zu pasſiren / und des Abends muſte er ſich
verſchantzen/umb für dem Anfall der Barbaren
ſich in Sicherheit zu ſetzen.

Der beſtändig-anhaltende Regen machte
die Wege ſehr ſchwer / und verurſachte allenthalben viel Waſſer-Bäche. Wie er nun glaubte am
13. Febr. 1686. den Fluß gefunden zu haben/ ver-
ſchantzte man ſich / und ließ der Herꝛ von Salle
einen Theil ſeiner Leute daſelbſt. Er nahm 9.
Leute mit ſich und ſetzte ſeine Entdeckung in den
ſchönſten Ländern von der Welt fort/und paſſirte
auch eine groſſe menge Dörffer und Nationen/
die ihn ſehr höfflich begegneten. Als er endlich
wieder zu ſeinen Leuten kam / arrivirte er den
31. Martij in dem General-Lager / gantz eingenommen von der Schönheit und Fruchtbarkeit
der Felder / von der unglaublichen Menge allerhand Jägerey/ und von der groſſen Anzahl Völ-
cker/die er auff ſeinem Wege angetroffen.

Doch GOtt legte ihm ein noch viel empfind-
licheres Unglück/als alle die vorhergehende geweſen waren / durch den Verluſt ſeiner Fregatten
auff. Dieſes eintzige Schiff / welches ihm noch
übrig war und/mit welchem er hoffte das Meer zu
umbſchiffen und nachmahls nach St Domingue/
umb neuen Succurs zu erhalten/ ſich zu erheben/
dieſes Schiff/ ſag ich/ ſtrandete unglücklich durch
Verſehung derjenigen / ſo es regierten. Denn
dieſer Unglücksfall entſtand aus der wenigen
Vorſichtigkeit des Pilots/ der auff daſſelbe nicht
acht gabe. Alle darinn verhandene Kauffmans-

Wah-

Wahren muſten ohne die geringſte Rettung
zu Grunde gehen. Das Schiff zerſcheiterte an
einer Klippe/die Bots-Leute erſoffen/ und kaum
ſalvireten ſich noch der Herr Cheſdeville Prie-
ſter/der Capitain und 4. andere Perſohnen in einem Kahn / den ſie gleichſam als ein Wun-
der-Zeichen an der Klippe funden. Man verlor
daſelbſt 30. Fäſſer Mehl/viel Wein/ die Kuffer/
die Kleider/das Leinen-Zeng/die Equipage/ und
den gröſſeſten Theil ihres Werckzeuges. Es iſt
leicht zu ſchlieſſen / was für einen tödlichen
Schmertz der Herr von Salle darob empfunden.
Sein groſſer Muht wäre nicht fähig geweſen/
dieſes groſſe Unglück zu ertragen/wenn GOtt ihm
nicht mit ſeiner ſonderbahren Gnade zu Hülffe
gekommen wäre.

Das III. Cap.

Weitere Erzehlung der unglück-
ſeeligen Begebenheiten/die dem Herren von Salle auff 2. Reiſen begeg-
net ſind / als er ſich zu den Illineſern
verfügen wolte.

DEnjenigen/ welche ein wenig in den Ge-
ſchichten/ſo von den Entdeckungen han-
deln/bewandert ſind / iſt zur Gnüge be-
kand/daß dieſelbe/ſo ſolche unternehmen/
genöhtiget ſind/vieles vergeblich zu verſuchen/und
tau-

tausend traurige und unvermuhtete Zufälle auß-
zustehen/ ehe sie zum gewünschten Ziel gelangen.
Daher werden sie sich nicht wundern / allhier die
traurige Begebenheiten und zugestossene Wie-
derwertigkeiten zu lesen/ dadurch GOtt die grosse
Entdeckung und Etablirung derjenigen neuen
Colonie/davon wir hie reden / zu unterbrechen
beliebet hat.

Zwar viele Geschicht-Schreiber haben sich
die Ursachen zu ergründen unterstanden / welche
GOtt beweget/ in dergleichen Unterfangungen/
darunter seine Ehre / weil es die Bekehrung der
barbarischen Völcker zu dem Evangelischen
Glauben beträffe/zu versiren schiene/ also zu handeln : Aber uns stehet es nicht zu/daß wir uns in
die unbegreiffliche Geheimnisse GOttes verwi-
ckeln. Dieses sind unergründliche Tieffen/ daher
sollen wir uns vergnügen/GOttes wunderbahre
Regierung anzubeten/ und so wohl die seltsahmen
Begebenheiten dieser Entdeckung / als auch den
Muht und die Stärcke/damit der HErr dieje-
gen / welche unter seinem Geleite dieselbe an-
tretten/ ausrüstet / zu bewundern. Denn wir
können hiebey nicht unterlassen/das großmühtige
Hertz des Herren von Salle zu rühmen / welches
durch so viel erlittenes Ungemach nicht von seinem Zweck hat können abgezogen werden/sondern
die Travaillen biß an sein Ende fortgesetzet.

Gleich wie ich mehr Interesse als jemand dabey
habe/dasjenige zu wissen/ was sich auff dem grossen Fluß Meschasipi (als auff welchen ich am ersten

sten unter allen Europäern geschiffet) zugetra-
gen/ also will ich jetzo demjenigen/was der Pater
Anastasius/würcklicher Vicarius der Franciscaner in Chambrai / von der Reise des Herrn von
Salle geschrieben hat/folgen. Dieses wird mir
das Mittel an die Hand geben/zu untersuchen/ob
gedachter Herr von Salle in der That an der Ge-
gend/allwo dieser Fluß ins Meer sich ergiesset/ ge-
wesen/als er durch die Americanische Länder nach
Canada zurück kehrete. Der geehrte Leser vernehme demnach / was ich davon aus der Erzehlung gemeldten Patris Anastasii erfahren.

Weil der Herr von Salle sich/ ohne die geringste Erhohlung/ durch den Verlust seiner 2.
Schiffe/die unglücklich an eine Klippe gegen Norden
in dem Golf von Merico zerscheitet waren/in den
eussersten Ruin gesetzet sahe / wurd er absolut ausser dem Stande gesetzet / in Europa wieder zurück zu kehren. Alle seine Mesures waren unter-
brochen/und seine Affaires zu der grösten Extremität gebracht. Daher fand er für nöthig/
zu Lande nach den Illinesern sich zu erheben/ damit wenn er in Canada angelanget/er nachmahls
von seinem zugestossenen Unglücke Franckreich
Part geben könte.

Solchen Entschluß besser ins Werck zu
setzen/erwehlete er 20. seiner besten Leute / darunter ein Wilder/von der Nation der Chaouenon/
mit Namen Nikana/(welches in der Illinesischen
Sprache so viel als Camerade bedeutet) begriffen war. Dieser Mensch hatte ihn von Canada
biß

biß in Franckreich und aus Franckr. wiederum biß
nach den Golf von Merico begleitet. Die Herren
Carelier/ein Priester und Bruder des gedachten
Hn. von Salle/Moranger sein Enckel und der Pater Anastasius von Douai/ ein Franciscaner/füg-
ten sich zu ihm/auff dieser grossen Reise ihm Compagnie zu leisten/und man versahe sich zu dem Ende mit keinem andern Proviant als 4. Pfund Pul-
ver/6. Pfund Bley/2. Aerten/2. Dutzend Messer/
nebst allerhand Farben und 2. Kesseln.

Der Herr von Salle würde sich besser ver-
proviantiret haben/wenn er nicht gehoffet hätte /
in kurtzer Zeit nach der Vestung / die er verließ/
wiederumb zurücke zu kehren/so bald er nur würde bey den Illinesern angelanget seyn.   Nachdem man derohalben den GOttesdienst in der
Capelle/so in der Vestung war /   verrichtet und
den Beystand des Himmels insgemein angeruf-
fen hatte / brach er nebst seiner Compagnie den
21. April 1686. auf/ und nahm seinen Weg gegen
Nord-Osten.

Es ist hie zu mercken / daß der Fluß Meschasipi von Norden gegen Süden fliesset / und
sich nachmahls in den Schoß von Merico ergies-
set/daher die Illineser / zu welchen sich der Herr
von Salle erheben wolte/dem genommenen Weg
nach gegen Nord-Ost wohnen. Im übrigen
scheinet es sehr wahrscheinlich / daß die Holtz-
Kähne gemeldtem Herrn von Salle gemangelt/
denn man an den Orten / wo damahls der Herr
von Salle war/ keine solche Kahne / wie ich in
dem

dem vorigen Buch beschrieben/findet/sondern nur
bey den Nationen gegen Norden anzutreffen sind.
Weil nun der Pater Anastasius in seiner Erzehlung nicht eines eintzigen Schiffes gedencket/
muß man entweder glauben/ daß diese Reise aus
Mangel der Kahne zu Lande geschehen / oder
daß der Herr von Salle versichert gewesen / die
Ergiessung des Flusses Meschasipi gefunden zu
haben/weil er in diesem Fall leicht zu Wasser nach
den Jllinesern kommen können.

Nach dem 4ten Tag ihres Marches gedencket der Pater Anastasius / daß sie die schönsten Felder von der Welt erblicket / und eine
menge Leute/derer einige zu Fuß/ andere zu Pfer-
de/mit Satteln versehen/ gestiffelt und gespornet/
mit starcken Galop auff sie zu gerennet. Diese
nöhtigten sie mit ihnen in ihre Wohnungen zu
gehen. Aber weil dieselbe von ihrem vorgenom-
menen Weg etwas abgelegen/sagten sie/nachdem sie
sich fürher wohl wegen des Weges informiren
lassen/ihnen danck. Es muß dieses zum Schein
nach durch Zeichen geschehen seyn/ weil niemand
unter den Leuten des Herren von Salle die Sprache dieser Völcker/ welche nur mit den Spaniern
Gemeinschafft halten/verstanden. Sie setzten
des übrigen Tages ihre Reise fort / und ver-
schantzten sich des Abends in einem kleinen Fort
von Pfälen / umb für dem Anfall der Wilden
sicher zu seyn/ welches sie nachmahls sehr glücklich
continuiret haben.

Wie sie folgenden Morgends wieder auffge-
brochen/

brochen/ giengen sie 2. gantzer Tage durch lauter
Wiesen/ biß an den Fluß/ welchen man Robeck nennet. Sie funden daselbst eine grosse Quantität wilder Ochsen/ so von den Spaniern Cibola genandt
werden/ und bestund der geringste Troupp/ derselben aus 2. biß 300. Stück an der Zahl. Des
Herren von Salle Leute tödteten darunter 8. biß
10. in einem Augenblick und saltzten etzliche Stücke davon ein/ umb sich nicht über 5. oder 6. Tage
au diesem Orte auffzuhalten.

Ein anderthalb Meilen davon funden sie
ein grösseres und tiefferes Rivier als die Seine/
die Paris fürbey fliesset. Es war mit den schönsten Bäumen von der Welt so wohl besetzet/ daß
es schiene/ als wenn man sie daselbst expresse ge-
pflantzet hätte/ und sie sahen an der einen Seite
Wiesen/ an der andern aber Gehöltze. Man
fuhr mit Flössern darüber und nennete ihn den
bösen Fluß. Indem sie also durch diese schöne
Länder/ angenehme Felder und liebliche Wiesen/
welche mit Weinstöcken/ Weiden/ Maulbeer-
und andern fruchtbaren Bäumen gezieret waren/
ihren Cours namen/ gelangte man einige Tage darauff an ein Ufer oder Fluß/ welcher
Huens genennet ward/ von einem Teutschen aus
dem Würtenberger Land/ der sich dergestalt in
diese Länder verliebte/ daß man ihn mit grosser
Mühe kaum wieder heraus kriegen kunte. Ich
glaube/ daß der Pater Anastasius sich wegen des
Nahmens Huens betriege/ und man an dessen
Stadt Hauß setzen müsse/ welches auff Teutsch so
viel als Johann heisset. B 5 Zwey

Zwey von den Reisenden schwummen über
diesen Fluß / die Art auff den Rücken habende/
und wie sie auff der andern Seiten des Ufers wa-
ren/hieben sie grosse Bäume ab/ dahingegen die
andern/so auff dieser Seite geblieben/ein gleiches
verrichteten. Man ließ darauff die Bäume von
beyden Seiten auff den Fluß fallen / welche auff
diese Art eine Brücke formirten / darüber man
gar leicht gehen kunte. Dieser Invention haben
sie sich mehr als 30. mahl bedienet / umb über die
Flüsse/die ihnen auff ihrer Reise auffstiessen / zu
kommen. Sie scheinet sicherer zu seyn / als die
jenige / da man aus unterschiedlichen zusammen
gebundenen Bäumen ein Floß formiret und auffs
Wasser wirfft/wenn man über dasselbe will.

In dieser Gegend änderte der Herr von
Salle seinen Weg / und begab sich aus Nord-O-
sten gegen Osten / aus gewissen Ursachen / die
er nicht hinzusetzet/auch diejenige/ so ihn begleitet/
nicht penetriren können. Es wäre besser gewesen / wenn er seinen Reise-Gefährten sein
Vorhaben vorher communiciret / denn so hätte
er theils dasselbe besser einrichten/ theils auch vielem Unglück in einem Lande/ da die Europæer sich
nicht wieder zu erholen vermögen/zuvor kommen
können.

Nach etlichen verflossenen Tagen/darinn sie
durch ein schönes Land passiret / ob sie wohl
wegen der Bäche sich vielmahls der Flösser
bedienen müssen / kahmen sie innoch
viel angenehmere und ergötzlichere Gegenden/
allwo

allwo sie eine volckreiche Nation antraffen / die
sie mit allen nur erdencklichen Zeugnüssen einer
verpflichteten Freundschafft auffnahmen. Selbst
die Weiber umbarmeten die Leute / so in der
Suite des Herrn von Salle waren. Sie nöhtigten sie / auff sehr ausgearbeiteten Decken sich
nieder zu lassen / und wie sie ihnen eine mit allerhand Farben gezierte Pfeiffe/ so das Zeichen des
Friedens ist/präsentiret / liessen sie diese nach
ihren gefallen rauchen. Unter andern wurden
sie mit einer gewissen Suppe auffgewartet/so von
einer Wurtzel/die sie Tique oder Toquo nennen/
bereitet ist. Dieser Baum siehet fast aus wie unsere Bromberstanden / doch ist er ohne Dornen.
Die Wurtzel daran ist sehr groß / und nachdem
sie dieselbe wohl gewaschen und gedörret/ pflegen
sie sie in einem Mörsel zu zerstossen. Die Sup-
pe/so davon bereitet wird / schmecket sehr wohl/
doch stopffet sie ein wenig.

Diese Wilden beschenckten sie auch mit sehr
proper-bereiteten Fellen von wilden Ochsen/ die
sich wohl biegen liessen und zu Schuen / derer
man in diesen Ländern sehr benöhtiget ist / wegen
der stechenden Kräuter/so man daselst findet / bequem waren. Man präsentirete ihnen wiederum
dafür geschnittene Gläser / welche sie sehr hoch
achten. Sie hielten sich einige Zeit bey dieser
Nation auff / welcher der Herr von Salle mit
seinen verpflichtesten Manieren sehr grosse
Gedancken von der Majestät und Ruhm seines
Königes beybrachte. Er gab ihnen zu erkennen /

B 6 daß

daß er gröffer und erhabener als die Sonne wä-
re/darüber diese Völcker eine groffe Verwunderung bezeigten.   Der Herr Cavelier/ Priester/
und der Pater Anaſtaſius thaten alles / was ſie
nur kunten / dieſen Leuten die erſten Gründe
von der Erkändtniß des wahren GOttes beyzubringen.   Mann nennet in America dieſe Nation Biskatrongé; allein die Europäer gaben ihr
den Nahmen der Weinenden / welchen ſie auch
dem Fluſſe / welcher ſehr ſchön iſt / beygeleget.
Die Urſache iſt dieſe / daß dieſe Nation bey ihrer
Ankunfft bey einer guten viertel Stunde bitter-
lich anfienge zu weinen.   Denn dieſes iſt ihre
Gewohnheit/wenn ſie frembde Völcker von ferne
zu ihnen kommen ſehen / weil ſie ſich dabey erinnern ihrer verſtorbenen Verwandten / von welchen ſie glauben / daß ſie auff einer groſſen Reiſe
begriffen ſeyn/davon ſie dieſelben erwarten.

Endlich gaben dieſe gute Leute dem Herrn
von Salle Wegweiser mit / verſahen ſeine bey
ſich habende Suite mit allem/was ihnen Nohtwendig war/ und lieſſen ſie in ihren Kahnen über
den Fluß fahren.   Sie giengen in den folgenden
Tagen über 3. oder 4. andere Flüſſe/ und begnete
ihnen nichts ſonderliches/ohne nur daß / als ihr
Wilder Chavnenon nahe bey einem Dorffe auff
ein Rehe loßdrückete / der Schall davon ein
ſolches Schrecken demſelben einjagte / daß alle
Einwohner darauß die Flucht nahmen.   Der
Herr von Salle ließ ſeine Leute die Waffen er-
greiffen und in dieſes Dorff gehen / welches aus
mehr

mehr denn 300. Hütten bestand. Sie begaben
sich in die Vornehmste / allwo sie noch die Frau
antraffen / welche sich wegen ihres grossen Alters
nicht hatte salviren können. Indem nun der Herr
von Salle ihr zu erkennen gab/ daß er mit seinen
Leuten als Freunde zu ihnen kähme/gaben 3. ihrer
Söhne/welche brave Soldaten waren/von ferne
Achtung/was passirete. Weil sie aber sahen/
daß sie nicht die geringste Feindseligkeit unter-
nahmen / sondern sehr freundlich sich bezeigten/
rieffen sie alle ihre Leute wiederumb zurücke/
machten Frieden / und dantzten biß auff den A-
bend ihren gewöhnlichen Friedens-Tantz.

Der Herr von Salle dieser Fröligkeit
nicht viel trauend / begab sich des Abends in das
in dieser Gegend stehende Rohr/ damit wenn die
Barbaren sie des Nachts überfallen wolten/ das
Geräusche des Rohrs verhinderte / daß sie nicht
von den Wilden übereilet würden.

Man erkandte nachmahls / daß der Herr
von Salle sehr klug und verständig daran gehandelt hätte. Denn des Nachts näherte sich ihnen
ein mit Pfeilen versehender Troupp Krieger.
Allein der Herr von Salle / welcher nicht aus seinem Lager gieng/ sondern nur dräuete auff sie loß
zu brennen/ richtete mit seinem harten Zureden
so viel aus/daß sie zurücke wichen. Den übrigen
Theil der Nacht brachten sie sehr ruhig zu / und
nachdem des Morgends von beyden Theilen
allerhand Verpflichtungen einander erwiesen/
welches doch an Seiten der Wilden nur dem

Schein

Schein nach geschahe / setzten sie ihren Weg von
dannen in die 5. biß 6. Meilen fort.

Sie wurden in eine angenehme Verwunderung gesetzet / als sie einen Troupp Wilden antraffen / so ihnen mit einer sehr höfflichen und ho-
neten Mine entgegen giengen und Indianisches
Korn in Händen hatten. Denn nachdem sie den
Herrn von Salle und dessen Leute nach ihrer Art
umbarmet ersuchten sie dieselbe sehr inständig / sie
in ihren Dörffern zu besuchen. Der Herr von
Salle ihre Auffrichtigkeit sehend willigte darein
und gieng mit ihnen. Diese Wilden gaben ihm
zu verstehen / daß Leute gegen Westen wären / die
sich grausam und gottloß erwiesen / und die umb-
liegende Länder verwüsteten. Der Pater Anastasius muhtmassete / daß sie von den Spaniern in
Neu-Mexico reden wollen / vielleicht weil der
Herr von Salle ihm solches gesagt. Es sey ihm /
wie ihm wolle / so ist dieses gewiß / daß die Barbarn
zuverstehen gegeben / wie sie mit diesen Völckern
im Krieg begriffen wären.

Nachdem es nun durch das gantze Dorff
ausgebreitet / daß gedachter Herr von Salle nebst
seinen Leuten daselbst arriviret / erwieß ihnen der
eine noch mehr Caressen als der ander. Sie
wurden ersuchet bey ihnen zu bleiben / und wider
die vermeinte Spanier in Mexico zu kriegen. Der
Herr von Salle aber hielte sie mit guten Worten
auff und machte ihnen Hoffnung / eine beständige
Alliantze mit den Völckern / die man Kironckas
nennet / zu machen. Er verhieß ihnen / bald wie-

der

der mit einer stärckern Anzahl Volcks zu sie zu
kommen/und wie sie einander von beyden Seiten
beschencket /   halffen die Wilden/sie mit ihren
Kahnen über den Fluß.

Indessen der Herr von Salle täglich seinen Weg gegen Osten durch die schönsten Wiesen verfolgte/stieß ihm eine neue Verdrießlichkeit
am Ende des dritten Tages auff der Reise zu.
Sein wilder Jäger Nikana schrie auff einmahl
aus vollem Halße/daß er sterben müste.   Man
lief deshalben zu ihm/ und vernahm/daß ihn eine
Schlange grausam gebissen / welcher Zufall dan
den gantzen Troup einige Tage auffhielte.Sie gaben ihm daher Artzeney wider den Gifft ein/ und
nachdem die Wunde vorher wohl geschabet / das
Gifft und verdorbene Geblüt heraus zu drücken/
streuten sie in dieselbe Saltz von Nattern/ durch
dieses Mittel machte man ihn endlich gesund/
wiewohl einige Zeit darüber verlohren
gieng.

Das IV. Cap.

Fortsetzung der unglückseeligen
Zufälle des Herren von Salle/welcher
den Fluß Meschasipi suchte.   Imgleichen wie er von den Cenis freundlich auffgenommen wird / und seine
Entdeckung weiter fortsetzet.

Der

Er Herr von Salle und seine Reise-Gefährten wurden nicht in geringe Be-
stürtzung gesetzet / als sie an einen sehr
breiten und geschwinden Fluß kahmen
von welchem sie glaubten / daß er sich ins Meer
versteckte / und daher ihn den Fluß der Unglückseeligen nanten. Sie verfertigten ein Floß ü-
ber zu fahren / und der Herr von Salle und der
Priester Cavelier sein Bruder nebst einem Theil
ihrer Leute setzten sich auff dasselbe : Aber kaum
waren sie mitten auff den Strom kommen/ so
trieb die Gewalt desselben sie mit einer solchen
Geschwindigkeit fort/ daß sie in einem Augenblick
aus der andern Gesichte kahmen. Der Pater A-
nastasius/ein Franciscaner / war mit dem einen
Theil der Leute auf dem Lande zurück geblieben/
und Nikana war schon etliche Tage abwesend ge-
wesen/ indem er sich im Holtz verirret hatte.
Dieses setzte sie beyderseits in die grösseste Trau-
rigkeit/ weil sie nunmehr verzweiffelten einander
wieder zu sehen. Zwar tröstete sie der Pater so
gut als er kunte / allein sie brachten den gantzen
Tag mit Klagen und Weinen zu. Doch bey
Herannahung der Nacht erblickten sie den Herrn
von Salle auff der andern Seiten des Ufers/
welcher zu verstehen gab/ daß durch eine sonderbahre Gnade der Göttlichen Versehung ihr Floß
wäre mitten auff dem Fluß auffgehalten ; dieses
hätte sie mittel angewiesen / über den Strom/
welcher ohne diesen Zufall sie hätte ins Meer ge-
bracht/zu arbeiten; Daß einer von seinen Leuten/

umb

mb einen Zweig von einem Baum zu ergreiffen/
äre ins Wasser gesprungen / aber dieser arme
Mensch hätte nicht wiederumb das Floß er:
aschen können.

Einige Zeit hernacher kam dieser junge
Mensch/welcher Rut hieſſe/ und ein Engelländer
on Geburt war/ an der Seiten/wo Pater Ana:
taſius mit den übrigen geblieben war / und ſich
urch Schwimmen errettet hatte / wieder zum
Vorſchein. Man brachte die Nacht darauff in
Ruhe zu/und dieſer Geiſtliche mit ſeinen Gefähr:
en waren auff Mittel bedacht/ ſich zu dem Herrn
von Salle hinüber zu helffen. Sie hatten den
ganzen Tag nicht gegeſſen / doch die Göttliche
Providentz ſorgete für ſie/ indem 2. Adler von ei:
nem Cedern Baum fielen/ daß ihrer 10. an dieſer
Abend-Mahlzeit ſich ſättigten.

Des Morgends war die Frage/ wie ſie ü:
ber den Fluß kommen wolten. Der Herr von
Salle rieth ihnen ein Floß von Rohr zu verferti:
gen. Der Pater Anaſtaſius/der Herr Moranger
und 3. andere bahneten den Weg/ und ſetzten ſich
am erſten in Gefahr. Sie ſuncken alle Augen:
blick / und gedachter Pater war genöhtiget ſein
Previarium in ſeine Kappe zu ſtecken/ weil ſeine
Ermel naß wurden.

Der Herr von Salle ſchickte ihnen zwey
Schwimmer zu / welche muſten die Flöſſer fort:
ſtoſſen helffen/ wie ſie dann durch deren Beyſtand
glücklich überkamen. Diejenigen/ welche zurück
geblieben waren/wolten es nicht hazardiren/ ih:

nen

nen zu folgen / doch weil sie sich genöthiget sahen/
indem die andern sich stelleten fort zu reisen und
ihren Cours weiter zu nehmen / fuhren sie endlich über / und verrichteten solches mit weniger
Mühe als auch schlechterer Gefahr. Nachdem
also der gantze Troupp/ausgenommen der Jäger/
sich vereiniget/ setzten sie 2. Tage auf dicken Flöß-
sern ihre Reise fort. Der Herr von Salle
mit einigen andern bahnte den Weg / indem er
selbst die Flösser baute. Am 3. Tag stellete sich
endlich der Jäger Nikana mit 3. gedörreten Re-
heu nebst einem/den er eben getödtet/auch ein/und
der Herr von Salle ließ etliche mahl Salve ge-
ben/seine Freude darüber zu bezeigen.

Sie verfolgten darauff ihren Weg gegen
Osten/ und kahmen noch in weit schönere Länder/
als durch welche sie paßiret waren. Sie traffen daselbst Völcker an/die mit unrecht als den Namen der Barbaren führen. Unter andern begnete ihnen ein hoaneter Wilde/ welcher mit seiner Frauen und gantzen Familie von der Jagd
kam. Er präsentirte dem Herren von Salle eines von seinen Pferden und etwas Speise/ durch
Zeichen ihn ersuchend/ mit allen seinen Leuten zu
ihm zu kommen / und sie umb desto eher hiezu zu
obligiren/hinterließ er ihnen seine Frau/ Familie
und seine Jagd zum Unterpfande / da er indessen
in das Dorff lieff / ihre Ankunfft kund zu
machen.

Der Jäger Nikana und ein Laquay des
Herrn von Salle begleiteten ihn/und nach 2. Tagen

gen kamen sie zurück mit 2. Pferden mit Provision beladen/ und viel vornehme unter diesen Wilden funden sich in ihrer Gesellschafft.

Ihnen traten sehr geschickte Soldaten/ so mit bereiteten Fellen bekleidet und mit Federn sehr net gezieret waren/nach. Alle trugen sie das gewöhnliche Friedens-Zeichen. Diejenigen/ so voran giengen/ begneten ihnen bey 3. Meilen von dem Dorff; der Herr von Saile ward daselbst als in einem Triumph empfangen / und logirte bey diesem grossen Capitain. Es war ein recht wun-derns-würdiger Zulauff des Volcks/ davon die jungen Leute in ihren Waffen rangiret waren/ Tag und Nacht auffwarteten / und sie mit aller-hand Wolthaten und Lebens-Mitteln überschüt-teten. Indessen weil der Herr von Saile in Sorgen stund/ daß seine Leute einige Debauches mit den wilden Weibern machen möchten/ ließ er sie 3. Meilen von dem Dorffe campiren. Sie blieben bey diesen Völckern in die 3. oder 4. Tage/ und handelten mit ihnen umb Pferde und viel andere Sachen/ die ihnen nöhtig waren.

Dieses Dorff / welches Cenis genennet wird / ist eines von den considerabelsten und Volckreichsten in gantz America. Es ist auffs wenigste über 20. Meilen lang / doch muß man sich nicht einbilden/ daß es allenhalben bewohnet. Es stehen nur allezeit 10. oder 12. Hütten zusam-men/welche als Cantons sind/ da eine jegliche ih-ren besondern Nahmen hat. Ihre Cabannen oder Hütten sind schön/bey die 40. oder 50. Fuß

lang/

lang / und auff die Manier eines Bienenstockes
gebauet. Man pflantzet dafür Bäume / deren
Zweige oben sich zusammen fügen / die man mit
Kräutern bedecket. Die Bette stehen rund in
der Cabanne herum und sind ohngefehr 3 oder
4. Fuß von der Erden erhoben. Das Feuer ist
in der Mitten / und ein jegliche Hütte dienet zu
einem Logement für 2. Familien.

Sie traffen bey den von Cenis unterschiedliche Sachen an / als Piasters und andere Mün-
tze / silberne Löffel / allerhand Art Spitzen / Kleider
und Pferde / so ohnfehlbar von den Spaniern
kommen. Sie sahen unter andern daselbst eine
Bulle des Pabstes / welche alle junge Spanier
von Mexico den Sommer über frey spricht. Die
Pferde sind daselbst gemein / und man schenckte jemanden von unsern Leuten eines für eine Axt.
Einer unter den Wilden wolte auch eines für des
Paters Anastasii Kappe / darzu er Lust hatte /
geben.

Sie haben ihren Handel durch Hülff der
Choumans / welche mit denen von Cenis in Bund
stehen / und stets mit Neu-Spanien im Krieg begriffen sind / mit den Spaniern. Der Herr von
Salle / welcher allezeit auff die Minen von St.
Barbe in Neu-Mexico sein Absehen gehabt / ließ
ihn auf einer Carte ihr Land und ihre Nachbarn
nebst dem Fluß Meschasipi / davon er glaubete / daß
sie einige Erkäntniß hätten / sehen / und sie zeichne-
ten solches alles auff eine Baumrinde. Sie
sagten / daß sie 6. Tage-Reisen von den Spaniern
ab-

blägen / von welchen sie eine so naturelle Beschreibung ihm gaben / daß dem Herren von Sal-
e nicht der geringste Zweiffel davon überbliebe/
ohngeacht die Spanier niemahls das geringste
wider diese Völcker und ihre Dörffer fürgenom-
nen/sondern ihre Soldaten sich nur mit denen
Choümans conjungiren/und ihnen im Kriege in
Neu-Mexico Gesellschafft leisten.

Der Herr von Salle / welcher vollkommen
die Kunst wuste / alle Nationen der Wilden zu ge-
winnen/ergötzte diese Leute alle Augenblick. Er
gab ihnen zu verstehen/daß derjenige/ so ihn zu sie
geschicket/ der gröste Capitain in der Welt und
so hoch über die Spanier als die Sonne über der
Erden erhaben wäre. Uber der Erzehlung der
Siege dieses grossen Monarchen/von welchen der
Herr von Salle redete / machten die von Cenis
grosse Exclamationes und legten/ ihre Verwunderung zu verstehen zu geben/ ihre Hand auff den
Mund. Der Pater Anastasius setzet hinzu/ daß
er diese Völcker sehr Lehrsam und tractabel be-
funden/indem sie gar leicht penetrirten/ was man
ihnen von der Existentz eines Herschers der
Welt/und von der Warheit eines Gottes /der aller Dinge Erschaffer ist/sagte.

Es ist gewiß / daß der Herr von Salle ein
besonders Talent hatte / die Freundschafft der
Wilden sich zu erwerben. Indessen mangelte
ihm ein Dolmetscher/seine Gedancken denen von
Cenis deutlicher verstehen zu geben/daher muste er
sich durch allerhand Zeichen exprimiren. Welches
denn

denn bedeutete / daß diese lange Discourse von
wichtigen Sachen handelten. Ob nun wohl der
Herꝛ von Salle Ursach hatte/ seinen König/wel-
chem er alle sein Glück zu dancken / zu erheben/
so solte er dennoch solches zum Präjuditz der Spanischen Nation / fürnehmlich des Königes in
Spanien / welcher nebst den grossen,und weiten
Ländern/die er in Europa besitzet / überdem Herꝛ
von Ost-und West-Indien ist/ nicht gethan haben.
Dieses hat Anlaß gegeben zu dem gemeinen
Sprichwort/ welches auch der Herꝛ von Salle oft
in unsern Unterredungen wiederholete / daß in
den Ländern des Königes von Spanien niemahls die Sonne untergienge.

Es hätte ihm dahero nicht unbewust seyn
sollen/daß die von Cenis in gantz America keinen
mächtigern Herꝛn als den König von Hispanien
erkenneten/als welcher in dieser grossen Welt ü-
ber 2500. Meilen / so die Helffte der Erd-Kugel
machet/unter seiner Botmäßigkeit hat.

Damahls befanden sich einige Ambassadeurs
der Choumans bey denen von Cenis / welche dem
Herꝛn von Salle die Visite gaben. Es überfiel
ihn eine grosse Verwunderung/ als er sie sahe ein
Creutz machen/ mit gefalteuen Händen auff die
Knie niederfallen / und dieselbe zum öfftern gen
Himmel erheben. Sie küsseten den Rock des Pa-
ters Anastasii und gaben ihm zu verstehen / daß
Leute/so wie er gekleidet / die Völcker in ihrer
Nachbarschafft unterrichteten/ und selbe nur 2.
Tage-Reisen von den Spaniern abgelegen wä-
ren.

n. Und in Warheit unsere Geistliche haben in
esen Ländern grosse Kirchen/darin die Einwoh-
er/ ihr Gebet zu verrichten/ sich zu versamblen
stegen. Die Ceremonien von der Messe wu-
en sie über dem net zu exprimiren/wie denn einer
nter ihnen mit einer Reiß-Kohlen auff dem Tisch
iese/daß er eine grosse Frau/ welche weinte/ ge-
hen/weil ihr Sohn am Creutze hienge.

Der Pater Anastasius füget hinzu/wie die
Bilden dem Herren von Salle zu verstehen ge-
eben / daß die Spanier in Indien ein grausah-
res Blutbad anrichteten / und so er wolte mit ih-
en gehen oder sie mit Gewehr versehen/ würde
s leicht seyn/sie zu bezwingen/ weil es liederliche
nd verzagte Leute wären / die einen Wedel für
ch hertragen liessen/ umb für der grossen Hitze si-
her zu seyn.

Wie wir sonsten auff dem Fort Frontenac
on unserer Entdeckung zum öfftern redeten/ hat
nir der Herr von Salle mehr als einmahl erzeh-
et/daß wenn die Jesuiten von dem Collegio in
Boa/einer Hauptstadt in Ost-Indien/ (welches
in Bischoff des Ordens St. Francisci ihnen ge-
eben/ und deren Revenuen jetzo auff unendliche
Summen steigern/) in diese Länder verschicket
verden / man ihm öffters zu Paris gesagt/ wie
ie in einer Seuffte von 2en Leuten sich tragen
iessen / die ihre Wedel hätten/sie in der grossen
Hitze zu erfrischen. Aber weil der Herr vonSal-
e ein Glied selbiger Societät war / pflegte ich
um öfftern einen Theil der Dißcoursen zu wie-
                                        der-

derlegen. Indessen habe ich mich allhier nicht
genung verwundern können über die Geschwindig-
keit/ derer er sich in seiner Reise-Beschreibung bedienet / indem er dasjenige den Spaniern bey-
misset / was er mir zum öfftern von den Herren
Jesuiten erzehlet hat.

Nachdem nun der Herr von Salle 4. oder
5. Tage unter denen von Cenis geblieben war/ seine Leute ausruhen zu lassen/nahm er seinen Weg
gegen die Nassonis. Er pasfirte einen grossen
Fluß/welcher mitten durch das grosse Dorff Cenis fliesset. Diese beyde Nationen sind Alliirte
und haben bey nahe einen Geist und einerley
Gewohnheit.

Fünff Meilen davon hatte er das Mißvergnügen zu sehen/daß 4. seiner Leute unter Favenr
der Nacht desertiret und zu den Nassonis übergelauffen waren. Dieses wurd durch ein neues
Unglück vermehret / indem gedachter Herr von
Salle und Herr Moranger sein Vetter von einem starcken Fieber / welches sie in die eusserste
Gefahr setzte/überfallen wurden. Ihre Kranckheit währete lang und nöhtigte seine Leute / in
dieser Gegend sehr lange stille zu liegen / weil/
nachdem sie das Fieber verlassen/ sie annoch viele
Zeit zur Erholung bedurfften.

Die Verzögerung dieser Kranckheit hatte
alle ihre Mesures unterbrochen / und war nachmahls die Gelegenheit der letzten Unglücksfälle/
die ihnen begegneten. Sie hatte sie bey nahe umb
2. Monaht Zeit gebracht/darin sie leben musten/
als

als sie kunten. Das Pulver begunte ihnen hie
zu mangeln. Sie waren in gerader Linie nur
150. Meilen avancirt / und einige ihrer Leute
waren ausgerissen. Bey so betrübten Con-
juncturen resolvirte sich derowegen der Herr von
Salle / nach dem Fort Louis wieder zurück zu
kehren. Jederman war seiner Meynung und hielten den geraden Weg/so gut sie vermochten. Auf
dieser Reise begegnete ihnen nichts sonderliches/
ohne daß einer seiner Leute nebst seinem Flosser
als sie den bösen Fluß repaßireten / von einem
sehr langen und wunderfahmen grossen Cro-
cobil verschlucket ward.

Wie sie nun einen Monath marchiret / und
die Pferde ihre Reise nicht wenig befördert hat-
ten/gelangeten sie im Lager den 17. October gemeldten 1686. Jahrs an. Sie wurden mit aller
nur ersinnlichen Freude empfangen. Im übrigen hatte so wohl die Traurigkeit als Freude an
ihren Gedancken Antheil/und ein jeglicher erzehlete seinem Freunde die traurigen Begebenhei-
ten/ die ihm seit ihrer Absonderung auffgestossen.

Das V. Capitel.

Eine kurtze Beschreibung der Vestung Louis : von dessen vortheilhafften Lager / und der Schönheit
der benachbarten Länder.

C   Man

An findet wenig Leute in den Geschichten der Reisenden/die an unerschrockenem Muht und unüberwindlicher Tapfferkeit den Herrn von Salle übertroffen hätten. Er ließ niemahls in wiederwertigen Zufällen den Muht sincken/sondern hoffete allezeit durch Beystand des Himmels/ohngeacht aller Hinderniße/ die sich täglich präsentireten / den Zweck seines Unterfangens zu verrichten.

Er verharrete drittehalb Monath in der Baye von St. Ludewig und besuchte mit dem Pater Anastasius alle die Flüße / die in dieselbe sich ergießen. Dieser Geistliche saget/ daß sie mehr als 50. zur Schiffart bequem gefunden / welche von Westen und Nord-Westen kommen. Die Gegend/darin das Fort Louis lieget/ist ein wenig sandigt / sonsten findet man allenthalben guten Grund. Auf allen Seiten siehet man Wiesen/ darauff das Graß länger als unser Korn ist/und solches in allen 4. Zeiten des Jahrs. Man findet alle 2.oder 3.Meilen einen Fluß/der mit Eichen/ Dornsträuchen/Maulbeer-und andern Bäumen besetzt ist. Dieses continuiret gegen Westen biß auff 2. Tag-Reisen von den Hispaniern.

Das Fort ist auff einer kleinen Höhe Nord und Südwerts gebauet/ das Meer habend gegen Süd-Osten / grosse Wiesen gegen Westen und 2. Seen und Höltzer gegen Süd-Westen. Nahe an demselben fließet ein Fluß/und die benachbarten Völcker sind die Quoaquis/ welche Pferde von starckem Lauff haben/die Bahamos und die

Qui-

Quinets/ welches irrende Nations und mit dem
Herrn von Salle im Krieg begriffen waren.   Er
vergaß in dieser seiner Anwesenheit nichts/ was
zum Trost seiner kleinen anwachsenden Colonie/
derer Familien sich schon durch neugebohrne Kin=
der vermehreten/ dienen kunte/ und wendete vie=
len Fleiß an / so wohl ihren Acker=als Häuser=
Bau zu befördern.   Der Herr Chefdeville ein
Priester nebst dem Herrn Cavelier und 3. andere
Franciscaner arbeiteten hergegen mit gleichen
Kräfften an ihrem Christenhtumb/ und Unterwei=
sung etlicher Wilden / welche sich in ihrer Gesell=
schafft zu seyn von den benachbarten Nationen
abgerissen / da unterdessen der Herr von Salle
hate/ was er thun kunte/ die Barbarn zu besänff=
igen/ wohl erkennend/ daß der Friede mit diesen
Völckern zur Etablirung der Colonien sehr nöh=
ig wäre.

Weil nun der Herr von Salle kein ander
Mittel für sich wuste/ als seine Reise wiederumb
zu den Illinesern/ umb seinen Zweck zu erlangen/
anzutretten/ hielte er fürher eine sehr gelehrte Re=
de mit einer Mine / damit er alle bewegen
kunte/ weil dieses ohne dem sein Naturel war.
Denn nachdem er sie in Gegenwart der kleinen
Colonie/ die zu dem Ende versamblet/ hergesaget/
ward ein jeglicher dadurch zum Weinen gereizet/
und erkaudte so wohl die Nohtwendigkeit seiner
Reise als Billigkeit seiner Intention.   Er ließ
darauff noch einen grossen Wall/ welcher die Ve=
uug sampt allen Einwohnern einschloß/ verferti=

C 2

gen.

gen. Nach diesem erwehlete er 20. Persohnen/
darunter der Herr Cavelier sein Bruder / die
Hrn. Moranger und Cavelier seine Enckel/nebst
dem Herrn Joustel Piloten und dem Pater Anastasio zu Reise-Gefährten/ und ward alles mit öf-
sentlicher Vorbitte/ so wohl für die Wollfahrt
der neuen Einwohner als glücklichen Fortgang
seiner Reise beschlossen.

Das VI. Cap.

Abreise des Herrn von Salle aus der Baye von St. Louis nach den Illinesern.

DEn 7. Januarii Anno 1687. reisete der
Herr von Salle mit 20. Leuten endlich
aus dieser Baye. Sie traffen am ersten Tage eine Armee von Bahamos
an/so wider die von Erigoanna im Krieg auszo-
gen/mit welchen offt erwehnter Herr von Salle
eine Alliantz machte. Er wolte dergleichen mit dē
Quinets tractiren/aber sie nahmen auf seine Ankunfft zuerst die Flucht/biß er sie endlich durch sein
starckes Nachsetzen auf einem Pferde zum Stande
brachte. Darauff machten sie zusammen einen
Bund / und promittirten von beyden Seiten einen unzerbrüchlichen Frieden.

Drey Meilen von dannen / gegen Nord-
Ost funden sie darauff am 4ten Tag das erste U-
fer und Fluß in Cannes / allwo man nichts als
Wie-

Wiesen und kleine Gebüsche von einem Ort zum
andern siehet. Das Erdreich ist daselbst so
fruchtbar/ daß das Graß in die 10. biß 12. Fuß
hoch wächset. Man findet auch bey dieser Rivier herumb eine grosse Anzahl Dörffer/ die sehr
Volckreich sind / darunter sie niemand als die
Quaras und die Anachorema besuchet.

Mit gleichem Wind funden sie/ 3. Meilen
davon/den andern Fluß Cannes gleichfalß mit
unterschiedlichen Nationen. Bey welchen man
auch Felder mit Hanff besaamet findet.

Fünff Meilen davon passiret man über den
Sand-Fluß/welcher also genennet wird/ weil er
mit sandigtem Erdreich umgeben/ob wohl das ü-
brige Theil guter Grund ist/ und in grossen Wiesen bestehet.

Noch weiter gehet man 7. oder 8. Meilen durch
lauter Wiesen an dem Fluß Robec / und nachmahls durch 3. oder 4. andere Riviere / so eine
Meile voneinander entlegen sind. An dem
Fluß Robec findet man viele grosse Dörffer/ in
welchen die Leute dergestalt durch die Kehle re-
den/daß man Zeit bedarff/sich darzu zu gewehnen.
Sie führen Krieg mit den Spaniern/ daher nöhtigten sie den Herrn von Salle sehr/ daß er sich mit
ihren Soldaten conjungirete; Allein es war
gantz keine Apparentze/sich allda lange auffzuhalten und war der Herr von Salle nicht in dem
Stand/ mit seinen 20. Leuten den Spaniern
Schaden zu zufügen: Wiewohl sie 5. biß 6. Tage
bey diesen Völckern verharreten/ sie durch Christlichen

C 3

lichen Unterricht/ so sie nicht von den Spaniern an-
nehmen/ zu gewinnen.

Indem sie nun ihren Weg fortsetzten/ pas-
sirten sie durch viele Wiesen/ biß san iden bösen
Fluß. Er ist ehr tieff / und hat diesen nahmen
bekommen / weil einer von ihren Leuten daselbst
von einem abscheulichen Crocodil ist verschlungen worden. Dieser Strom kömpt von ferne/
und ist bewohnet durch eine grosse Menge Völ-
cker/ die in 40. sehr volckreiche Dörffer abgetheilet sind/ und die Nation der Kanoatinno formiren. Sie führen mit den Spaniern Krieg
und beherrschen die benachbarte Länder.

Sie besuchten einige dieser Dörffer / welche
zwar von guten Leuten besetzet sind/ die aber doch
ihr barbarisches Wesen nicht gäntzlich verbergen
können. Der Pater Anastasius setzet hinzu/ daß
die Gransamkeit der Spanier sie noch wilder
machte/ aber ich muhtmasse sehr / daß diese Anmerckung von dem Herrn von Salle kömpt/ welcher seiner Nation dadurch zu schmeicheln/ hergegen die Spanier ihnen verhaßt zu machen suchte.
Zwar kan ich nicht in Abrede seyn/ daß die Spanier viele benachbarte Nationen vertilgen müs-
sen/ umb ihre Conquesten in Neu-Mexico sich zu
versichern / weil diese Völcker selbst sie würden
ausgejaget haben/ daferne nicht an Spanischer
Seiten das Prævenire gespielet worden wäre.
Denn man muß hier als etwas gewisses präsup-
poniren/ daß diese Nation bloß aus einer Furcht
für den Europæern einige Consideration hat. Da-

C 4

her

her kunte der Herr von Salle seine Nation nicht
erheben / er verkleinerte denn die Spanier auf
das ärgste.　　Denn　auff diese Art suchte
er alle Barbaren wider die Spanier auffzubrin-
gen. Wiewohl er sich hätte erinnern sollen/daß/
wie wir ehemahls auff der Vestung Frontenac zu
sammen waren / ich offt eine Sache ihm zu Ge-
müthe geführet / die er selbst nicht läugnen kön-
nen/nemblich / daß das Spanische Joch das al-
lersüsseste und erträglichste in der Welt wäre.

　Nachdem nun der Herr von Salle einige
Pferde umb einen geringen Preiß gekauffet / sie
auch einander Geschencke offeriret hatten/fuhr er
nachmahls über den Fluß/seinen Weg in Kahnen aus wilden Ochsen-Fellen gemacht zu continuiren. Wie es hic scheinet / so haben sie ihre
Pferde schwimmen lassen.

　Mit diesem Winde fuhren sie ohngefehr 4.
Meilen von diesem Lande/welches sehr fruchtbar
ist/auff Flössern über den Fluß Hiens oder besser
zu reden Hans / davon oben Meldung geschehen
ist. Nachmahls nahmen sie ihren Weg gegen
Nord-Osten und waren genöthiget über viele
kleine Flüsse und andere schiffreiche Wasser zu
fahren. Sie brachten damit den Winter / welcher in diesen Ländern nur bloß an dem Regen er-
kant wird/ zu / und währete diese Schiffarth biß
auff den Frühling. Sonsten war das gantze
Land sehr annehmlich mit Wiesen / Hügeln und
vielen Quellen geschmücket.

　Sie arrivirten endlich in 3. grosse Dorff-
schaften/

schaften/die sie Taraha, Tyakappan und Palonna
nennen/allwo man Pferde findet. Einige Meilen weiter stiessen ihnen die Paloquessons auff/ so
aus 10. Dörffern bestehen/ und denen Spaniern
verbunden sind.

Ich wundere mich/daß unser Pater Anasta-
sius/ein Franciscaner/ nicht ein weitläufftigers
Journal von so unterschiedlichen Nationen gemacht hat. Ich bitte dahero allhier den geneigten Leser/nicht übel zu deuten/ daß ich von Zeit zu
Zeit einige Anmerckungen über die letzte Reise des
Herrn von Salle / mit welchem ich in America
viele Reisen glücklich zu Ende gebracht / mache.
Meine Beschreibung der Louisiane/die ich für diesem zu Paris drücken lassen / hat viel zu seinem
Unterfangen contribuiret.

Das VII. Cap.

Der Herr von Salle wird unglück-
lich von seinen Reise-Gefährten er-
mordet/ nachdem 3. vorher von den
seinen getödtet sind.

Wie sie nun so viel Nationen/davon bißhero geredt/besuchet/ musten sie endlich
das grosse Unglück ausstehen/daß nemblich der Herr von Salle so wohl als sein
Enckel Herr Moranger und einige andere getödtet wurden. Der Herr von Salle befand sich damahls in einem mit allerhand Wildbret versehe-
nem

C 4

nem Lande. Alle seine Leute waren lustig und er-
getzten ihre von der Reise abgemattete Glieder
durch die schönsten Speisen etliche Tage lang.
Er hatte den Herrn von Moranger seinen Vet-
ter/seinen Laquay mit Namen Saget und 7. oder
8. seiner Leute an den Ort/wo Nikana sein Jäger/
der ein Wilder Chaovenon war / eine ziemliche
Menge von wilden Ochsen-Fleisch hatte/ abge-
schicket/umb es trucknen zu lassen / damit sie nicht
so offt genöhtiget würden/ hie und da sich auffzuhalten und auff die Jagd zu geben.

Wie klug auch sonst der Herr von Salle war/so
hatte er dennoch das heimliche Verständniß / welches einige seiner Leute gemacht/ seinen Enckel zu
massacriren/nicht gemercket. Sie fasseten daher alle auff einmahl die Resolution und vollzo-
gen den 17. Martij die That mit einer Art / damit
sie ihm das Haupt zerspalteten. Dieser unglück-
liche Meuchelmord ward verrichtet durch einen
Menschen/welchen zu nennen die Liebe dem Pater Anastasio nicht zugelassen. Sie tödteten zugleich den Diener des Herren von Salle und
den armen wilden Nikana/welcher sie nunmehro
bey 3. Jahre mit seiner Jagd nicht ohne grosse
Mühe und Gefahr versorget hatte. Der Herr
von Moranger lebete noch 2. Stunden nach diesem Hieb/und gab unterdessen die merckwürdig-
sten Zeugnisse seiner Frömmigkeit zu verstehen.
Denn er perdonnirete seinen Mörder/umbarme-
te ihn etliche mahl/und ließ den Umbstehenden seine Gelassenheit in GOttes heiligen Willen/ sein

C 4　　　　　　Ver-

Vertrauen auff das Verdienst seines Heylandes
dergestalt beweglich sehen / daß die Mörder es
selbst/als sie von ihrer Raserey ein wenig zu sich
selbst wieder gekommen waren/ihnen erzehleten.
In Warheit / er war ein recht vollkommener
honneter Mensch / der alle Schuldigkeit eines
wahren Christen getreulich verrichtete / daher
wir glauben / daß GOtt ihm wird barmhertzig
gewesen seyn.

Wie aber diese Elende an diesem Mord
nicht vergnüget waren / also entschlossen sie sich/es
dabey nicht zu lassen. Sie machten dahero einen Anschlag/ihren Herren selbst zu ermorden/
weil sie in Furchten stunden / daß er sie aus einem
gerechten Eiffer / wegen einer so erschrecklichen
That/die sie begangen/rechtschaffen straffen würde. Der Pater Anastasius mercket an/daß sie 2.
starcke Meilen von der Gegend/allwo der Hr.von
Moranger ist getödtet worden/entfernet gewesen.
Weil nun der Herr von Salle gantz unruhig über
das lange Ausbleiben seines Vettern und der ü-
brigen Leute war/ von welchen er schon bey die 3.
Tage abgewesen/und sich fürchtete/daß ein Troup
Wilden sie überfallen möchte/ bat er gedachten
Pater Anastasium/ mit zu gehen und seinen En-
ckel/nach dem er vorher 2. Wilden in seine Gesellschafft genommen / zu suchen.

Den Weg brachte der Herr von Salle mit
Gottseeligen Discoursen zu/ und redete fürnehmlich von der Gnade und Prädestination. Sonderlich fand er sich der Göttlichen Providentz sehr
ver-

verbunden/daß sie ihn nunmehro in die 20. Jahr/
die er in America (da ich 9. Jahr mit ihm gereiset) zugebracht / in so vieler Gefahr bewahret
hätte. Er war gantz eingenommen von der sonderbahren Güte / die ihm Gott erwiesen hatte.
Aber auff einmahl sahe ihn der Pater Anastasius
von einer so tiefen Traurigkeit / und grossen Verwirrung überfallen/ deren Ursache er selbst nicht
errahten kunte / daß diejenigen / so ihn sonst gewohnet waren zu sehen/ihn kaum kenneten. Diese Verstellung seines Gemühts hatte man niemahls an ihm verspüret / daher der Pater Anastasius allen möglichsten Fleiß anwendete/ihn
aus dieser tieffen Sinnlosigkeit zu ziehen.

- Wie sie 2. Meilen fortgegangen / fand er
die blutige Krause seines Laquayen und sahe/
daß 2. Adler / welche Vögel in diesen Landen
sehr gemein sind/auff seinem Kopffe herum sprun-
gen. Zu gleicher Zeit entdeckete er seine Leute/
die am Ufer des Wassers waren. Er nähete
sich ihnen und fragte sie umb seinen Vetter/ den
Herrn Moranger. Diese Leute antworteten ihm
aber mit unterbrochnen Worten / und wiesen ihm
den Ort/wo er lag. Der Pater Anastasius folgte
einige Schritte längst dem Ufer/und gelangte endlich in der unglückseeligen Gegend an / wo diese 2.
Mörder ihr geladenes Gewehr in der Hand habende in dem Graß/einer auff der einen/ der andere auff der andern Seiten / verborgen waren.
Der eine drückte auff den Herrn von Salle loß
und fehlete/indem aber der andere im selben Au-

C 5   gen-

genblick gleichfals loßbrennete / traff er ihn durch den Kopff / an welcher Wunde er auch eine Stunde hernach den 19. Martij 1987. starb.

Der Pater Anaſtaſius verſahe ſich gleiches Glückes / aber er gedachte nicht an die Gefahr / darinnen er ſchwebete. Er war gantz eingenommen von dieſem grauſahmen Speccakel und empfund über dieſen tödtlichen Streich einen unglaublichen Schmertz. Er ſahe den Herrn von Salle einen Schritt von ihm mit einem blutigen Geſichte niederſtürtzen. Er warff ſich deßwegen alſobald auff ihn / umbarmete ihn / benetzte ihn mit ſeinen Thränen / und ermahnete ihn / ſo gut er in dieſem traurigen Zuſtande kunte / doch wohl zu ſterben. Dieſer arme Menſch hatte für ſeiner Abreiſe ſeine Andacht verrichtet / er hatte auch noch Zeit / einen Theil ſeines Lebens in der Beichte zu erzehlen / und nachdem ihm der Pater Anaſtaſius die Abſolution geſprochen / ſchiede ſeine Seele etliche Augenblick hernach von ihm.

Er verrichtete in dieſen letzten Augenblicken alles dasjenige / was dem Stande / darinn er ſich befand / gemäß war. Er drückte dem Geiſtlichen zu allen Dingen / die er ihm fürſagte / die Hand / ſonderlich aber / wenn er ihn erinnerte / ſeine Feinde zu perdonniren. Da indeſſen nun die Mörder über alles das Böſe / ſo ſie verrichtet / ein groſſer Schrecken überfallen war / fiengẽ ſie an an ihre Bruſt zu ſchlagen und ihre Blindheit zu verfluchen. Der Pater Anaſtaſius wolte dieſen traurigen Ort nicht ehe verlaſſen / biß er ſie begraben;

nach-

nachdem er aber den Leib des Herrn von Salle/
so gute er kunte/ verscharret/ setzte er ein Creutz
auff sein Begräbniß.

Diß war der unglückseelige todt des Herrn
von Salle/welcher in seinem Leben eine Persohn
von grossen Meriten/beständig in allen Unglücks-
Fällen/ behertzt/ genereus/verbindlig/ hurtig / geschickt und zu allem capabel gewesen ist. Er
hatte nun in die 20. Jahr das wilde Humeur einer grossen Anzahl barbarischer Nationen/ unter
welchen er gereiset war/durch seine Höfflgkeit be-
sänfftiget / und wird jetzt von seinen eigenen Do-
mestiquen/welchen er alles gute erwiesen / massacriret. Er starb aber in der besten Blüte seiner
Jahre/ohne daß er den Anschlag / so er auff Neu-
Mexico gemacht hatte/glücklich zu Ende gebracht.

Das IX.. Cap.

**Betrachtungen des Authoris die-
ses Wercks über das Leben und
Todt des Herren von Salle/ dessen
Mörder sich unter einander selbst getödtet.**

Er Herr von Salle hat mir währender
Zeit/da wir uns in der Festung Frontenac
auffhielten / und unsere Entdeckungen/
ob wohl wir daran arbeiteten/noch nicht
angefangen hatten/öffters erzehlet/ daß/ als er ein
Jesuit worden und 2. Jahr in diesem Orden ge-

C 6   le-

lebet/die Patres von der Societät offt und fleiß-
sig in den 2. ersten Jahren denjenigen / so sich zu
ihnen begeben / die traurige und gewaltsahme
Sterbens-Arten und unglückseelige Begebenheiten derer / so aus ihrer Gesellschafft gegangen/
und den Orden verlassen/ zu lesen recommendiret
haben / alles zu dem Ende/ damit sie diejenigen
bey sich behielten/so einmahl ihren Orten erweh-
let. Ich muß dem Herren von Salle/ welcher
mir einsmahls alle seine Brieffe vertrauet / als
er in Franckreich reisen muste/ ich aber in der Vestung Frontenac bliebe/nachrühmen/ daß er nicht
ohne Einwilligung seiner Superioren aus der
Societät gangen / sondern daß er vortreffliche
Zeugnisse von seinem unter den Jesuiten wohlge-
führten Wandel bey sich gehabt habe. Es befand sich darunter einer aus Rom von dem;Gene-
ral ihres Ordens geschriebener Brief/darinnen er
zeugte/daß gedachter Herr von Salle mit solcher
Klugheit sich in allem auffgeführet / daß er auch
niemahls die geringste Muhtmassung einiger
Veniel-sünde von sich gegeben.

Ich habe hundert mahl dasjenige / was er mir
gesagt / als wir in Durchlesung der Geschichte
von den neuen Entdeckungen occupat waren/ bey
mir erwogen. Ich betete darinnen an die unergründliche Wege Gottes/welcher allezeit seinen
Willen/durch Mittel/die er selbst dazu ordnet/ erfüllet. Ich machte mich dahero zu allem gefaßt/
was GOtt mir zuzuschicken beliebte / mit dem
festen Entschluß/in allen Dingen mich lediglich
seiner Regierung zu unterwerffen.   Der

Der Pater Anaſtaſius arrivirte endlich an
dem Ort/ wo der Herꝛ Cavelier ein Prieſter und
Bruder des gedachten Hu. von Salle war/und erzehlete ihm das Unglück/welches ſich zu getragen.
Die Mörder begaben ſich einen Augenblick
ꝯ ecnach gantz verwegen in die Cabanne/darinn ſie
ſich auffhielten/und bemeiſterten ſich alles/was ſie
daſelbſt antraffen.Ob nun wohl dieſer gute Geiſtliche nicht die Krafft hatte viel zu reden/ gab dennoch ſein mit Thränen benetztes Geſicht ſattſam
dasjenige/was er ſagen wolte/zu erkennen. Denn
kaum hatte gedachter Herr Cavelier den Ort er-
blicket/ ſo brach er in dieſe Worte aus: Ach!
mein armer Bruder iſt geſtorben.

Ich kan nicht umbhin/ dem geneigten Leſer
allhier einen warhafften Entwurff von gedachtem
Hu. Cavelier/deſſen Geſellſchafft ich einen Sommer über in Canada auff der Veſtung Fronte-
nac/davon ſein Bruder Gouverneur und Eigen-
genthumbs Herꝛ war / in meiner Verſchickung
genoſſen/mitzutheilen. Denn dieſer war einer
der frömmſten/ geſchickteſten und tugendhaffte-
ſten Geiſtlichen / die man in dieſer Miſſion gehabt. Er hatte ſo bald die traurige Zeitung nicht
vernommen / als er ſich auff die Knie ſchon
niederwarff. Der Herꝛ Cavelier ſein Vetter that
deßgleichen. Sie glaubten beyde/daß dieſe Buben ſie gleichfalß maſſacriren wolten / daher bereiteten ſie ſich als gute Chriſten zum Tode. Indeſſen weil dieſe unglückſeelige Mörder theils
durch einiges Mitleiden über das Anſchauen dieſes

ses Ehrwürbigen alten gerühret wurden / theils
auch ihnen ihre Boßheit halb reuete / beschloßen
sie derselben zu schonen/ indem sie. niemahls
in Franckreich wieder zu kehren willens. Doch
waren sie über diesen Punct eine lange Zeit
bey sich zweiffelhafftig und wusten nicht/zu was
Ende sie sich entschliessen solten. Einige unter
ihnen/die da lust hatten ihre Verwandten wieder
zu sehen/entschuldigten sich/so gut sie kunten ; die
andern hergegen sagten / daß man den überbliebe-
nen Rest niedermachen müsse /angesehen sie sonst
der Justitz zur Straffe übergeben würden / so sie
jemahls in Franckreich wiederkehreten.

Sie erwehleten im übrigen zu ihrem Haupt
den Mörder des Herrn von Salle, und nach unterschiedlichen Berahtschlagungen resolvirten sie
sich/zu der berühmten Nation der Cenis / davon
wir oben gesaget/sich zu begeben. Sie marchierte
dahero etliche Tage zugleich / und passireten viel
Flüsse und Wasser-Güsse. Diese schändliche
Mörder bedieneten sich der Herren Caveliers als
Knechte/und was ihnen nicht mehr anstund/ musten diese essen. Sie kamen endlich ohn einzige Zufälle an die Oerter/ wohin sie sich zu erheben
willens.Indessen weil die Menschliche Gerechtigkeit zu ermangeln schiene/dräuete doch die Göttliche diese Buben abzustraffen.Denn indem eine
Jalusie wegen des Commando zwischen dem
teutschen Hans/aus Würtenberg bürtig/und dem
Mörder des Herrn von Salle entstand / erwehlete ein jeglicher unter diesen unglückseeligen eine
Parthey nach seiner Inclination. Sie

Sie hatten das Land der Cenis/ da sie vor-
er etliche Zeit stille gelegen/ passiret. Sie wa-
en auch schon bey den Nassonis angelanget/ als
ie 4. Deserteurs/ derer oben Meldung geschie-
en/sich zu ihnen wiederumb fügten.   Indem sie
lso am Himmelfahrts Abend sich versamblet sa-
en/auch die unter ihnen entstandene Uneinigkeit
ie zu dem Entschluß gebracht hätte/ sich unterein-
inder zu ermorden / hielte der Pater Anastasius
ir selben Fest-Tage eine bewegliche Predigt.
Zwar schienen sie erst gerühret zu seyn und stelle-
en sich/als wenn sie beichten wolten ; Allein die-
es währete nicht lange.Diejenige/welchen es am
meisten gereuete/daß sie ihren Herrn und Anführer massacriret hatten/begaben sich auff die Seite
des Würtenbergischen Hauses/ und nachdem dieser Mensch 2. Tage hernach eine günstige Gelegenheit ersahe/straffte er ein Laster durch das andere.   Denn als er eine Pistohle auff den Mörder des Herrn von Salle loßdrückete / traff er
ihm dergestalt das Hertze/ daß er ohn eintzige Erkäntniß seiner Sünden sein unglückseeliges Leben auffgab.

Einer seiner Gesellen brennete gleichfalß
auff den Mörder des Herrn Moranger loß/ und
da er so viel Zeit hatte seine Boßheit zu erkennen/
setzte ihm einander eine Mußquete ohne Kugel
an den Kopff. Es war nicht auszusprechen/mit
was für einer Hefftigkeit das Feuer seine Haare/
Hembd und Kleider ergriff/weil er aber kein Mittel zu dämpffen hatte / muste er in dieser Quaal
elen-

elendiglich umbkommen. Der 3te Anstiffter
dieser leichtfertigen Verschwerung nahm die
Flucht und salvirete sich. Hans wolte mit aller
Gewalt denselben auch niedermachen / und mit
ihm den Tod des Herren von Salle zu rächen
auffhören ; Allein der Herr Joutel versöhnete
sie und hierbey blieb es.

Durch dieses Mittel blieb Hans das Haupt
dieses unglückseeligen Trouppé. Sie fasseten
den Entschluß / von da sich zu den Cenis zu begeben / allwo sie sich nieder zu lassen willens waren /
weil sie aus Furcht / die gerechte Straffe ihrer
Boßheit zu empfangen / in Europa nicht wiederumb zurücke kehren dürfften. Die Cenis hatten
eben ihre Armee auff den Beinen und waren bereits wider die Kanoatinno auffgebrochen. Wie
diese Völcker sehr grausam und ihre unversöhn-
liche Feinde sind / also pflegen sie dieselbe / wenn
sie sie zu gefangene gemacht / lebendig in Kesseln zu legen. Die Cenis führeten dahero Hans
und einige Europäer mit sich / dahingegen die
andern auff ihre Zurückkunfft warteten / darauff
Hans die andern Europäer bey ihm zu bleiben
sehr nöthigte.

Weil aber niemand darzu lust hatte / brachen
sie aus dem Lande der Cenis nebst den Herren
Caveliers / dem Bruder und Vetter des Herrn
von Salle / dem Herrn Joutel und Pater Anastasio auf. Man gab jeglichem sein Pferd / Pulver
und Bley / nebst einigen Kauffmans-Wahren /
umb sich auff dem Weg zehrfrey zu halten. Sie
ge-

gelangten endlich unter die Naſſoniß/ umb allda
den 3ten Tag des Fronleichnambs-Feſts zu ſey-
ten. Sie berichten in ihren Relationen/daß dieſe Völcker ſie täglich von der Grauſamkeit der
Spanier gegen die Americaner im Gſpräch unterhalten. Sie erzehleten ihnen / daß 20.
Nationen der Wilden die Spanier mit Krieg ü-
berzogen/und nöhtigten ſie mit ihnen dabin zu ge-
ben/hinzu ſetzende / daß ſie mit ihrem Schieſſen
mehr / als alle ihre Soldaten zugleich mit ihren
Colben und Pfeilen ausrichten würden.

Allein gleich wie ſie ein ander Abſehen in
ihrem Gemüht hegeten/ alſo nahmen ſie aus allen
dieſen Diſcourſen nur Anlaß/ihnen zu verſtehen
zu geben / daß ſie bloß auff Befehl ihres Gottes
zu ihnen kommen wären/ ſie in der Erkäntniß der
Warheit zu unterrichten und ſie auff den Weg
des Heils zu bringen. Wie ſie denn hierzu 10.
oder 12. Tage biß auff den 13. Tag Junij em-
ployreten.

Ich zweiffele im geringſten nicht / daß der
Herr Cavelier Prieſter und der Pater Anaſtaſius
nicht ſolten ihr euſſerſtes Vermögen angewendet haben/ einiges Liecht den Naſſonis zu geben/
umb ſie aus ihrer Unwiſſenheit zu ziehen. Allein
die übrigen Europäer/ſo ſie in ihrer Geſellſchafft
hatten/waren nicht ſtarck genug / den Spaniern/
welche zu den Gewehren gewohnet ſind / einige
Furcht einzujagen. Uber dem war ihnen die
Sprache dieſer Leute unbekandt / daher ich nicht
begreiffen kan / wie ſie von der Spanier groſſen

Grau-

Grauſamkeit gegen die Americaniſchen Völcker
mit den Naſſonis reden können.   Sie hatten ja
keine Dolmetſcher mit ſich und daher war es ihnen unmüglich / dieſe Leute / die niemahls
keine andere Europäer als ſie geſehen hatten/
zu verſtehen.

Es iſt über dem bekandt/daß von der Zeit
des Kayſers Caroli V. an / da die Spanier
ſich Meiſter von Nen-Mexico gemacht / ſie niemahls einige Grauſamkeit gegen ihre Nachbarn
ausgeübet/denn indem ſie zu wenig Volck haben/
ihre Conqueſten in dieſen Ländern zu erhalten/
leben ſie gemeiniglich mit ihren Nachbarn in
Frieden / und machen niemand Unruhe / wenn
ſie nur nicht ſelbſt zuerſt attaquiret werden.

Das IX. Cap.

Die Cenis geben dem Herrn Cavelier dem Prieſter und dem Pater A-
naſtaſio/nebſt denjenigen / ſo ſie be-
gleiteten/Mittel an die Hand / ihren
Weg unter vielen wilden Nationen
zu continuiren.

Die Cenis gaben 2. Wilde zu Weg-
weiſern den 6. Europäern mit/die ihren
Weg in den ſchönſten Ländern von der
Welt gegen Norden und Nord-Oſt
fortſetzeten. Sie paſſirten 4. groſſe Flüſſe und
vie

viel andere Waſſer / ſo mit mancherley Nationen
bewohnet waren. Gegen Oſten funden ſie die
Haquis die Nabiri oder Naanſi, ſehr mächtige Völcker / welche mit denen Cenis im Kriege
begriffen. Endlich näherten ſie den 13. Julij ſich
denen Cadodaccbos. Einer ihrer Führer lieff
voran ihre Ankunfft zu verkündigen. Die Häupter
und junge Mannſchafft empfingen ſie eine Meil
von ihrem Dorff mit dem Columet oder einer
Pfeiffe/ (welches das Zeichen des Friedens iſt/)
und offerirten ihnen zu rauchen. Einige führeten ihre Pferde beym Zaum/die andern trugen ſie
als in einem Triumph/insgeſampt aber ſagten ſie/
daß dieſe Geiſter wären/ſo aus der andern Welt
gekommen.

Wie nun das gantze Dorff verſamblet war /
wuſchen die Weiber ihnen nach ihrer Gewohnheit den Kopff und die Füſſe mit warmen Waſſer.
Nachdem man ſie nun genöhtiget ſich auff ſehr
nette weiſſe Decken nieder zulaſſen / nahm
nachmahls ihr Feſt einen Anfang und daureten
ihre Däntze des Calumet und ſandere öffentliche
Fröligkeiten den Tag und die Nacht durch. Dieſe
Völcker keñeté die Europäer nur par Reputation.
Es hat einiges Anſehen/ als wenn alle dieſe Völcker einigen Schatten von der Religion haben.
Aber alle ihre Ideen und Begriffe davon ſind
ſehr confus und verwirret. Es ſcheinet/als wenn
ſie die Sonne anbeten/ weil ſie ihr den Rauch von
dem Toback/ daran ſie doch am erſten Antheil ha-
ben/ opffern. Auff ihren Ceremonien-Kleidern
ſind

sind 2. Sonnen abgebildet/und der übrige Theil
repräsentirt wilde Ochsen/ Hirsche/ Schlangen
und andere Thiere. Dieses veranlassete den
Herrn Cavelier und den Pater Anastasius/eini-
gen Unterricht ihnen von dem wahren GOtt und
den führnehmsten Geheimnissen des Christenthumbs zu geben / darbey man glauben muß/
daß es alles durch Zeichen geschehen sey.

In dieser Gegend belegte sie GOtt mit einem traurigen Zufall. Nemblich der Herr von
Marne / ohngeacht aller Erinnerung/ hatte Lust
bekommen den 24. Junij des Abends sich zu ba-
den. Nachdem nun der Herr Cavelier / des
Herrn von Salle Enckel / ihn biß an das Ufer des
Flusses/welcher sehr nahe beym Dorffe war/ begleitet / und gedachter Marne sich ganz unbe-
dachtsam ins Wasser gestürzet / verschwand er
sofort/ denn dieses war ein Abgrund/ darin er in einem Augenblick ersoff.

Einige Zeit hernacher zog man seinen Leib
aus dem Wasser/ und trug ihn in eine Cabanne
des Capitains. Das ganze Dorff beweinte ihrem Gebrauch nach den Todten/und die Frau gedachten Capitains wickelte seinen Leib sehr net in
einer schönen Decken ein / da indessen die junge
Leute ihm ein Grab / das der Pater Anastasius
einweihete/verfertigten. Nachdem dieses ge-
schehen/begrub man ihn mit allen nur möglichen
Solennitäten. Die Wilden bewunderten so
wohl die Ceremonien/derer man bey der Beerdigung sich bedienete/ als auch die Lieder/ die man
bey

ey der Leiche sunge/sehr. Daher man Anla?
ahm/denen Wilden einigen Unterricht von der
lnsterbligkeit der Seelen/in den 8. Tagen/ die sie
noch an diesem unglückseeligen Ort blieben / zu
eben. Man verscharrete den Todten auff einer
em Dorff nahgelegenen Höhe; sein Grab ward
nit Pallisaden umbgeben / und man setzete ein
rosses Creutz/welches durch die Wilden verferti-
et wurde/darauff / und continuirte nachmahls
eine Reise den 2. Julii. Diese Völcker wohnen
an Ufer eines Flusses / daran man noch 3. be-
ühmte Nationen/nemblich die Natchoos die
Natchetes und Ouidiches findet. Unsere Rei-
ende wurden sehr höfflich von ihnen empfangen f
und wie man von dem Fluß der Cenis an anfän-
jet/Biber und Otter zu finden/also vermehret sich
jie Zahl mehr und mehr / je weiter man gegen
Norden avanciret. Nachdem sie unter die
Ouidiches waren/ begegneten ihnen 3. Solt c.
en von zweyen Nationen/ die Cahinnio ge-
jandt/und 25. Meilen weiter / da sie gegen Ost-
Nord-Osten zogen/traffen sie die Mentous / die
Frantzösische Europäers gesehen hatten/an. Sie
oten sich an/sie dahin zu begleiten/und indem f e
hren Weg fortsetzeten/ waren sie genöhtiget / 4.
Flüsse auff Flössern zu passiren. Sie wurden
von diesen Völckern / die das Zeichen des Frie-
ens in ihren Händen hatten / mit aller nur er-
encklichen Freude und Hochachtung empfan-
en/und viele dieser Wilden erzehlten ihnen von
jnem Europäischen Capitain/der nur eine Han)
hät.

hätte. Dieses war der Herr Tonti / ein Neapoli
taner / dessen ich in meinem vorigen Buche ge
dacht. Sie fügten hinzu / daß er ihnen gesagt/
wie ein grösserer Capitain als er vielleicht durch
ihr Dorff passiren würde/ wodurch er den Herrn
von Salle verstanden.

Der Vornehmste logirte sie in seiner Ca
banne / und ließ indessen seine Leute heraus ge
hen. Sie wurden Zeit etlicher Tagen daselbst mit
allerhand Speisen regalirt. Man stellete auch ein öf-
fentliches Fest an / da das Calumet in die 24.
Stunde mit darzu expreß verfertigten Liedern/die
der Vornehmste mit aller Gewalt anfieng/gedan-
tzet wurde. Sie wurden tractiret als Gesandten der Sonnen / welche angekommen wären/ sie
wider ihre Feinde durch die Donnerschläge (sie
wolten Mußqueten sagen/ die sie fürher nicht kenneten) zu beschützen. Wie sie demnach mitten in
der Freude waren/ schoß der kleine Cavelier der
Enckel des Herren von Salle loß / dabey schrey-
end: Es lebe der König/ welches die Barbaren
mit lauter Stimme wiederholeten und hinzu setzten: Es lebe die Sonne.

Bey diesen Wilden findet man eine sehr
grosse Menge Biber und Ottern / die man leicht
über dem bey dem Dorffe nahgelegenen Fluß bringen könte. Sie wolten ihre Pferde damit beladen/
allein sie wegerten sie anzunehmen/ umb ihnen zu
zeigen/ daß sie nicht eigennützig wären / und beschenckten sie mit Beilen und Messern. Endlich
brachen sie mit 2. Cabinnio / die ihnen an statt
der

der Wegweiſer dienen ſolten / auff/ nachdem ſie
fürher die Ambaſſadeurs der Analac, der Tanico
und einiger andern Nationen gegen Nord-Weſten uñ Süd-Oſtē empfangen. Sie hatten die Vergnügung etliche Tage durch die allerſchönſtē Länder von der Welt/die mit unterſchiedlichē Flüſſen/
Wieſen / kleinen Höltzern/ Hügeln/ Weinſtöcken
unter brochen waren/zu reiſen. Unter andern paſſirten ſie 4. groſſe Schiffreiche Flüſſe / und wie ſie
etwann 60. Meilen hinter ſich geleget / kamen ſie
bey den Oſſottevez an/die an einem groſſen Fluß/
welcher von Nord-Weſt kömmet und mit den
ſchönſten Bäumen gezieret iſt/ wohnen.

Die Biber-und Otter-Felle finden ſich ſo
wohl als andere Felle daſelbſt in ſo groſſer An-
zahl/daß man ſie auff einen Hauffen verbrennet /
weil ſie von keinem Werth ſind. Hie iſt der berühmte Fluß Akanſa / an dem viel Dorffſchafften
liegen / davon ſchon in dem erſten Theil meiner
Entdeckungen Erwehnung geſchehen iſt. Der
Pater Anaſtaſius gedencket in ſeiner Erzehlung/
daß ſie damahls angefangen ſich ein wenig zu er-
hohlen. Indeſſen wuſte er wohl/daß keine von den
4. Perſohnen / die in ſeiner Geſellſchafft waren /
ſo wenig als er jemahls auff dem Fluß Meſchaſipi
geweſen. Uñ in Warheit/ich halte dafür/daß ich allein nebſt meinen 2. Kahnführern im Jahr 1680.
ihn geſehen/ und nachdem Tod des Herren von
Salle war er darauff im Jahr 1682. biß an A-
kanſa gekommen. Vielleicht glaubte der Pater
Anaſtaſius / daß er damahls nahe wäre der

D   Ve-

Vestung Crevecœur bey den Illinois gelegen/
weil er daselbst ein groß Creutz und unten dran
das Wapen des Königes von Franckreich fand.
Uberdem sahe er daselbst ein auf Europäische
Manier erbautes Hauß / und dieses gab dem
Herrn Joutel und den übrigen zen Anlaß / ihr
Gewehr loß zu brennen.

Auf den Schall dieser Salve sahen sie 2.
Frantzösische Canadier herauß gehen. Der
Commendant hieß Couture/ welchen ich insonder-
heit/ als ich mich in Canada aufgehalten/ gekennen-
net/ und er ist zugleich auf der Reise/ die wir zur
Entdeckung Louisane angetretten/ mit gewesen.
Dieser gibt ihnen zu erkennen/ daß der Herr Tou-
ti ihn in dieses kleine Casteel auf Ordre des Hrn.
von Salle geleget / damit er sich dessen zu einer
Vormaur bedienete/ theils mit den benachbarten
Wilden die Alliantze zu mainteniren / theils sie
wider den Anfall ihrer geschwornen Feinde der
Jroquois in Sicherheit zu setzen.

Sie besuchten 3. von diesen Dörffern/
nemblich die Torimans / die Doginga und die
Kappa. Man hielte ihnen zu Ehren allenthalben Feste/ Gastmahle und Friedens-Täntze/ nebst
aller nur ersinnlichen Freude. Sie hatten ihr
Quartier genommen in dem Hause des Casteels/
und die von Canada / welche sich daselbst niedergelassen hatten/ erwiesen ihnen alle nur erwünsch-
te Höfligkeiten/ und stelleten alles in ihr Gutbefin-
den.

Im übrigen was man auch für Affaires
mit

Schrickelyke wreethéden der Wilden.

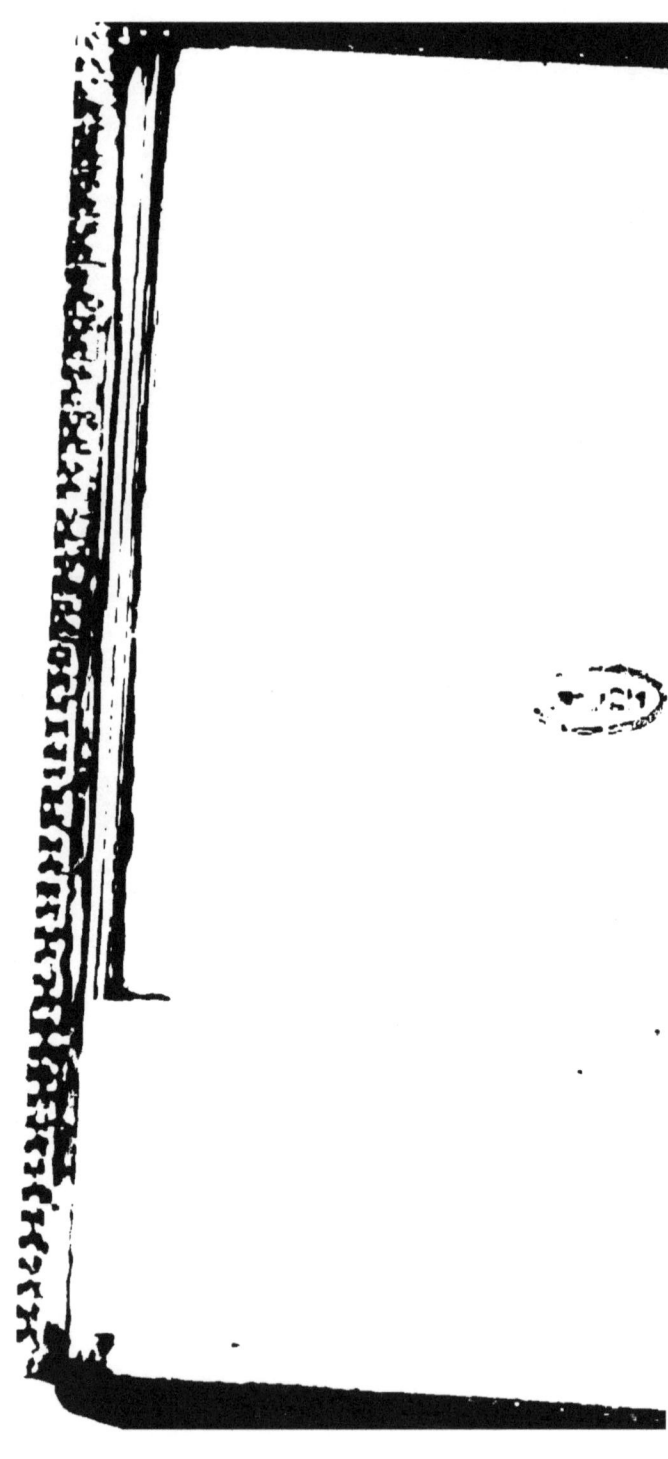

mit dieſen wilden Völckern zu theilen hat/ ſo wer-
det ſie anfangs niemahls ihre Reſolution von ſich
geben. Man verſamblet zu erſt die Häupter
und Alten des Dorffes / und alsdenn wird über
der unter-Händen habenden Sache berahtſchla-
get. Unſere Reiſende hatten ſie wegen eines
Schiffes und etlicher Wilden erſuchet / umb gegen den Strom auff den Fluß Meſchaſipi zu
fahren/und ihren Weg zu verfolgen biß an die Jl-
lineſer/auff den Flüß derſelben Nation/den ich in
der Carte meiner Louiſane den Fluß Seignelai/
dem Staats-Miniſter dieſes Nahmens/welcher/
was unſere Entdeckung betraffen / für alles ſorge-
te/zu Ehren genennet habe. Der Pater Anaſtaſius ſaget/ daß ſie dieſen Wilden ihre Pferde/ etwas Pulver und Bley für ein Schiff angeboten
haben. Wie nun der Raht wegen dieſer Sache
verſamblet / wurd geantwortet / daß man ihnen
das Schiff nebſt 4. Wilden/ſie zu führen / einwil-
ligte/ da ſie dann aus jeglicher Nation einen ge-
nommen/umb deſto beſſer die All antz/ darinn ſie
mit ihnen getretten/zu bemercke Dieſes wurde darauff genau vollzogen/ zun die Cahinnio be-
urlaubeten ſie mit Geſchencke darüber ſie ſehr
vergnügt waren.

Man muß hierbey mercken / doch ohne Ver-
unglimpffung des Herrn von Salle daß er ſo
wenig als der Pater Anaſtaſius/ welcher niemals
in dieſem Lande geweſen/ den warhafftigen Ort/
allwo ſich der Fluß Meſchaſipi ins Meer ergieſ-
ſet/gefunden habe. Und wo ja gedachter Pater
durch

durch das Mittel der Wilden / die ihn führeten/
denselben glücklich gefunden/ so ist dieses nicht anders geschehen/ als durch die Nachricht/ die der
Herr Couture / Commendant des gemeldten Ca-
steels/ihm deßwegen gegeben / davon uns aber
vielleicht in folgendem mehr Erläuterung vor-
kommen wird.

Das X. Cap.

Die Reise des Herren Cavelier/
Priesters/und des Paters Anastasii/
Franciscaners / die sich zu Schiffe
nach den Illinesern verfügen wollen/
und etliche Umbstände/ die ihre Zurückkunfft betreffen.

NAchdem sie einige Tage unter diesen
Völckern verzogen / giengen der Herr
Cavelier und Pater Anastasius den I.
Augusti 1687. auf den Fluß Meschasipi
zu Schiffe. Der Strom in dieser Gegend war
sehr starck ; sie begaben sich derowegen alle aus
Land / den übrigen Theil der Reise zu Fusse zu
continuiren/indem sie ihre Pferde denen zu Akansa überlassen hatten / da es doch besser gewesen/
wenn sie dieselbe behalten hätten.Es blieb in dem
Kahne niemand als der junge Cavelier / dessen
Alter als auch die außgestandene Fatiquen nicht
zu liessen/den Weg ferner zu Fusse zu gehen.

Der

Der Pater Anaſtaſius glaubet/ daß ſie von
dem abgereiſeten Ort biß an die Illineſer noch
400. Meilen gehabt hätten : Allein/ die Warheit zu reden/ſo ſind daß nur bloſſe Muhtmaſſun-
gen. Einer von den Wilden ſetzte ſich in den
Kahn/ſolchen zu regieren / dahingegen ſeine Ca-
meraden ihn eins umbs andere trugen. Die ü-
brige Geſellſchafft bedienete ſich gar keines Kah-
nes/auſſer wenn ſie genöhtiget waren / über eine
gefährliche Paſſage zu fahren/ oder über Flüſſe zu
ſchiffen. Sie muſten viel auff dieſer Reiſe
außſtehen / und die Hitze war ungemein groß in
dieſer Jahrszeit. Uber alles ſetzte ſie der Mangel der Lebens-Mittel/welcher etliche Tage dau-
rete/in groſſe Noht / und muſten ſie dieſe Zeit ü-
ber ſehr knap ſich behelffen.

Der Pater Anaſtaſius thut hinzu/ daß ſie bey
die 200. Meilen mitten durchs Land / von der
Baye St. Louis an/ zurücke geleget. Nemblich
100. Meilen biß an die Cenis, 60. gegen Nord-
Nord-Oſten/und die letzten 40. gegen Oſt-Nord-
Oſt. Von den Naſſonis biß an die Cadodac-
chos 40. gegen Nord-Nord-Oſt. Von den
Cadodacchos biß an die Cahinnio und an die
Mentous 25. gegen Oſt-Nord-Oſten/ und von
den Cahinnio biß an die Akanſa 60. gegen
Oſt-Nord-Oſten.

Sie ſetzten ihren Weg / über den Fluß fah-
rende/durch dieſelbigen Gegenden fort/ davon ſie
den Herren von Salle im Jahr 1682. hatten re-

D 3   den

den hören/ausgenommen/daß sie die Tierᵃha besuchten. Der Pater Anastasius saget / daß der Herr von Salle daselbst nicht gewesen wäre. Ich habe von dieser Nation Meldung gethan in meiner Entdeckung 1680. die in dem vorhergehenden Buche beschrieben ist. Das fürnehmste Dorff der Akansa liegt 25. Meilen gegen Osten. Diese Nation ist tapffer und volckreich/ und hat aufs wenigste 4000.Soldaten. Sie haben einen Uberfluß von allerhand Fellen.Die Fürnehmsten derselben brachten ihnen zum öfftern das Friedens-Zeichen des Calumet/umb dadurch zu verstehen zugeben/daß sie Lust hätten/ sich mit ihnen in ein Bündniß einzulassen. Sie boten ihnē auch an/mit sie zu reisen und sich nieder zulassen an dem Fluß Ouābache / umb der Vestung Crevecoeur bey den Jllinesern / dahin sie gedachten/ näher zu seyn.

Dieser berühmte Fluß Ouābache ist eben so groß als der Fluß Meschasipi. Es lauffen unterschiedliche andere in denselben und durch dieses Mittel kan man in den Fluß kommen. Die Gegend / allwo er sich in den Fluß Meschasipi verbirget/ ist/ nach der Meinung des Herrn von Salle/bey die 200. Meilen von den Akansa. Aber in Warheit wenn man gerades Weges durch die Wiesen rechnet/so findet man noch lange diese Weite nicht. Es trifft also diese Rechnung nur accurat ein / wenn man an dem Fluß Meschasipi allezeit bleibet/ denn solcher sich weit herumb ziehet und wie eine Schlange krümmet. Denn wenn

wenn man gerade durchs Land gehet/ bedarff man
nur 5. guter Tagereisen.

Sie paſſirten derowegen über den Fluß
Ouábache den 26. Augusti und funden daſelbſt
den Weg wohl 60. Meilen lang / indem ſie ſtets
über den Fluß Meſchaſipi ſetzten/ biß ſie an die Er-
gieſſuxa des Fluſſes der Illineſer kahmen. Ungefehr 6. Meilen über den Ort / allwo ſich dieſer
Fluß verlieret / findet man gegen Nord-Weſten
den berühmten Fluß der Maſſourites / oder der
Ozages/ welcher auffs wenigſte eben ſo groß/ als
gedachter Fluß/ darin ſich dieſer ergieſſet/ iſt. Er
beſtehet aus vielen andern bekandten Flüſſen und iſt allenthalben ſchiffreich. Er iſt auch
von vielen volckreichen Nationen bewohnet/ als
von den Panimoha / welche nur ein Haupt und
22. Dörffer haben / davon das geringſte 200. Cabannen oder Hütten ſtarck ; Imgleichen von
den Paneaſſa/ von den Pana/ von den Paneloga
und Matotantes/ darunter nicht eine denen Panimoha was nachgiebet.

Man begreiffet auch darunter die Ozages/
welche 17. Dörffer an dem Fluß dieſes Nahmens ausmachen / der ſich endlich in den Fluß
der Maſſourites ſtürtzet. Unſere und des Hn. von
Solle Carte haben dahin auch den nahmen der
Ozages gezogen. Die Akanſa wohneten ſonſten
oben an einem dieſer Flüſſe / welcher heute noch
ihren Nahmen hat/ und davon ich ungefehr mit-
ten-auff dem Weg von dem Fluß Ouábache biß
an den Fluß der Maſſourites geredet. Man

D 4　　　　fin-

findet daselbst das Haupt des St. Antonii von
Padua. In dieser Gegend halten sich auff die
Wilden/welche sich Mansopolea nennen.

Ungefehr den 5. September arrivirte der Herr
Cavelier, Priester aus dem Seminario St. Sul-
picij zu Paris/und der Pater Anastasius an dem
Ort/wo sich der Fluß der Illineser ergießet. Man
rechnet von da biß an die Vestung Crevecoeur
ohngefehr 100. Meilen/ wie ich in meinem ersten
Tomo angemercket habe. Dieser gantze Weg ist
auch den grossen Schiffen zur Schiffarth bequem.
Ein Chaouenon/ mit Nahmen Turpin/ nachdem er sie in seinem Dorff vernommen/lieff zu
Lande fort/ dem Hn. Bellefontaine/welcher in be-
meldter Vestung comandirte/davon Nachricht zu
gebē. Er kunte Anfangs diese Zeitung/so man ihm
brachte/ nicht glauben / aber da sie bald darauff
diesem Wilden folgeten/ und den 14. September
daselbsten anlangeten/führete man sie so gleich in
die Capelle / allwo das Te Deum Laudamus zur
Dancksagung gesungen wurde. Die Canadier/
nachdem sie sich nebst etlichen Wilden in Ordnung gestellet/ branten auff einmahl loß und gaben eine Salve.

Ob nun wohl der Herr Tonti / welcher zum
Commendanten in dieser Vestung von dem Hrn.
von Salle verordnet war/ sich zu den Irsquesern
begeben hatte / umb diese barbarische Gemühter
zu besänfftigen / so wurden dennoch die ankommende mit einem freundlichen Gesichte empfangen

gen/ und gemeldter Herr von Bellefontaine ver=
gaß nichts/ wodurch er seine Freude über ihre An=
kunfft an den Tag legen kunte / damit er sie
in ihrer Widerwärtigkeit trösten und in ihrer
Mattigkeit erquicken möchte.

Man muß im übrigen bekennen/ daß kein
Mensch demjenigen /was über ihn beschlossen ist/
entgehen kan. Denn niemand kan umbhin/ hier=
bey sich zu erinnern / daß das traurige Verhäng=
niß des Herrn von Salle etwas sonderliches in
sich gehabt. Er hatte diese weite Reise in dem
Absehen unternommen / daß er die Ergiessung
des Flusses Meschasipi ins Meer finden möchte.
Indessen aber ist er unglücklich bey dieser Nach=
forschung/ ohne daß er seinen Zweck erreichet hätte/
gestorben. Sein Bruder hergegen und der Pa=
ter Anastasius nebst denjenigen/ so sie bey sich ge=
habt/ schiffen nach seinem Tode auff demselbigen
Flusse und begeben sich vermittelst dessen zu den
Illinesern.

Es ist nichts destoweniger gewiß / daß ein
sehr schöner Hafen an dem Ort / da sich dieser
Fluß ins Meer ergiesset / nach der Anmerckung/
so ich Anno 1680. davon gemacht/ gefunden wer=
de. Der Eingang darzu ist schön / wie man leicht
sehen kan/ und von 3. Armen/ die diese Ergiessung
machen/ habe ich allezeit dem Canal in der Mitten
gefolget. Die Ergiessung des Flusses ins Meer
ist sehr commode / und man findet daselbst viel
Oerter / die bequem zur Auffrichtung einer Ve=
stung seyn / weil sie nicht in der Gefahr der Uber=

D 5 schwem=

schwemmung stehen/wie man für diesem wohl ge-
glaubet hat.   Der Arm dieses Flusses kan bewohnet werden/ wie denn auch viel wilde Nationen nicht weit davon entfernet sind.   Die grössesten Schiffe können über 200. Meilen von dem
Golff von Mexico an zu rechnen denselben befahren und gar biß an den Ort / allwo der Fluß der
Illineser in denselben fällt/ kommen.   Dieser ist
hingegen biß auff die 100. Meilen schiffreich/und
verbirget sich/wie gedacht/in den Fluß Meschasipi.   An einem Arm selbigen Flusses findet man
noch andere Nationen/ die ich bald übergangen
hätte/nemblich die Picheno, die Ozanbogus,
die Langibao, die Ottonika, die Mouisa und
viele andere/deren Nahmen man leicht vergisset/
weil man dieselbe nur furbey passiret/ und weder
Gelegenheit noch Zeit hat / alles nöhtige von ihren zu bemercken.

     Es scheinet/daß der Herr von Salle / wel-
cher die Ergiessung dieses Flusses in das Meer
zwar nicht gefunden/ dennoch dafur gehalten habe/
daß die Baye von St. Ludowig nur 40. oder 50.
Meilen davon abseye.   Aber zu allem Unglück
ist er dahin nicht kommen/ und hat das Gesuchte
nicht gefunden/indem GOtt so wohl allen Menschen in ihrem Unterfangen und Bewegungen ihrer Hertzen / als dem wilden Meer seine Gräntzen setzet.

     GOtt hat es ohne Zweiffel also zugelassen/
damit der Pater Anastasius/ welcher jetzund Vi-
                                    carius

sarius der Franciscaner zu Cambrai ist / an statt
des Herrn von Salle 110. Nationen Völcker
auff seinem Weg entdeckete / ausgeschlossen noch
vieler anderer / die denen jenigen / durch welche sie
passiret / nur allein bekandt / indem sie mit ihnen
Gemeinschafft haben / denen Europæern aber
noch unbekant sind.

Diese Völcker / wie ich schon angemercket /
haben eine grosse Anzahl Pferde / die eben so gut
als unsere sind / und die Wilden glauben / daß sie
einen guten Tausch getroffen / wenn man ihnen
ein Beil für eines giebet. Der Pater Anastasius ist willens gewesen wiederumb nach der Baye
von St. Louis an den Golff von Mexico zu reisen / des Vorhabens / hernechst bey den Cenis zu
verbleiben / und daselbst die Franciscaner zu eta-
bliren. Der Pater Zenobius Mambre / Franciscaner / welcher in gedachter Baye geblieben
war / solte sich alsdenn mit ihm conjungiren / und
sich gleichfalß unter die benachbarte Nationen
begeben. Sie erwarteten aus Europa eine
mehrere Anzahl Handwercks-Leute : aber nachdem der traurige Tod des Herrn von Salle sie
genöthiget hatte / weiter zu paßiren / zweiffelt er
nicht / daß gedachter Pater Zenobius ihn gesuchet
habe; auch kan wohl seyn / daß derselbe jetziger
Zeit noch in diesen Ländern nebst dem Pater Maximus / einem Franciscaner / gebürtig aus Ryssel in
Flandern / sey / und daß sie den Herrn Chesdeville /
Missionarium bey der Mission von St. Sulpitius / in dem Haven dieser Baye werden gelassen

ha-

haben. Er hatte sich selbst darzu destiniret / weil
allda 9. biß 10. Europäische Familien mit ihren
Kindern beysammen waren. Was noch mehr
ist / so haben einige Leute des Herrn von Salle
sich mit den wilden Weibern vermählet/umb ihre
kleine Colonie zu vermehren.

Dieses ist der Auszug desjenigen/ was der
Pater Anastasius von seiner mühsamen Reise
auffgeschrieben hat. Im übrigen/weiß man
nicht / wohin diese arme Leute nach der Zeit gekommen sind.

So wohl der Pater Anastasius als der Priester Cavelier verbargen das beweinens-würdige
Schicksaal des Herrn von Salle/ weil sie sich verbunden sahen/ein solches am ersten nach Hofe zu
berichten / und durch dieses Geheimniß die dem
verstorbenen gehörige Sachen in gedachter Festung bey den Illinesern / als aus welcher ihnen
aller Vorschuß geschehen/ zu menagiren.

Es reiseten also aus dem Lande der Illineser
im Frühling Anno 1688. nebst gedachtem Pater
Anastasio ab der junge Cavelier/der Herr Joutel
und ein Wilder/welcher jetzo nahe bey Versailles
wohnet. Sie kamen den 22. Julij in Quebec
an / und setzten ihre Reise den 20. Augusti ferner
nach Franckreich fort. GOtt hat ihnen nach
fast unglaublich ausgestandener Gefahr und
Noht die Gnade gethan/daß sie auff eins zugleich
zu Paris angelanget seyn ; wie sie denn auch
darauff von ihrer Reise bey dem (nunmehro verstorbenen) Marquis von Seignelai Rede und
Antwort abgeleget haben. Es

Sehet! das iſt die Geſchichte der letzten
Reiſe des Herrn von Salle / welche ich dem geliebten Leſer mitzutheilen für meine Schuldigkeit erachtet/indem ſie gleichſam eine Fortſetzung
der meinigen iſt / und zur Bekräfftigung vieler
Sachen/derer ich in meiner Hiſtorie Erwehnnng
gethan / dienet. Nunmehro gehe ich zur Beſchreibung der Religion und Sitten dieſer barba-
riſchen Völcker/ die ich in meiner Reiſe entdecket
habe.

Das XI. Cap.

Betrachtungen des Authoris wegen der Reiſe nach China. Erzehlung deſſen/was die meiſten Wilden
in America Septentrionali Theils
von der Erſchaffung der Welt/
theils von der Unſterblichkeit der
Seelen glauben.

MAn ſaget insgemein/ daß die Warheit
die Seele und das Weſen der Geſchich-
ten ſey. Und ſo hat denn dieſer Tractat
von den Sitten der Wilden in dem Mitternächtigen America keine andere Recommen-
dation nöthig/weil er mit der euſſerſten Auffrichtigkeit verfertiget iſt. So wohl die neue als andere curiöſe Dinge/ſo darin erzehlet werden/dürf-
ten deſſen Annehmligkeit vermehren / ob ſchon ich

von

ren unterschiedlichen barbarischen Völckern/ die
noch nicht politisirt sind/ allhier reden muß. Da=
hero hoffe ich/daß die Beschreibung von fast 200.
unterschiedlichen Völckern/die ich entweder selbst
gesehen/und ihrer in meinem ersten Buch gedacht/
oder die einige von unsern andern Geistlichen
entdecket haben/ einige Vergnügung dem curiö=
sen Leser geben wird.

Gleichwie nun der Sohn GOttes vorher
gesaget / daß sein Evangelium in der gantzen
Welt solte geprediget werden/ also haben sich sei=
ne Gläubige stets bemühet / diese Weissagung
zu erfüllen/indem sie sich bearbeitet/ die barbari=
sche Völcker / unter welchen der wahre GOTT
noch unbekand/zu bekehren. Es ist zwar wahr/
daß die Augen der sehr grossen Menge der Wil=
den/die in dem weiten America wohnen/biß anhe=
ro für dem hellen Liecht der Warheit zugeschlos=
sen gewesen ; indessen haben wir doch schon an=
gefangen/ihnen den gecreutzigten JEsum / so gut
wir vermocht/zu predigen / umb sie dadurch zur
Seeligkeit zu führen : Wir hoffen auch/ daß
diejenigen/ so mit Göttlichem Eyffer erfüllet sind/
ins künfftige Fleiß anwenden werden/ dasjenige
zum Ende zu bringen/was wir angefangen haben/
und so vieler Seelen Wolfahrt suchen / welche
aus keiner andern Ursache umbkommen/ als daß
die Christen nicht bedacht sind / sie aus ihrer na=
türlichen Blindheit zu reissen. Damit demnach
die Mittel hierzu desto leichter seyn mögen / so ha=
ben wir uns vorgenommen/ihre Begriffe / so sie

von

von der Religion haben/zu erzehlen/ zugleich aber
auch von ihren Sitten zu reden / auff daß man
deſto beſſer ſehe / durch was für Wege man ſie
unterrichten/und der ſeeligen Warheit fähig machen könne.

Unſere Entdeckungen haben nun ſchon den
gröſſeſten Theil von dem Mitternächtigen America bekandt gemacht. Alſo zweiffele ich nicht/
wenn Seine Majeſtät von Engelland oder die
Herren Staaten uns dahin ſenden wolten/dasje-
nige zu Ende zu bringen/was wir ſo glücklich an-
gefangen/wir würden endlich das entdecken/ welches bißhero noch nicht hat können erlanget wer-
den/ auff was für Weiſe wir es auch angefangen
haben. Es iſt bißhero unmüglich geweſen/ nach
Japan durch das Eißmeer zukommen. Man
hat ſich zwar zum öfftern bemühet/ dahin zu rei-
ſen/aber niemahls iſt es wohl gerahten. Ich bin
auch dem Anſehen nach verſichert/ daß man niemahls ſeinen Zweck erreichen werde/daferu man
nicht fürher alles feſte Land/ ſo zwiſchen dem Eiß-
meer und Neu-Mexico iſt / entdecket. Es ſchei-
net/daß GOtt zu keinem andern Ende die ſonder-
bahre Gefährligkeiten/ ſo mir auff meinen vielen
Reiſen zugeſtoſſen/ mich habe überwinden laſſen/
als daß ich noch dieſe glückliche Entdeckung zu
Ende bringen ſolle. Ich biete mich demnach
hiezu nochmahls an/und bin verſichert/ daß dieſes
Unterfangen/ſo man nur die Mittel darzu nicht
ſparet / mit der Hülffe GOttes einen glücklichen Succes haben werde.

Ich

Ich verwundere mich nicht mehr über der
Gelehrten Außsage/daß sie noch nicht wissen/ wie
America bewohnet worden / und wie die unzehl-
bare Völcker/welche man daselbst antrifft / zu erst
in dieses grosse Land gekommen seyn / indem A-
merica die Helffte der Erd-Kugel machet. Die
geschicktesten Geographi haben davon keine rechte Erkäntniß/und die Einwohner dieser neuen
Welt/ so wir entdecket / und die dem Schein nach
am besten davon informiret seyn solten / wissen
selbst nicht/wie ihre Vorfahren dahin gekommen
sind. Gewiß/ wo wir in Europa wie diese Völcker ohne der sinnreichen Knnst der Schreiberey/
welche einiger massen die Todten wieder lebendig machet / das Andencken des Vergangenen
wieder zurück ruffet / und das Gedächtniß der
Dinge erhält/ wären/ so ist kein Zweiffel wir wür-
ten eben so unwissend als diese arme Völcker seyn.

Der grösseste Theil der Wilden / die das
Mitternächtige America besitzen / glaubet eine
Art der Schöpffung der Welt. Sie berichten
uns/ daß der Himmel/ die Erde und alle Menschen durch eine Frau gemacht seyn/ die die Welt
mit ihrem Sohn regiere. Welche Meinung
vielleicht daher entspringet/daß sie ihre Genealo-
gien von den Weibern hernehmen. Sie setzen
hinzu/ daß der Sohn der Ursprung aller guten
Dinge sey/ wie im Gegentheil das Weib die Ursache alles Ubels. Sie glauben/daß beyde einer
vollkommenen Glückseligkeit geniessen. Sie
sagen

fagen überdem/ daß da diese Frau geschwängert
vom Himel gefallen/eine Schildkröte sie auf ihren
Rücken genommen/ und sie für dem Schiffbruch
bewahret habe. Wen man ihnē ihren lächerlichen
Glauben fürhält/ so antworten sie gemeiniglich/
daß derjenige Vorwurff denen zwar gut sey / die
ihn machen/aber ihnen nichts schade/ weil sie auff
eine andere Weise als die Europäer gemacht
wären.

Andere Wilden desselben Landes glauben/
daß ein gewisser Geist/welchen die Jroqueser Ot-
kon/die andern Barbaren aber / welche unten am
Fluß St. Laurentz wohnen/ Atahauta nennen/der
Schöpffer der Welt sey/und einer/ mit Nahmen
Messou/ nach der Sündfluht sie wieder erneuert
habe. Also verwirren und verändern sie durch
ihre Traditionen die Erkäntniß/welche ihre Vorfahren von der allgemeinen Sündfluht gehabt.
Sie sagen / daß wie dieser Messou oder Otkon
einsmahls auff die Jagd gegangen/ seine Hunde
sich in einer grossen See verlohren hätten ; nachdem nun die See davon übergelauffen / habe sie
in kurtzer Zeit die gantze Erde bedecket / und sey
ein Abgrund aus der gantzen Welt worden. Sie
setzen hinzu / daß dieser Messou oder Otkon durch
Hülffe einiger Thiere ein wenig Erde vermischet/
und nachmahls sich derselben bedienet/ die Welt
zu repariren. Jmgleichen glauben sie / daß die
Europäer in einer von der ihrigen gantz abgeson-
derten Welt wohnen. Wenn man dahero sie ihrer Jrthümer benehmen/oder sie von der wahren
Er-

Erschaffung dieses Welt-Kreyses unterrichten
will/sagen sie/daß dieses alles von der Welt/darin
wir wohnen/wahr seyn könne/ aber eine gantz andere Beschaffenheit mit der Ihrigen habe. Sie
fragen auch offt/ob eine solche Sonne und Mond
in Europa als in ihrem Lande seyen.

Man findet noch andere Wilden/welche oben
an dem Fluß St. Laurent und Meschasipi woh-
nen/die eine recht curiöse Geschichte davon erzehlen. Sie sagen/daß ein Weib vom Himmel
gekommen / und einige Zeit in der Lufft geschwe-
bet habe/ohne daß sie einen Platz gefunden/ wo sie
sich niederlassen könte. Die Fische im Meer mit
ihr Mitleyden habende hätten Raht gehalten/
umb demjenigen zu wissen/ welcher sie an-und auffnehmen solte. Die Schildkröte habe sich endlich
præsentiret/ und ihren Rücken über dem Wasser
dargewiesen/ da dann diese Frau sich auff denselben niedergelassen unt zum Wohnplatz erkohren.
Wie nun nachmahls die Unreinigkeiten des
Meers sich nach und nach an die Schild-Kröte
gehangen / sey endlich dieses große Stück Land/
welches man jetzo America nennet / darauß geworden.

Sie melden ferner/daß nachdem die Einsam-
keit dieser Frauen gantz und gar nicht gefallen/
und sie verdrießlich geworden / daß sie niemand
hätte/ mit welchem sie Unterredung halten könte/
umb ihr Leben desto annehmlicher hinzubringen/
ein Geist aus der Höhe gekommen / der sie für
Verdruß schlaffend gefunden. Er habe sich dahero

erd gantz ehnlich, ihr genähert / und hierauff seyn 2. Söhne, aus ihrer Seite gekommen. Diese beyde hätten nachmahls sich nicht miteinander können vertragen. Einer wäre ein besser Jäger als der ander geworden/und sie hätten alle Tage einige Zwistigkeiten unter sich gehabt. Sie wären endlich zu solcher Extremität kommen / daß einer den andern nicht hätte mehr vertragen können. Sonderlich, wäre der eine von einer recht wilden Natur gewesen / und hätte einen tödtlichen Haß gegen seinen Bruder/ welcher ein angenehmerers Naturel spüren lassen / geheget. Weil nun dieser das übele Tractament/ das ihm der andere täglich erwiesen / nicht mehr ertragen können/sey er endlich genöhtiget worden/ sich von ihm zu trennen. Er habe sich dahero gen Himmel erhoben / und umb sein gerechtes Mißfallen zu erkennen zu geben eins umbs andere über den Kopff seines unglückseeligen Bruders donnern lassen. Einige Zeit hernach sey dieser Geist noch einmahl zur Frauen gekommen/und sie habe eine Tochter gezeuget/von welcher / nach Aussage der Wilden/alles dieses grosse Volck/ welches jetzo den grössesten Theil der Erden besitzet / herstammete.

So Fabelhafft als auch diese Geschicht nun ist/ so kan man doch einige Warheit darinne schimmern sehen. Der Schlaff dieser Frauen und die Geburth ihrer 2. Söhne haben einige Aehnligkeit mit dem Schlaff Adams / daunter dessen GOtt eine seiner Ribben / die Eva draus

zu formiren/ genommen. Die Uneinigkeit der
zweyen Brüder bildet uns den unversöhnlichen
Haß Cains und Abels ab. Die Eingehung des
einen in den Himmel stellet uns den Tod Abels
für; und der Donner/ welcher sich im Himmel
hören lassen/zeiget den Fluch an/ welchen GOtt
auff den unglückseeligen Cain / der seinen Bruder so unmenschlich ermordet/ geleget hat.

Es ist eine beweinenswürdige Sache/ wenn
man siehet / mit wie viel Chimeren und Fabeln
der Teuffel das Gemüht dieser armen Wilden
verwirret. Ob sie gleich alle Seelen für cörper-
lich halten / denn sie verstehen durch ihre Otkon/
Atahanta oder Maniton ich weiß nicht was für
einen materiellen Ober-Herrn / welcher allen
Creaturen das Leben und die Bewegung schencket ; so bekennen sie doch / daß sie die Unsterbligkeit der Seelen und ein ander Leben glauben/
in welchem man allerhand Ergetzlichkeiten geniessen solle / und allwo man die Jagd und Fischerey
im Uberfluß haben/wie auch Indianisches Korn/
für diejenigen/so es säen/(denn es sind etliche/die
solches nicht thun/) und dann Toback nebst tausend andern raren und nohtwendigen Sachen finden würde. Sie halten auch dafür/daß die Seele den Leib nicht alsofort nach dem Tode verlasse/
daher sie mit den verstorbenen Cörpern Bogen/
Pfeile/Indianisches Korn und grobe Kost begra-
ben/damit die Todten ihre Nahrung / wie sie sa-
gen/ haben können/biß so lange sie in das Land der
Seelen gekommen.

Sie

Sie legen auch allen sinnlichen Dingen eine Seele bey/ und halten dafür / daß nach dem
Tode die Menschen annoch die Seelen der Bi-
ber/ Elendsthier / Füchse/ Trap-Gänße/Meer-
Wölffe und andere Thiere jagen. Sie glauben/
daß die Seele der Schritt-Schuhe/ derer sie sich
den Winter über / umb nicht in dem Schnee zu
versincken/bedienen / ihnen annoch in jenem Leben zu gleichem Dienste stehe / gleich wie die
Seele der Bogen und Pfeile daselbst die Thiere
tödte. Sie hegen dergleichen Gedancken von
der Fischerey / und daß die Seelen derjenigen
Waffen/die man denen Todten beyfüget/ sehr benöthiget wären; Die Leiber / welche sie 7. biß
8. Fuß hoch von der Erden erheben / hätten die
Waffen und Speisen/ die man nebst ihnen nieder-
setzet/nur so lange nöthig / biß sie die Reise nach
dem andern Leben geendiget.

Sie bilden sich ein/daß diese Seelen unsicht-
bar eine gewisse Zeit! lang herumb spatzieren/
und an ihren Gastereyen und Geschencken Antheil nehmen ; deßwegen sie ihnen auch täglich
ihre Portion lassen. Viele unter diesen Völckern gehen so weit/daß sie gewisse allgemeine Feste den Todten anstellen / die mit Liedern von einem erschrecklichen Geschrey / und mit Mahlzeiten / an welchen man alles vorgesetzte aufffrist/
ja mit Däntzen nud allerhand Geschencken vergesellschafftet sind. Sie nehmen die Leiber der
Todten und die Gebeine derjenigen / welcher
Fleisch schon verzehret ist /und von ihnen Bündel
oder

oder Paquete der Seelen genennet werden/ un
tragen sie aus einem Grab ins ander/ welche mit
zubereitetem Leder/ Halßgeschmeiden/ Porcellan
und andern dergleichen Reichthumb ihres Landes
gezieret sind/ in der Meynung/ daß dieses alles die
Verstorbenen glückseeliger mache.

Ich wil mich allhier nicht arffhalten/ ihren
Aberglauben in dieser Sache/ nemblich die unter
schiedlichen Oerter und Aempter/ welche sie den
selben beylegen/ die Lebens-Art/ Kriege/ Policey
und Gesetze zu erzehlen. Diß sind ausschweif
fende und lächerliche Satzungen/ die auff die Fa
beln/ so ihre Väter erfunden und auff die Kinder
fortgebracht/ gegründet sind. Man solte fast auff
die Muhtmassungen verfallen/ daß diese Americanische Wilden ihren Ursprung von den Juden
hätten / indem von solchen einige durch Sturm
und Schiffbruch verunglücket in diesen grossen
Theil der Welt könten angelandet seyn. In
Warheit sie haben mit den Juden in vielen Stücken eine ähnlichkeit/ und machen ihre Cabannen
oder Hütten in Gestalt der Pavillonen oder
Zelt-Betten/ wie die Juden. Sie schmieren sich
mit Oel/ und sind auff eine abergläubische Weise
den Träumen ergeben. Sie vergiessen über ihre
Todten viele Thränen/ und die Frauen betrauren
ihre nechste Verwandten ein gantzes Jahr. Diese
Zeit über enthalten sie sich von allen Täntzen und
Mahlzeiten/ und tragen eine gewisse Art Kappen
auff ihrem Haupte: Der Vater und Bruder des
Verstorbenen versorgen hingegen die Wittwe.

Im

Im übrigen scheinet es/ daß ein besonderer
Fluch GOttes gleich den Juden auff diesen
Völckern liege. Sie sind wild und eigensinnig
im dem höchsten Grad/und haben keinen beständigen Sitz zu ihrem Auffenthalt. Sie sind sehr
unkeusch und eines so groben Verstandes / daß
wenn man ihnen was von der Unsterbligkeit ihrer Seelen fürsaget/sie nicht nachlassen zu fragen/
was sie in jener Welt essen werden. Sonsten
findet man einige Fußstapffen des Jüdischen
Glaubens bey ihnen/ welche eine Aehnligkeit mit
der Offenbahrung Mosis haben in der Sache
von dem Ursprung der Welt / davon oben schon
einige Erwehnung geschehen : Allein auffrichtig davon zu reden/so scheinet es/ daß diese barbarische Völcker nicht den geringsten Begriff von
der Gottheit haben. Sie glauben nichts destoweniger eine andere Welt / darin sie dergleichen
Ergötzligkeiten / wie sie in diesem Leben gekostet/
geniessen werden. Diese Leute sind ohne einige
Geschickligkeit/ohne Gesetze / und ohne eine Art
des Regiments und Policey-Wesens. In Reli-
gions-Sachen sind sie grob und unverständig/
arg und listig aber / wenn was zu handeln und ein
Profit zu machen ist. Endlich so findet man alle
ihre Verrichtungen mit einem grossen Aberglauben vergesellschafftet.

Das XII. Cap.

Von den Mitteln/dadurch man die
Wil-

Wilden bekehren kan ; Welcher
man die heilige Tauffe administri
ren, und welchen man sie weigern
solle.

Nsere alten Mißionarien Franciscaner
Ordens in Canada/und die ihnen in die
ser Arbeit gefolget/haben allezeit (welche
Meynung ich gleichfals hege) bekennet
daß man niemahls in Bekehrung der Wilden
werde glücklich seyn/daferne man sie nicht erstlich
zu Menschen / ehe ihnen das Christenthumb bey
gebracht wird / zu machen suche. Daher ist es
nöthig/ daß/ umb sie in einen bessern Zustand zu
setzen / die Christen aus Europa sich unter sie mi
schen/ und die Wilden hinwieder unter sich woh
nen lassen müsten / welches dann niemahls ohne
Vermehrung der Colonien geschehen kan. Allein
ich muß bekennen/daß die Compagnie der Kauff-
Leute in Canada stets den Wachsthum der Colonien zu verhindern getrachtet habe. Denn in dem
Absehen/allen Handel an sich zu ziehen/ haben diese Herren niemahls ertragen können / daß man
neue Wohnplätze in diesen Ländern auffrichtete/
noch erlauben wollen / daß unsere Geistliche die
Wilden zu einem stillen Leben brächten. Ohne
dieses ist es demnach unmüglich/ was rechtschaf-
fenes zur Bekehrung der Ungläubigen beyzutragen. Also hat die Begierde derer/ welche gar zu
viel in weniger Zeit gewinnen wollen/ der Auffrichtung des Glaubens unter den Wildern sehr
ge-

geschadet/ eben wie das böse Exempel der Christen dazu viel Anlaß gegeben.

Aus diesem allen siehet man nun / daß die Missiones zu diesen weit ausgebreiteten Völckern sehr verdrießlich und arbeitsahm sind. Und man muß gestehen/ daß viele Jahre und schwere Arbeit/diese sehr grobe und barbarische Völcker zu besänfftigen/erfordert würden. Man kan dahero nicht denen Erwachsenen/ die sich bekehret zu haben scheinen / die heilige Tauffe wiederfahren lassen/denn man siehet in der That / daß nach so vielen Jahren unserer Gesandschafft/ob wir wohl die eusserste Kräffte daran gestreckt / weniger Fortgang ist verspühret worden.

Niemahls wird das Christenthumb unter den Wilden können fortgepflantzet werden / dafern man nicht die Colonien mit einer grossen Anzahl Einwohner/ Künstler und Handwercks-Leute vermehret. Es muß auch der Handel mit den Wilden frey und allen Europæern ohne Unterscheid erlaubet seyn/ und man muß diese Barbaren zu einem stillen Leben/unsern Manieren und Gesetzen gemäß/ gewehnen. Man könte ferner durch die Hülffe eiffriger Persohnen aus Europa daselbst Collegia anrichten / umb darinne die Wilden in den Regeln des Christenthumbs zu unterrichten ; Diese könten nachmahls nebst den Missionarien viel zur Unterweisung ihrer Lands-Leute contribuiren/und diß ist ein sehr schönes Mittel/die geistliche und zeitliche Aufrichtung neuer Colonien daselbst zu befördern. Aber man

E   siehet

siehet gemeiniglich/ daß die Menschen gar zu sehr
der Handlung und dem Gewinn ergeben sind/ da
sie doch indessen schlechte Mühe/ die Ehre GOttes zu befördern und seinen Seegen über sich zu
bringen/ anwenden.

Es beliebet GOtt zwar offt/ seine Kinder/
fürnehmlich aber die/ so an der Wollfahrt der
Seelen arbeiten/ allda/ wo es ihnen am wehesten
thut/ anzugereissen ; Aber alle Gefahr/ alle
Arbeit/ alles Leyden/ ja selbst die Auffopfferung
ihres Lebens würde ihnen angenehm seyn/ wenn
GOtt in dem sie sich also dem Heil ihres Nächsten
gewidmet/ ihnen den Trost gäbe/ daß sie ihre Ar-
beit/ die sie in Absicht auff die Ehre GOttes und
Bekehrung der Seelen verrichten/ mit einem
glücklichen Außgang gekröhnet sehen möchten.

Es ist unmöglich/ daß/ indem man die Augen
auff die grosse Anzahl der Völcker/ von welchen
ich in dieser Erzehlung rede/ und auff den schlechten Fortgang der Bekehrung unter den Wilden/
die diese grosse und weite Länder bewohnen/ wirff-
fet/ man nicht zugleich verbunden wäre/ die unbegreiffliche Gerichte GOttes zu bewundern und
mit dem Apostel aus zu ruffen : O welche eine
Tieffe des Reichthumbs beyde der Weißheit
und Erkändtnß Gottes! Eine grosse Anzahl
sehr gelehrter weltlicher geistlichen und eifriger
Männer aus unsern Orden haben die Fackel des
Evangelii allenthalben herumb getragen und an
diesem grossen Wercke gearbeitet: aber Gott wil
uns sehen lassen/ daß die Bekehrung der Seelen

611

ein Werck seiner Gnade sey / deren glückliche Augenblicke noch nicht gekommen sind.

Er vergnüget sich dahero / daß er uns umb
diesen Beystand seiner innerlichen Hülffe seufftzen
siehet. Er ist ein Zeuge unserer Thränen und
Klagen/und höret unser Gebet. Er nimpt das
Opffer unserer Lippen an/ und läst unsere brünstige Seufftzer / welche wir zu ihm hinauff schicken / umb doch die Zeit seiner Barmhertzigkeit
diesen armen und in Finsterniß und Unwissenheit
sitzenden Völckern äuffgehen zu lassen/ ihm angenehm seyn. Indessen will er / daß die Arbeiter
sich bemühen/ diesen Weinberg auffzurichten/und
dazu alle ihre Geschicklichkeit anwenden / die
Früchte aber davon mit Gedult erwarten. GOtt
wird schon zu rechter Zeit/die er in dem Liecht seiner Allwissenheit bemercket hat/auffwachen/ und
ein gerechter Vergelter derer seyn / die getreu in
seinem Dienste sich erweisen. Jetzo beliebet es
seinem heiligen Willen noch nicht/uns dieser grossen Freude / die wir über den Fortgang unserer
Arbeit haben würden/theilhafftig zu machen/weil
diese zahlbahre Bekehrungen unserer Eigen-Liebe
und eitelem Sinn schmeicheln könten.

Ich muß hie mit Leidwesen sagen/daß unter
den heutigen Missionen in America / und unter
den Alten/ die unsere Franciscaner in der neuen
Welt angefangen und sie in dem Mittägigen A-
merica/insonderheit aber in Peru/ fortgesetzet ha-
ben/ein grosser Unterscheid sey. Man bekehrete
allda täglich wohl tausend Seelen / aber jetzo

E 2   mer-

mercket man an Canada / daß es ein undanckba-
res / unfruchtbahres und verwildertes Land sey.
Man findet da nichts als Blindheit / unempfind-
ligkeit / eine abscheuliche Entfernung von GOtt
und denen Glaubens-Geheimnissen gantz entgegen gesetzten Stand.   Gantze Secula hätte man
nöhtig / diese Barbaren zum Evangelio zu lencken /
ehe man einigen Nutzen davon zu hoffen hätte.
Und was dieses Unglück vermehret / so hat GOtt
zugelassen / daß diß Land einer Gesellschafft Kauff-
Leute in die Hände gerahten / die nur auff ihr
Interesse sehen / und gantz keine Empfindligkeit
in Fortpflantzung des Glaubens beweisen.

Unsere alte Mißionarien giengen mit dem
Sacrament der heiligen Tauffe sehr fürsichtig
umb / damit dieses heilige Geheimniß nicht
durch die Barbaren möchte entheiliget werden.
Man siehet noch heute zu Tage / daß diese Nationen zur Annehmung der Christlichen Religion
sehr übel disponiret sind.   Sie scheinen nicht
den geringsten Geschmack von der Religion ü-
berhaubt zu haben / und sind nicht fähig / die deut-
lichsten Vernunfft-Schlüsse / welche andere Leute
zur Erkäntniß einer falschen oder wahren Gottheit führen / zu fassen.

Diese arme Blinde hören alles / was man
ihnen von den Geheimnissen des Glaubens fürsaget / als Lieder an / die sie nicht verstehen.   Sie
sind von Natur grossen Lastern und dem Aberglauben in nichtswürdigen Dingen ergeben. Zehen mahl würden sie sich des Tages für ein Glaß

Brandte-

Brandtwein oder Pfeiffe Toback tauffen lassen/
und ob sie wohl ihre Kinder zu tauffen anbieten/
so geschiehet es doch niemahls aus einem Trieb
ur Religion. Diejenigen / welche man den gantzen Winter über unterrichtet hat / wie denn von
mir in der Vestung Frontenac geschehen ist / bezeugen so wenige Hochachtung für den Articulen des Glaubens als die andern/ und man findet
sie überhaupt in einer gäntzlichen Unempfindlig-
keit vergraben. Was dieses für Gewissens-
Angst unsern Geistlichen im Anfang ihrer Ge-
sandschafften an die Völcker in Canada verursachet habe/ist leicht zu dencken. Sie sahen / daß die
wenig erwachsene/ welche sie zu erst unterwiesen/
und nachmahls zur heiligen Tauffe gelassen hat-
ten/ alsbald hernach in ihre gewöhnliche Gleichgültigkeit gegen die Göttliche Dinge verfielen/
und die Kinder dem Beyspiel ihrer unglückseeligen Eltern folgeten/ daher man sichtbarlich das
Bad der heiligen Tauffe entheiligte.

Dieser Casus ward derowegen aus dem
Grunde untersuchet/ und mit grosser Mühe ent-
schieden / denn nachdem man ihn der Sorbonne
fürgetragen / ward nach allem angewendeten
Fleiß beschlossen/daß man den Erwachsenen und
Kindern / derer Todt man menschlicher Weise
versichert wäre/wenn sie es foderten / die heilige
Tauffe wiederfahren lassen solte/weil man gerechte Ursachen hätte zu muhtmassen/ daß Gott in dieser letzten Noht einige Strahlen seines Liechts

E 3   de-

denen Erwachſenen / wie man an etlichen in acht
genommen/ blicken lieſſe. Was aber die andern
Wilden beträffe/ ſo ſolte man ihnen gar nicht die
H. Tauffe ertheilen / wofern nicht nach einem
langen Umbgang mit ihnen und einer gründli-
chen Erfahrung gemercket würde/ daß ſie von unſern Geheimniſſen gerühret/ unterrichtet und eingenommen wären/und gäntzlich ihren wilden Gewohnheiten entſaget hätten.

Man gab auch die Erklährung/ daß diejenigen nur ſolten getauffet werden / welche unter
den Chriſten wohneten/ nach ihren Manieren erzogen und durch eine gute Unterweiſung zu Menſchen gemacht wären ; Nach welcher Arth
man auch mit den Kindern dieſer letzten verfahren ſolte. Gleich wie ſie nun gewiſſe Canones
fundamentales und Regeln den Mißionarien
fürſtellten / alſo muſten dieſe auch gäntzlich in allen Stücken denenſelben in ihrem Ampte folgen.

Das XIII. Cap.

Die Wilden in dem Mitternächti-
gen America erkennen keine Gott-
heit/und hegen frembde Gedancken
von den Seelen der irrdiſchen Thiere.

Ob zwar anfangs unſere abgeordnete
Mißionarien Franciſcaner Ordens ſehr
viel unterſchiedliche Völcker im Umb-
kreiß von 600. Meilen in dem Mitter-
näch-

mächtigen America gefunden haben / so habe ich
dennoch / eine viel grössere Anzahl vieler andern
gesehen / theils weil ich weiter als sie gewesen/
theils weil ich die Flüsse St. Laurentij und Me=
chasipi besuchet. Ich habe nebst meinen Vor=
fahren bemercket/ daß die Wilden in denen Din=
gen/ die den allgemeinen und sonderbahren Vor=
theil ihrer Nationen beträffen / nicht eben eines
blöden Verstandes wären / sondern gerade zum
Zweck giengen / auch die darzu dienliche Mittel
gantz vernünfftig ergrieffen. Daher ich mich bil=
lig wundere/ daß/ da sie in ihren eigenen Verrich=
tungen sinnreich gnug sind/ sie dennoch in denen
Stücken/ die die Religion / gute Sitten / Gesetz
und Lebens=Regeln angehen / lauter Dumheit
und Schwachheit des Verstandes spüren laffen.
Wir alle haben erkandt / daß bey nahe alle Wil=
den insgemein keine eintzige Gottheit erkennen/
ja ihr Verstand ist so stumpff und mit so vielen
Finsternissen angefüllet/ daß sie auch die gewöhn=
liche und gemeine Vernunfft=Schlüsse nicht faf=
sen können. Denn ob man zwar findet/ daß einige
mitten in ihrer Blindheit eine wiewohl verwirrete
Empfindung von GOtt bey sich fühlen : daher
einige die Sonne für Gott halten; andere einen
Geist erkennen/ der in der Lufft herrschet; etliche
wiederumb den Himmel als eine Art der Gott=
heit ansehen / andere dagegen einen Otkon oder
Monitou/ das ist/ etwas böses oder gutes sich er=
wehlen; so ist doch dieses alles nur ein blosser
Schein. Die Nationen gegen Süden scheinen
einen

einen allgemeinen Geiſt/der über alles herꝛſche/zu
glauben und bilden ſich ein / ſo gut ſie es faſſen/
daß in einem jeglichen Dinge / auch in den lebloſ
ſen Creaturen ſelbſt ein Geiſt ſey. Daher geſchiehet es / daß ſie öffters dieſelbe zu beſchweren
pflegen/wie wir ſelbſt von einem Wilden geſehen/
daß er auff einer Eichen bey dem Waſſerfall St.
Antonii von Padua auff dem Fluß Meſchaſipi
ein Opffer gebracht.

Indeſſen erkennen dieſe Nationen nicht die
geringſte Gottheit aus einem Trieb der Religion.
Sie redē davon nach ihreꝛ Gewohnheit/als Leute/
die gantz von Vorurtheilen/ Einbildung und Ei-
genſinnigkeit eingenommen ſind/und halten alles/
was man ihnen davon ſaget/ für Fabeln. Sie
haben nicht die geringſte euſſerliche Ceremonie/
darauß man ſehen könte/ daß ſie der Gottheit einigen Dienſt erwieſen/ und niemand erblicket bey
ihnen weder Tempel noch Prieſter / oder das geringſte Merckmahl einer Religion.

Ihre Träume halten ſie für Eingebungen/
Weiſſagungen/ Geſetze/ Befehle und Regeln in
allen ihren Verrichtungen/ſie mögen nun entweder den Krieg oder Frieden/ die Handlung oder
die Jagd betreffen. In ihren Augen ſind ſie O-
racula oder Göttliche Auſſprüche/und wenn
man ihre Handlung anſiehet/ ſolte man ſagen/ſie
wären von der Secte der Quäcker. Der Glaube an dieſelben leget ihnen als eine Nohtwendigkeit derſelben Vollziehung auff/ weil ſie dafür hal-
ten/daß es ein allgemeiner Geiſt ſey / der dieſes
ihnen

hnen eingiebet/ und dadurch das / was sie thun
müssen/sie erkennen lässet. Und dieses erstrecket
sich so weit/daß/ wenn ihre Lügen ihnen eingeben/
einen Menschen zu tödten / oder sonsten was böses zu begehen/ sie solches alsbald vollziehen / und
es nachmahln mit dergleichen Mitteln gut ma-
chen/derer wir bald gedencken werden.

Die Eltern haben Träume für ihre Kinder
und die Capitaine für ihre Dörffer. Man findet
unter ihnen Leute/ die sich ausgeben für Traum-
deuter und solche nach ihrer Inclination und
Neigung auslegen. Ja obschon es dieselben
nicht allezeit treffen / so werden sie dennoch deßwegen für keine Betrieger gehalten.

Man hat angemercket / daß wenn sie entweder über einen Wasser-Fall nicht wohl kommen
können / oder sonsten einige Gefahr auszustehen
haben / sie in dasselbige ein Biber-Fell/ Toback/
Porcelain oder dergleichen Sachen/ als ein Opf-
fer/werffen / umb dadurch die Gewogenheit des
allda herschenden Geistes zu erhalten.

Es ist keine Nation/die nicht ihren Gauckler haben solte/welche einige für Zauberer zu halten pflegen; Wiewohl es nicht wahrscheinlich ist/
daß sie in ihren Handlungen einen Bund oder
Gemeinschafft mit dem Teuffel spüren liessen. Unter dessen muß man bekennen/ daß der böse Geist
in allen Verrichtungen dieser Gauckler herrsche/
und sich derselben bediene / diese Leute zu verfüh-
ren / und sie täglich zur Erkändtniß des wahren
Gottes unfähiger zu machen /. zumahl sie dieselbe

E 5   sehr

sehr hoch halten / ob sie wohl täglich von ihnen
betrogen werden.

Diese Betrieger geben sich aus für Pro-
pheten/die das Zukünfftige fürher sagen/und wol-
len/daß man sie als Leute von unendlichem Vermögen ansehe. Sie rühmen sich/ Regen und gut
Wetter/eine angenehme Stille und ein erschreck-
liches Ungewitter / die Fruchtbarkeit und Un-
fruchtbarkeit/und die Jagten glück oder unglückseelig zu machen. Sie bedienen sich auch der
Medicin und appliciren offt Mittel / die nicht
die geringste Krafft zur Heilung der Kranckheit
haben.

Man kan sich nichts erschrecklicher/als das
Geschrey/Getöß/ und die abscheulichen Verdre-
hungen dieser Betrieger/ wenn sie ihre Gauckel-
Possen oder Bezauberungen anfangen/einbilden.
Sie heilen niemahls eine Persohn als nur von
ungefehr / gleich wie sie auch selten etwas Gewisses zu verkündigen pflegen. Indessen wissen sie
tausend Außflüchte/diese arme Leute zu betriegen/
daferne der Außgang nicht mit ihren Verheis-un-
gen/Fürhersagungen/und Mitteln (denn / wie
schon erwehnet) so machen sie Profession von der
Medicin und Weissagungen) überein stimmet/
und thun nichts ohne einige Belohnung. Doch
wenn diese Betrieger nicht geschickt sind / sich einen Credit zu machen/und ihre Fehler zum guten
zu deuten; daferne die unter Händen habende
Persohn etwann stirbet / oder sonst ihr Unterfangen den gewünschten Außgang nicht erreichet ;
macht

nacht man sie mannigmahl ohn eintzige Ceremonie auff dem Platz nieder.

Diese arme Blinde sind noch viel andern
abergläubischen Possen / damit sie der Teuffel zu
hintergehen suchet / ergeben. Sie glauben/daß
es viele Arten der Thiere gebe / die eine vernünff-
tige Seele haben. Sie erweisen / ich weiß nicht
was für eine Ehrerbietigkeit / gewissen Beinen
der Elendsthiere/Biber und anderer / und geben
sie niemahls ihren Hunden (welches die eintzige
zahme Thiere sind / denen sie Unterhalt geben/
weil sie sich derselben auff der Jagd zu bedienen
pflegen) zu fressen/sondern bewahren dieselbe als
etwas kostbahres.Sie wehren sich auch/ dieselben
ins Wasser zu werffen/uñ sagen/daß die Seelẽ dieser Thiere kämen/zu zusehen/wie man ihre Leiber
tractirete / und gäben nachmahls davon Nachricht so wohl den Todten als Lebendigen. Wenn
sie nun dieselben übel hielten / wolten sie sich weder in dieser noch in jener Welt fangen lassen.

Man kan in Warheit sagen/daß die Sün-
de die Seelen dieser unglückseeligen Völcker mit
einer abscheulichen Blindheit und eussersten Unempfindlichkeit für alle Arten der Religion erfül-
letg/ dergleichen man in allen Geschichten nicht
finden wird. Denn ob sie wohl gewissen abergläubischen Dingen mit grosser Eigensinnigkeit
ergeben sind/so rühret doch solches im geringsten
nicht aus einem Grund oder Bewegung zur Religion her / sondern bestehet bloß in einer Einbildung

dung und Wahnsinnigkeit. Wenn man mit ihnen disputiret / und ein wenig ihnen ihre Rasereyen zu gemühte führet / so antworten sie nichts/
sondern ihr Verstand bleibet gantz dum und
elend. Stellet man ihnen unsere Geheimnisse
für/ so hören sie dieselben an / mit eben einer solchen Gleichgültigkeit/ die sie für ihre eigene Thor-
heiten bezeigen. Ich habe etliche gekandt / die
dieser Warheit/ daß nemblich ein erster Ursprung
wäre / von welchem alle Dinge herstammeten/
Beyfall zu geben schienen: Indessen weil diese
Dinge kaum ein wenig ihr Gemüht rühren / pflegen sie alsobald in ihre gewöhnliche Schlaffsucht
und erste Unempfindlichkeit zu fallen.

Das XIV. Cap.

Von den grossen Schwürigkeiten/
die man findet / die Wilden zu bekehren / imgleichen von der Ubung des
Gebets und der Märtyrschafft.

Ie grosse Unempfindlichkeit dieser Wilden entstehet gemeiniglich daher/ daß sie
sich nicht bekümern/ unterrichtet zu seyn.
Sie kommen niemahls zu uns/ als weñ
ihre Phantasie sie treibet/ und folgen den gewöhnlichen Neigungen/ die die gantze Welt / wenn sie
dergleichen siehet / an sich hat. Denn sie suchen
uns entweder wegen der Freundligkeit und
Schmei-

Schmeicheleyen/damit wir ihnen begegnen oder
wegen der Hülffe / welche ihre Krancken von uns
empfangen/oder wegen der Hoffnung/einigen Nutzen von unsern Kauffmans-Wahren zu ziehen /
oder endlichen / weil wir Europäer sind / die
sie für tapfferer als sich selbst halten/ und von welchen sie einigen Schutz wider ihre Feinde hoffen.

Man unterrichtet sie im Gebet / aber sie sagen dasselbe her/als wenn es Lieder wären/ ohne
daß man den geringsten Funcken des Glaubens
dabey spüren solte. Diejenigen / welche man
lange im Catechißmo unterrichtet/sind sehr unbe-
ständig/ ausgenommen sehr wenige. Sie verlassen alles / kehren in ihre Höltzer zurück / und
nehmen ihren alten Aberglauben auff die geringste Phantasie/die ihnen in Kopff steiget / wiederumb an.

Ich weiß nicht/ ob ihre Vorfahren einige
Gottheit erkandt: Dieses ist gewiß/daß obgleich
ihre Sprache sehr reich von Wörtern ist/und sehr
natürliche Expreßiones hat/man doch nichts darinne findet/dadurch man einige Gottheit / oder et-
was/auch von unsern gemeinesten Geheimnissen/
ihnen zu verstehen geben könte / und dieses ist eine
der grössesten Verwirrung / die man bey ihrer
Bekehrung findet.

Sehet noch eine andere Hinderniß / die der
Bekehrung dieser Völker im Wege stehet! Die
meisten unter ihnen haben viele Weiber/ und in
den Nord-Ländern changiret man dieselben/
wenn es ihnen beliebet. Sie begreiffen nicht/

E 6   wie

wie man sich zu einer unaufflößlichen Heyraht bequemen könne : Siehestu nicht/sagen sie/wenn
man über dieser Sache mit ihnen raisoniret/
daß du nicht Verständig bist ? Meine Frau
gefält mir nicht mehr. Ich stehe ihr nicht an.
Vielleicht wird sie mit jemand / der mit der
seinigen nicht zu frieden ist/ sich stallen können. Warum woilestu denn/ daß wir alle 4.
die Zeit unsers Lebens unglückseelig seyn
solten?

Noch eine andere Hinderniß findet sich in
der Gewohnheit/die sie haben/ niemand zu wider-
sprechen. Sie glauben in der That / daß man
einen jedweden bey seiner Meinung lassen soll/
und deßwegen sich mit ihm in keinen Streit einlassen müsse. Sie glauben/ oder stellen sich doch
so/als wenn sie alles glaubten / was man ihnen
fürsaget. Diese Unempfindlichkeit und einge-
wurtzelte Gleichgültigkeit lassen sie in allen Dingen spüren/sonderlich aber in denen/ die die Religion betreffen / darüber sie sich nicht die geringste
Sorge ankommen lassen.

Man darff nicht in America gehen/die Mär-
tyrer-Crone daselbst zu erlangen. Die Wilden
tödten niemahls die Christen ihrer Religion wegen. Sie lassen einen jeglichen bey seinem Glau-
ben/ und lieben nur die ausserlichen Ceremonien
unserer Kirchen. Diese Barbaren führen nur
Kriege/wenn das Auffnehmen ihrer Nation darunter versiret/und tödten niemand / es geschehe
denn aus einem besondern Zweck/oder aus Grau-
sam-

samkeit/ oder aus Truncenheit/oder aus Rache/
oder aus Einbildung ihrer Träume und anderer
thörichten Gesichter ; im übrigen sind sie nicht
geneigt/ jemand seiner Religion wegen zu tödten.

Sonst sind sie in allen ihren Neigungen recht
viehisch. Sie sind von Natur Schlemmer/und
halten das Fressen und Sauffen für die eintige
Glückseeligkeit dieses Lebens. Es siehet ihnen
dieses viehische Wesen aus den Augen heraus/
und alle ihre Ergetzlichkeiten/ welche man mit
Fressen anfänget und beschliesset/reden davon.

So ist auch ihre Geneigtheit zur' Rache eine
grosse Hinderniß dem Christenthum. Denn ob
sie wohl gegen die ihrigen gantz freundlich und
mit ihnen durch die Finger sehen/ so verfolgen sie
doch ihre Feinde mit der allergrausamsten Rache.
Sie sind von Natur unbeständig/ Lästerer/ Leut-
Fexirer und unverschämbt. Endlich findet man
über alle diese Laster/ denen sie ergeben sind/ nicht
das geringste Merckmahl der Religion und Tu-
gend/welches ohne Zweiffel ihre Bekehrung fast
unmöglich machet.
Diese Leute demnach zu gewinnen/ und sie
einiger massen zum Glauben zu bewegen/ müste
man mit ihnen Freundschafft machen / und eine
grosse Gemeinschafft auffrichten. Dieses wird
nun nicht so bald geschehen/weil man erst die Colonien vermehren und sie allenthalben auffrichten muß. Denn wenn sie einige Wochen mit
DER

den Europäern umbgegangen / sind sie genöhtiger in Krieg oder auff die Jagd und Fischerey zu gehen / amit sie etwas zu leben haben ; und dieses machet sie ohn zweiffel vollends unbequem. Man müste sie dahero zu einem beständigen Sitz gewehnen / zum Ackerbau anführen / und sie in allerhand Handwercken / wie die Europäer / unterrichten / so würde man alsdenn bald sittsahmere und angenehmere Manieren / so wohl unter ihnen selbst / als in dem Umbgang mit uns spüren.

Wir werden nachmahls von den Völckern gegen Süden reden / welche weit bequemer scheinen / als die / so gegen Norden und unten am Fluß St. Laurentz wohnen / das Evangelium anzunehmen.

Das XV. Cap.

Von der Art und Weise / derer sich die Wilden bey ihren Gastereyen bedienen.

Sie haben Abschieds- Dansagungs-Krieges- Friedens- Todten- Heyrahts- und Gesundheits-Gastereyen. Sie bringen Tag und Nacht in Fressereyen zu / sonderlich wenn sie die Mahlzeiten halten / die sie nennen: Alles auff zufressen. Denn alsdann wird niemanden erlaubet / die Versammlung zu verlassen / er habe denn alles verzehret. Ja wenn

man

man nicht mehr freſſen kan / iſt man verbunden/
einen zu miethen / der an des unvermögenden
Stelle ſey.

Sie haben auch noch andere Gaſtereyen
der Heylung der Krancken angeſtellet / daß ich
der gemeinen nicht gedencke. Ehemahls hielten
ſie auch Gaſtereyen der Unkeuſchheit / da die
Weiber und Männer ſich ohne Unterſcheid miteinander vermiſchten/ und abſcheuliche viehiſche
Thaten begiengen. Jedoch halten ſie jetzund
ſolche nicht mehr/oder nur ſelten/ und geſchiehet/
wenn ſie von den Europæern abgeſondert ſind.

Wenn ſie in Krieg ziehen wollen/ſo geſchiehet
ſolches entwender wegen eines ihnen zugefügten
Unrechts/ Satisfaction zu fordern / denn auch
wohl/ weil es ihnen geträumet und die Phantaſie
ihnen ſolches einbildet. Bißweilen werden ſie
auch dazu angereitzet/weil die andern ſie vexiren/
und zu ihnen ſagen : Du haſt keine Courage/
und biſt memahls im Krieg geweſen / haſt
auch keinen Menſchen getödtet. Alsdenn
werden ſie von der Ehre angetrieben / und nachdem ſie etliche wilde Thiere getödtet / pflegen ſie
eine Gaſterey anzuſtellen/ und ihre Nachbaren zu
ermahnen / ſie in ihrem Vornehmen zu begleiten.

Wenn ſie wollen allein gehen/machen ſie nicht
die geringſte Gaſterey / ſondern geben nur ihren
Frauen Nachricht/ihnen Brey von Indianiſchem
Korn zu Kochen/weil ſie in dē Krieg zu ziehen willens

lens. Aber so sie Gesellschafft haben wollen/
lauffen sie durch das gantze Dorff/die jungen Leute darzu einzuladen/ welche ihre Schüssel von der
Rinde eines Birckenbaums verfertiget/ mitneh-
men. Alsdeñ begebẽ sie sich nach der Cabanne oder
Hütte desjenigen/welcher sie eingeladen/wobey sie
gemeiniglich folgende Krieges-Lieder zu singen
pflegen:Ich gehe in den Krieg/ich wil den Tod
dieses oder jenen von meinen Verwandten rä-
chen.Ich wil morden.Ich wil brennen. Ich wil
Sclaven mitbringen:Ich wilMenschẽ fressen.
und andere dergleichen/ welche nichts als Grausamkeiten in sich halten.

Wenn sie nun alle versamblet sind / füllet
man die Gefässe oder Schüssel von Holtz oder
Rinden verfertiget. Nachdem ein jedweder sich
niedergelassen zu essen/singet derjenige/welcher sie
eingeladen zu dieser Gasterey/ die gantze Mahlzeit über/und ermahnet sie/ ihm zu folgen. Diese
gantze Zeit über sagen sie nicht ein Wort / sondern
fressen alles mit einem tieffen Stillschweigen auf/
es wäre denn/daß einer oder der ander demjeni-
gen/der sie zu dieser Krieges-Gasterey eingeladen/
bißweilen zurieffe/ und ihm antwortete/ Netho
oder Joguenske. Wenn der Redner nun auff-
höret/sagt er zu allen : Sehet! das ist es alles.
Ich will Morgen oder in 2. oder 3. Tagen/ nach
dem Entwurff / welchen er nun gemacht hat/
verreisen. Des Morgens pflegen diejenige/
welche ihn im Krieg begleiten wollen / ihn zu be-
suchen/und zu versichern/ daß sie ihm allenthalben
folgen

olgen wollen/ umb sich an seinen Feinden zu rä-
hen. Das gehet gut/meine Freunde/antwor-
et er ihnen. Wir wollen noch einige Tage
verziehen. Die Wilden pflegen dergleichen Gastereyen öffters wohl 12. oder 15. mahl für ihrer
Abreise zu wiederholen.

Für diesem hielten diese Barbaren sehr
unzüchtige Gastereyen. Das Haupt der Parthey befahl einem Mädgen / sich der Discretion
dieses oder jenen Kerls / welchen er ihr wiese/zu
ergeben ; und wenn sie sich dessen wegerte/schrie-
ie man ihr alle das Unglück zu/ damit ihr Unter-
angen unterbrochen würde. So künstlich ist
der Teuffel/die Leute in unreinen Gedancken zu
unterhalten.

Wenn sie ihre Kinder verheyrahten/so halten
sie gemeiniglich keine Gastereyen dabey; aber
wenn sie dergleichen begehen wollen/ so pflegen sie
folgende Ceremonien in acht zu nehmen. Das
erste ist/daß sie auffs Essen dencken; Zu dem Ende
erfüllen sie alle Kessel / welche sie von den Europäern eingetauschet/oder die grosse irdene Töpffe/
die ihre Weiber selbst verfertigen/ und bereiten so
viel/als sie meinen/für die Anzahl derer/die sie ein-
geladen/ nöhtig zu seyn. Wenn nun die Kost o-
der der Brey gekochet/ gehen sie hin/ihre Leute zu
ruffen / und indem sie einem einen Zweig in die
Hand geben/ sprechen sie zu ihm : Ich lade dich
ein zu meiner Gasterey. Wie gesagt / so gethan. Denn sie haben nicht nöhtig/ 2. mahl ihre
Einladung zu wiederholen/ sondern sehen dieselbe

darauff

darauff alle mit ihrem gewöhnlichen Haußgeraht
bey sich. Der Herr der Cabanne theilet die
Stücke sehr ordentlich auß/ und derjenige/ welcher diese Gasterey anstellet/oder einander an seiner Stelle/singet ohne Auffhören / biß alles verzehret ist. Nach dem Essen singet und danzet
man/und wenn dieses geschehen / begiebet sich ein
jeder ohne die geringste Dancksagung nach Hause. Diejenigen/welche mit den Europäern umb-
gegangen/pflegen nur dem / der sie eingeladen/
Danck zu sagen.

Die Gastereyen / die sie zur Genesung der
Krancken anstellen/ geschehen bey nahe auff eben
dieselbe Weise. Die Gastereyen aber/ die sie
wegen der Todten halten/ sind weit kläglicher und
trauriger. Niemand singet oder danzet auff
denselben ; die Verwandten des Verstorbenen
sind in einem tieffen und schwermühtigen Stillschweigen und schlagen ihr Gesicht zur Erden/
die Anwesende zum Mitleiden zu bewegen.
Alle Eingeladene bringen Geschencke mit
sich/ und werffen sie zu den Füssen der nech-
sten Verwandten/sagende: Sehet ! da ist was/
den Todten zu bedecken/eine Cabanne oder Hütte
zu machen/ oder Pfäle umb das Grab zu stecken/
nach Beschaffenheit der Dinge/ die sie ihnen als-
den geben. Nachdem sie ihre Geschencke außge-
theilet und sich gesättiget / gehen sie ohn einziges
Wortsprechen wiederumb nach Hause.

Was angehet die gemeine Mahlzeiten/ so
ge

geschehen dieselbe auff vielerhand Weise nach ihrem Gutdüncken. So sie einige Messer haben/
die sie von den Europäern eingetauschet/ und damit fette Speise gegessen und zerschnitten/wischen
sie dieselben gemeiniglich in ihren Haaren ab.
Gleichwie sie nun verbunden sind/ihre Messer mit
ihren Haaren zu putzen/ und nachmahls das gantze Gesichte damit zu beschmieren; also stärcken
ohne zweiffel diese öfftere Salbungen sie sehr/und
machen sie fähig/das grösseste Ungemach außzu-
stehen.

Das XVI. Cap.

Auff was weise die Wilden die Eu-
ropäer für die ihrigen annehmen.

Ich habe in dem vorigen Buche angemer-
cket/daß ein Capitain der Wilden von
Issati oder Nadouessans, mit Namen
Aquipaguetin, mich an statt seines Soh-
nes/der in dem Kriege durch die Miamis getödtet war/für sein Kind angenommen / und dieses
verursachete/ daß ich einigen Glauben bey diesen
Völckern gefunden / und mich in ihre Gemüther
ingeschmeichelt/ umb sie zu der Annehmung des
Evangelii zu bewegen. Diß ist das Mittel/derer
sich die Missionarii bedienen müssen / wenn sie
sich zu den wilden Völckern begeben. Sie müssen sich nemblich bemühen / in dessen Hochachtung zu setzen/ der Unter ihnen das Haupt und
der

der Fürnehmste ist / und sich den Europäern am
meisten geneigt bezeiget.   Denn alsdenn gebieh-
ret dieses Haupt ein Kind / welches die Redens
Art ist / damit die Wilden die Annehmung a-
Kindes statt ausdrücken/ und solches gemeiniglich
auff einer Gasterey zu geschehen pfleget.

Wenn nun dieser Capitain jemand für seine-
Sohn oder Bruder /   nach seines Alters ode-
Stands Beschaffenheit/ angenommen/ betrachte-
ihn die gantze Nation als eine Persohn/ die in ihrem Land gezeuget / und ihrem Oberhaupt ver-
wandt ist. Durch Hülffe dieser Ceremonie pflege-
er in Qualität eines Sohns/ Bruders/ Vettern-
Enckels oder Oheims/ nach Beschaffenheit der Per-
sohnen/ in deren Familie sie sich begeben/ und nach
dem Rang/ den sie durch ihre Geburth bekommen-
sich mit einem Geschlecht zu verbinden.

Damit auch die Mißionarii desto glücklicher in ihrem Absehen seyn mögen/ pflegen sie der
Raht versamblen zu lassen und sich ferner in das
Gemüht der Wilden einzuschmeicheln.   Hi-
muß man mercken / daß man alle diejenige Ver-
samblungen/ die auff Ordre des Vornehmsten gehalten werden/ den Raht zu nennen pfleget. Dieje-
nige/ welche sich in diese Versamblungen begeben
lassen sich auff der Erden in einer Cabanne ode-
unter freyem Himmel nieder. Indessen de-
Redner die Sache fürstellet / mercken sie mit einem tieffen Stillschweigen auff/ und sind im übrigen

en sehr strenge / und vollziehen dasjenige / was
sie einmahl beschlossen haben.

Die Mißionarii tragen entweder in diesen
Versamblungen die Sache selber / dafern sie der
Sprache solcher Nation kündig sind / für / oder
pflegen sich durch Dollmetscher zu erklären. Insonderheit geben sie diesen Völckern zu verstehen/
wie sie gekommen seynd/ sich mit ihnen in Freundschafft und Allianz einzulassen/und zugleich ihnen
den Handel mit ihren Nationen anzutragen.
Nachmahls ersuchen sie die Wilden/ ihnen zu er-
lauben/daß sie in ihrem Lande bleiben / und sie in
dem Glauben an das Evangelium / welches das
einige Mittel zum Himmel ist / unterweisen mögen.

Die Wilden nehmen zum öfftern das Aner-
bieten der Mißionarien an / und bezeugen/daß
ihre Persohnen ihnen angenehm seyn. Doch diese
Barbaren zu gewinnen muß man gemeiniglich
vom Irrdischen anfangen / ehe man mit ihnen
vom Himmlischen reden kan. Die Mißionarii
beschencken sie dahero mit Aexten/ Messern/ und
andern Europæischen Kauffmans-Wahren/ welche die Wilden und sonderlich diejenigen/ welche
annoch in keine Gemeinschafft sich mit den Europäern eingelassen / als Sachen von grossem
Werth ansehen. Man lässet sich in keiner Sache mit ihnen ein / bevor man ihnen nicht dergleichen Geschencke/die sie höher als wir das Gold in
Europa achten/ offeriret.

Nach diesem gebähren die Barbaren die-
selbe/

selbe/das ist/ sie nehmen diejenige / welche ihnen
einige Geschencke gegeben/ zu Kindern an. Sie
erklähren sie weiter öffentlich für Einwohner und
Kinder ihres Landes und nach Beschaffenheit des
Alters und Stuffen der Verwandschafft nennen die Wilden sie ihre Söhne/ Brüder und O-
heime/halten sie auch als ihre Brüder und Kinder.

Ich habe vergessen/in dem vorigen Buche
anzumercken / daß das Haupt der Iſſcꝛ mit
Nahmen Ouaſicouⅾe mich seinen Bruder nennete. Dergleichen Exempel findet man unter
den andern Völckern nicht / einen so grossen Ca-
pitain/wie dieser Mensch war / zum Bruder zu
haben. Im übrigen hatte er diese Ehre und Ansehen sich durch seine grosse Tapfferkeit zu Wege
gebracht. Er war zum öfftern wider 17. oder 18.
Nationen/die den Seinigen feind waren/in Krieg
gezogen/ und hatte entweder einige Köpffe oder
auch Gefangene zurück gebracht.

Die tapffere und muntere Personen werden
von den Wilden sehr hoch geschätzet. Sie haben
gemeiniglich nichts als einen Bogen/etliche Pfeile und eine Kolbe bey sich/doch wissen sie sich derselben sehr geschicklich zu bedienen. Sie sind
hurtig/munter und sehr starck/ und habe ich unter
ihnen weder schiele noch gebrechliche oder sonst
ungestalte Menschen gefunden.

Das

Das XVII. Capitel.

Von den Heyrahten der Wilden in dem Mitternächtigen America.

DIe Heyrathen dieser Völcker gründen sich nicht auff den Bürgerlichen Contract / indem weder die Frau noch der Mann gesinnet sind / auff ewig bey ein ander zu wohnen. Sie bleiben nur die Zeit über/ die sie abgeredet haben/bey einander/und so lange sie sich vertragen können / währet auch ihre Heyraht. So bald sie unter einander mißvergnüget werden / sagen sie / wie schon angemercket ist: Meine Frau schicket sich nicht mehr zu mir/ und ich gefalle ihr auch nicht mehr: Sie wird schon mit jemanden der nicht mit seiner Frauen vergnüget ist/sich begehen können / und es ist nicht gut / daß wir alle 4. die übrige Zeit unsers Lebens unglückseelig seyn mögen. Nach diesem sondern sie sich ohne einzigen Auffzug und Ceremonie von einander/ und leben in einer steiffen Gleichgültigkeit.

Diese Barbaren vermählen sich öffters mit Kindern von 9. oder 10. Jahren/ nicht zwar / daß die jungen Leute bey einander wohneten / denn solches lässet ihr Alter noch nicht zu/ sondern weil sie einigen Vortheil von ihrem Tochterman/ den sie erwehlen/erwarten. Und in der Warheit/ wenn solcher von der Jagd kömpt/ hat der Vater der Tochter mit den Fellen und Wildwerck / so er

F be-

bekommen / zu diſponiren/wie er will / doch muß
die Tochter auch hergegen Indianiſches Korn
und andere zubereite Speiſen, ihrem Manne
aufftragen / ohngeacht ſie noch nicht beyeinander
wohnen/und in dieſem Zuſtand bringen ſie offt. 5.
oder 6. Jahr zu.

Wenn die Verheyrahtung für ſich gehet/
pflegen ſie Gaſtereyen mit groſſer Pracht und Er-
gezlichkeit anzuſtellen. Bißweilen wird das
gantze Dorff dazu eingeladen / und iſt alsdenn ein
jeder recht luſtig. Nach verrichteter Mahlzeit
ſingen und dantzen ſie wie die Euopæer/ohne nur/
daß ſie ihre eigene Weyſen haben.

Bißweilen verheyrahten ſie ſich in der Stil-
le/und dürffen ſie kaum ein Wort deßwegen
wechſeln. Der Wilde / welcher noch nicht verheyrahtet iſt / ſuchet eine Tochter oder Frau / die
gleichfals noch keinen Mann hat. Er ſaget zu ihr
ohn eintzige Façon: **Wiltu mit mir kommen/ſo
ſoltu meine Frau ſeyn.** Sie antwortet darauf
erſt nichts / ſondern ihr Haupt in ihre Hände
nehmend ſinnet ſie der Sache etwas nach. Indem
ſie nun alſo überleget/was ſie thun will / hält der
Mann auff gleiche Weiſe ſeinen Kopff in der
Hand/und verharret in einem tieffen Stillſchwei-
gen. Nachdem die Frau oder Tochter endlich
einige Zeit es bey ſich erwogen / ſaget ſie : Necho oder Niaoua. welches ſo viel bedeutet als :
Ich bin zu Frieden. Der Mann erhebet ſich
alſobald gleichfals und antwortet Oné. das
heiſt : So iſt die Sache richtig. Des Abends
nim-

nimmet darauff die Frau oder das Mädgen eine
eiserne Axt / oder da die Leute von ihrer Nation
mit den Europäern noch nicht im Handel stehen/
nimpt sie eine die von einem scharffen Stein verfer-
tiget.Sie gehet hin/eine Last von gutem Holtz nieder zu hauen/nach diesem begiebet sie sich nach der
Thür der Cabanne dieses Wilden / und leget ihr
Holtz auff die Erde nieder. Sie gehet hinein
und setzet sich neben diesen Menschen / welcher ihr
nicht die geringste Caresse machet.   Wenn sie
endlich lange, genug ohne Wort-Wechseln beyeinander gesessen/saget der Mann auff Jroquesi-
scher Sprache zu ihr: Sentaouy, Es ist Zeit sich
zu Bette zu begeben/darumb lege dich.   Einige Zeit hernach leget sich dieser Mensch zu ihr/
und schläffet bey ihr nach seinem Belieben.

      Man siehet selten / daß sie wie die Europäer
mit lachen / schertzen und kurtzweilen ihre
Liebe anfangen.   Gleichwie sie mit der grössesten Leichtsinnigkeit sich miteinander in Freundschafft einlassen/also heben sie auch dieselbe wieder
auff. Sie verlassen einander gar leichte und
ohne die geringste Ceremonie. Wenn sie nur zu
einander sagen:Ich verlasse dich / so ist es schon
geschehen. Sie sehen einander nachmahls mit
der eussersten Gleichgültigkeit an/und stellen sich/
als wenn sie einader niemahls gesehen.   Indessen schlagen sie sich bißweilen für ihrer Trennung/
doch pfleget dieses selten zu geschehen.

      Unter den Wilden gegen Norden/ insonder-
heit unter den Jroquesern siehet man etliche
            F 2   Wil-

Wilden/ die 2. Weiber haben / aber das wehret nicht lange. Wenn sie sich einander verlassen/ nimpt die Frau bißweilen allen Haußraht und Felle mit sich. Doch siehet man auch dann und wann / daß sie nichts mehr als ein stück Stoff/ so ihnen zu einem kleinen Rock und Decke dienet/ mit sich nehmen. Gemeiniglich folgen die Kinder ihrer Mutter / welche fortfähret sie zu ernehren / weil die Güter einer jeglichen Familie und Geschlechts gemein sind. Zwar giebet es einige/ welche bey ihren Vätern bleiben / doch lassen durchgehends die Wilden / welche sich von ihren Weibern trennen / ihre Kinder denselben über/ weil sie nicht glauben / daß sie von ihnen gekommen.In welchem Stücke sie auch zum öftern die Warheit sagen/weil wenig wilde Weiber sind/die für Anbietung einer Decken/ Rocks / oder andern Geschenckes/was es auch seyn mag/ es abschlagen solten.

Wenn ihre Kinder von einem Europæer entspriessen / so siehet man solches gleich an dem Gesichte oder Augen. Die Kinder der Wilden sind gantz schwartz / und man mercket keinen Regenbogen in ihren Augen / wie bey den Europäern. Man erkennet auch sie an dem/ daß sie mit weit grösserer Lebhafftigkeit/ wie wir andern/ sich tieffer in die Hölzer begeben / und durchgehends ein weit schärfferers Gesicht als die Europæer haben.

Wären die Frauen der Wilden fähig / eine Heyraht recht zu vollziehen/ und darinne beständig

dig

dig zu verharren/wolten wir/ so viel wir derselben
benöhtiget/gerne den Europäern beylegen. Allein sie haben darzu gantz kein Belieben. Sie
können unmöglich die versprochene eheliche Treue
halten / sondern pflegen sich gar leichte von ihren
Männern abzusondern. Die Erfahrung lässet
uns dieses zur Gnüge sehen / und ihre gewöhnliche Reden über diese Sache legen es mehr als
zu viel an den Tag. Wenn ein Wilder/ der un-
verheyrahtet ist/ durch ein Dorff wandert/ mie-
thet er eine auff eine Nacht oder etliche Wochen/
nachdem es ihm seine Fantasie eingiebet / und
wenn ihr Mann abwesend und auff der Jagd der
Biber ist. Die Eltern haben dawider nichts
einzuwenden / vielmehr thun sie allen Vorschub
darzu/und sind erfreuet / daß ihre Töchter etwas
Gerähte oder Felle gewinnen können.

Gleichwie man aber unterschiedliche Hu-
meurs unter den Europäern findet / also trifft
man sie nicht weniger unter den Wilden an. Einige lieben ihre Frauen mit einer grossen Zärtlich-
keit/ andere hergegen verachten dieselbe gäntzlich. Einige schlagen ihre Weiber und halten
sie übel/wiewohl dieses nicht lange dauret / weil
sie dieselben verlassen : Andere aber sind eiffer-
süchtig. Ich habe einen gesehen / der seine Frau
schlug / weil sie mit andern Persohnen gedantzet
hatte. Welche im übrigen gute Jäger sind / haben gemeiniglich die schönsten/ da indessen die andern sich mit den garstigen und dem Außschuß

F 3 be-

behelffen müſſen. Wenn ſie alt geworden/verlaſ-
ſen ſie ihre Weiber ſelten oder nur aus wichtigen
Urſachen. Einige darunter pflegen 12. oder 15.
Jahr mit ihren Weibern zu leben / welche ver-
zweiffeln wollen/wenn ihr Mann / dafern er ein
guter Jäger/ſie ſitzen läſſet. Dieſes bringet ſie
öffters dahin / daß ſie Gifft einnehmen / wie ich
denn eine geſehen/der ſolches wiederfahren / und
habe ich ihr das Leben mit etwas Theriac erhalten.

Indem dieſe Barbaren im Frühling auff
die Biber-Jagd gehen/ laſſen ſie zum öfftern ihre
Frauen in dem Dorff zurücke/Indianiſches Korn
oder Kürbiſſe zu ſäen. Sie miethen indeſſen
eine andere / die ihnen Geſellſchafft leiſtet / und
wenn ſie wieder zurück kommen / geben ſie ihr ein
paar Biber/und ſchicken ſie zurück in ihre Cabannen. Nachmahls begeben ſie ſich zu ihren rechten Weibern / als wenn nicht das geringſte geſchehen wäre : Dafern ihnen aber die letzten
beſſer gefallen/verwechſeln ſie die erſte ohne façon
und verwundern ſich die Wilden/ daß die Europäer nicht dergleichen thun.

Eines Tages / als ich mich noch in der Feſtung Frontenac unter den Jroqueſern auffhielte/
war der Mann einer Frauen von den Unſrigen
in Canada bey die 20. oder 30. Meilen verreiſet.
Die wilden Weiber gaben ihr die Viſite / und
ſagten zu ihr / daß ſie keinen Verſtand hätte.
Nimjetzund einen andern Mann/ redeten ſie
ihr-

ihr ein/und wenn der deinige auff der Rück-
reise seyn wird/kanstu denjenigen/ so du unterdessen genommen / wieder verlassen. Diese
grosse Unbeständigkeit und stets währender Wech-
sel sind nun Dinge/die den Regeln des Evangelii/
welche wir den Wilden beyzubringen suchen / gerade entgegen stehen / dahero dieselben als eine
von den wichtigsten Hindernissen des Glaubens
an zusehen.

Eine weit andere Beschaffenheit hat es
mit den Völckern gegen Süden / und an dem
Fluß Meschasipi gelegen / als bey welchen die
Polygamie im Schwange gehet. In allen Län-
tern der Louisane findet man Wilden/die zum öfftern 10, oder 12. Weiber haben. Sie vermählen sich offt mit 3. Schwestern / und geben die Ursache / daß sie sich besser als die Frembden vertragen werden.

Wenn eine Manns-Persohn die Eltern der
Tochter/die er heyrahten will/beschencket/so ist sie
seine eigene/dieweil er lebet und so lange er sie behalten will. Bißweilen pflegen die Eltern ihre
Kinder von ihren Eydammen zurücke zu 'nehmen / und ihnen die empfangene Geschencke wieder zugeben/aber dieses geschiehet selten. Wenn
eine Frau an ihrem Manne untreu wird/ schnei-
tet derselbe ihr die Nase oder das Ohr ab / oder
gibt ihr sonst einen Schnit ins Gesichte mit einem
steinernen Messer. Tödtet er sie/ so darff er nur
ein Geschencke den Eltern der Entleibten zu Stil-
lung ihrer Thränen geben/und alsdenn ist er da-

F 4　　　　　　von

von loß. Ich habe viele gesehen/die im Gesicht gezeichnet waren / und nichts destoweniger mit den unglückseligen Kinder zeugeten.

Die Männer in den warmen Ländern sind weit eyfersüchtiger über ihre Weiber / als die gegen Norden wohnen. Sie sind so delicat in diesem Stücke/daß sie sich offt verwundern/ oder bißweilen/ich weiß nicht aus was für einer blinden Liebes-Entzückung/ die sie zu dieser Raserey treibet/sich selbst das Leben nehmen.

Das bewundernswürdigste ist / daß diese junge Krieger unter den Wilden sich ihren Weibern gemeiniglich nicht für dem 30. Jahr nähern/ weil die Gemeinschafft mit den Frauen / wie sie sagen/sie erschöffet/ihre Knie schwächet / und sie gantz ungeschickt zum lauffen machet. Diejenigen/die eher bey ihren Frauen schlaffen/ passiren für Leute / die weder zum Kriege noch zur Jagd geschickt seyn. Sie werden verachtet und man hält sie für weibisch.

Die Männer gegen Süden gehen gemeiniglich nackt / aber die Frauen sind daselbst mit einem sehr proper zu bereiteten Felle / sonderlich bey Däntzen und Ceremonien/zum theil bedecket. Die Mädgen haben hangende Locken und Ketten/und die Frauen tragen ihre Haare auffgebunden. Sie beschmieren dieselbe / und bemahlen so wohl als die Männer das Gesicht mit allerley Farben.

Das

Das XVIII. Cap.

Von den Artzeney-Mitteln/ deren
sich die Wilden in ihren Kranckheiten bedienen: Von den Quackſal-
bern/ſo ſie unter ſich haben/ imgleichen eine Erzehlung ihrer Meynung/
die ſie von der Tauffe eines Kindes
gehabt haben/ als der Author bey ihnen war.

WEnn die Wilden ſehr ermüdet ſind / ſo
gehen ſie in eine Stube/ ihre Glieder zu
erfriſchen. Daferne ſie in ihren Schen-
ckeln oder Hüfften einiges übel haben/
ſo nehmen ſie ein Meſſer oder ſcharffen Stein/
und ſchaben denjenigen Theil / wo der Schmertze
iſt/ und wenn das Blut darnach flieſſet / ſo ſchaben ſie mit ihren Meſſern und Steinen daſſelbe
ſo lange/ biß es auffhöret/ und nachmahls reiben
ſie die wunde mit Beerenöl und mit dem Fette
der wilden Thiere. Dieſes iſt ein allgemeines
Mittel/ und ſie bedienen ſich deſſelben gleichfalß/
wenn ihnen der Kopff oder die Armen wehe thun.
Umb ſich von dem 3. oder 4 tägigen Fieber zu befreyen / ſo bereiten ſie eine Artzeney aus einer
gewiſſen Rinde/ welche ſie kochen und nachmahls
den Krancken/ wenn das Fieber kompt/ verſchlu-
cken laſſen. Sie kennen ſehr wohl die Kräuter
und Wurtzeln/ mit welchen ſie viele Kranckheiten

F 4   hei-

heilen ; sie haben sichere Mittel wider den
Gifft der Kröten/gifftiger Schlangen und anderer gefährlichen Thiere. Doch findet man kein
Mittel wider die Kinderpocken bey ihnen. Es
sind auch unter ihnen Quacksalber / derer unter
dem Nahmen der Gauckler schon Erwehnung geschehen ist. Dieses sind gewisse Alte unter den
Wilden/die auff eines andern Unkosten leben/sich
auff eine aberglaubische Art als Medicos auff-
führen/aber in der That gemeine Mittel appliciren ; doch wenn man sie zu einem Krancken ruf-
fet/lassen sie sich bitten/als wenn sie die allerwich-
tigste und schwereste Geschäffte verrichten solten.
Dieser Gauckler kommet endlich nach vielem
nöthigen/nähert sich dem Krancken/berühret dessen gantzen Leib / und nachdem er ihn wol be-
tastet/angegriffen und betrachtet hat/saget er/ daß
er kranck an diesem oder jenem Theil sey / nehmlich an dem Kopff/ an dem Bein / oder an dem
Magen/nachdem ers gut befindet. Er setzet hin-
zu/daß man ihn von dieser Kranckheit befreyen
müsse/doch werde es nicht ohne grosse Schwürig-
keiten geschehen können/und müsse man viel Mittel gebrauchen/ehe man seinen Zweck erreiche.

Dieser Zufall ist übel/sagt er / doch muß
man ihn vertreiben / es komme einem so hoch zu
stehen als es immer wolle. Die Freunde des
Krancken/welche alle demjenigen / was dieser
Gauckler spricht/ blindlings Beyfall geben/ ant-
worten/ tchagon, tchagon, das ist/Courage!
Cou-

Courage! Thue was du kanst/und spare nichts
von dem/das du weissest. Alsdenn lässet sich
dieser Gauckler mit einer Gravität nieder / und
sinnet einige Zeit auff die Schein-Mittel / derer
er sich bedienen will. Wenn er nun nach diesem/
als aus einem tieffen Schlaff/ zu sich selber kom-
met/stehet er auff und schreyet; Wolan! es ist geschehen. Er redet darauff den andern an:
Höre/das Leben deines Weibes oder Kindes
ist kostbahr/schone dahero nichts / dasselbige
zu erhalten. Du must heute eine Gasterey
anstellen/dieses oder jenes schencken / oder
auch thun. Und wird solches blindlings in einem Augenblick vollenzogen. Die andern
Wilden setzen sich in eine Stube/singen mit auff-
gespertem Halße / und lassen mit Schilden von
Schildkröten/ oder Kürbissen mit Indianischem
Korn angefüllet/leiten/ nach welchem Schall die
Männer und Weiber tantzen. Sie sauffen sich
auch bißweilen voll Brandtewein / welchen
sie von den Europäern eingetauschet/und machen
im übrigen ein erschrecklich Geräusche.

Indem sie nun alle sich lustig machen/ist dieser alte Quacksalber bey dem Krancken. Er quä-
let ihn/indem er ihn bey dem Fuß oder Arm hält/
drücket und ersticket ihn halb. Gewiß der Pa-
tiente muß so unglaubliche Schmertzen aldenn
außstehen / daß er auch darüber sterben möchte.
Am Ende der Finger und der Zehen drücket er ihm
das Blut herauß/und nachdem dieses alles verrichtet / weiset er als ein warhafftiger Taschen-

F 5   spieler

spieler ein stück Fell / oder eine Flechte von Wei-
ber-Haaren/oder dergleichen Sachen/ sprechend/
daß dieses das Ubel sey/ welches er aus dem Leibe
des Krancken gezogen. Indessen ist dieses alles
eine blosse Betriegerey.

Ich taufte eines Tages ein kleines Kind
der Wilden / welches in Todes-Gesahr zu schwe-
ben schiene/wiewohl es des andern Tages wider
mein Vermuhten sich in einem guten Zustand be-
sand. Gleich wie nun einige Zeit hernach die
Mutter den andern Frauen in meiner Gegenwart erzehlete / daß ich ihr Kind geheilet; also
hielt sie mich für einen Gauckler/sagende/ daß ich
recht wundersam wäre / indem ich alle Kranckheiten / wenn ich nur einiges Wasser auff den
Kopff oder die Stirne gösse/ heilen könte. Die
Gauckler verdrießlich über den Discurs dieses
Weibes fiengen anzusagen/daß ich ein saurer und
melancholischer Kopff wäre/und nur von Schlangen und Gifft lebete / auch die Leute meines gleichen den Donner frässen. Die Wilden hörten
diese frembde Erzehlnng / welche die Leute aus
Veranlassung der Tauffe dieses Kindes fürbrach-
ten/mit Verwunderung an. Diese Betrieger
setzten auch hinzu / daß unsere Geburtsglieder eine Aehnligkeit mit den wilden Thieren/ und die
Weiber in Europa nur eine Brust mitten in ihrem Schoß hätten / auch 5. oder 6. Kinder zugleich zur Welt brächten.Sie erzehlten noch viele
andere Thorheiten/ uns verhasset zu machen/ und
bedieneten sich dieses Griffes darumb / weil sie
glaub-

glaubten/daß dasjenige/so ich gethan/ sie umb alle
ihren Credit bringen/und sie dadurch vieler guten
Mahlzeiten beraubet seyn würden.

Diese gute Leute / welche sich leicht betriegen lassen/fiengen darauff an/ einen Argwohn von
mir zu schöpffen / denn so bald einer unter ihnen
in eine Kranckheit gefallen/fragten sie mich/ob ich
ihn etwa vergifftet hätte/ und daferne ich ihn nicht
heilete/wolte man mich alsobald tödten. Ich hatte bißweilen viele mühe sie zu frieden zu stellen/in-
dem ich sie mit Messern/Nateln/ Pfriemen / und
andern Kleinigkeiten von schlechtem Wehrt unter uns / die aber von den Wilden sehr hoch ge-
achtet werden/beschenckete. Bißweilen gab ich
auch dem Krancken ein wenig Theriac/ damit ich
zum öfftern dessen Kranckheit linderte. Sie haben gerne unsere Artzeneyen/ weil sie sich sehr gut
nach denselbigen befinden; schlagen dieselbe aber
nicht an/so schreiben sie den Mangel nicht der übe-
len Disposition des Krancken / sondern allezeit
der Artzeney selbsten zu.

Das XIX. Cap.

Von der Beschaffenheit der Wil-
den und ihrer Natur.

Nsgemein davon zu reden / so sind die
Wilden sehr starck. So wohl die Männer als Weiber und Kinder sind von ei-

ner

ner vollkommenen Lebhafftigkeit/ daher sie auch
gar selten kranck werden. Sie wissen nicht/ was
das heisse/ein zärtliches Leben führen/ deßwegen
sie auch niemahls denen Unbequemlichkeiten/wel-
che die grosse Weichligkeit uns verursachet/unter-
worffen sind. Sie haben weder die Gicht noch
Wasser-Sucht/ und klagen so wenig über Kopff-
Schmertzen/als über das Fieber. Sie empfinden niemahls etwas von den Kranckheiten/ darin
die Europæer aus Mangel der Bewegung fal-
len/ und spüren sie allezeit guten Appetit zum essen bey sich. Sie sind der Fresserey so sehr ergeben / daß sie auch des Nachts auffstehen umb zu
essen/und dafern sie einiges Wildwerck oder andere Kost ungefehr bey sich haben/ so hören sie nicht
ehe auff/ biß sie alles wie die Hunde verschlucket
haben.

Indessen halten sie bißweilen grosse Fasten/
welche den Europæern ohne zweiffel unerträglich
wären. Sie nehmen offt in 2. oder 3. Tagen/
daferne es die Gelegenheit nicht anders zuläst/
keine Speisen zu sich/ und setzen demnach ihre Arbeit / es mag nun im Kriege oder auff der Jagd
oder auch bey der Fischerey seyn/fort. Die Kinder der Wilden / so gegen Norden wohnen/sind
von der Kälte so hart gemacht/ daß sie auch mitten im Winter gantz nackend im Schnee lauffen/
und sich in demselben/ wie die Färckel des Sommers in den Pfützen/weltzen. Ja wenn die Lufft
mit Mücken angefüllet ist/ so empfinden sie auch
das geringste stechen nicht.

Es

Es ist zwar war/ daß die starcke Lufft/ an die
man sie von ihrer Geburt an kommen läst/ einiger
maßen zur Verhärtung ihres Felles / die Arbeit
außzustehen/ vieles contribuiret. Indessen muß
man doch zugeben/ daß diese grosse Unempfindlig-
keit von einem starcken und frischen Temperament
herkomme. Denn unsere Hände und Gesichter
sind in der That allezeit der Lufft exponiret / und
dennoch empfinden sie die Kälte. Wenn die
Wilden sonderlich im Frühling auff der Jagd
sind/ so leben sie bey nahe täglich im Wasser/ und
obwohl dasselbe sehr kalt / so pflegen sie sich doch
frisch und wacker aus demselben zu erheben/ und
ohne die geringste Klagen nach ihren Cabannen
zukehren.

Sind sie im Krieg/ so liegen sie offt 3. oder 4.
Tage hinter einem Baum fast ohne das geringste zu essen stille/ und halten sich so lange in diesem
Hinderhalt auff/ biß sie die Gelegenheit erssehen/
da sie einen glücklichen Streich wagen können.
Auff den Jagden ermüden sie niemahls/ sondern
lauffen geschwinde und eine sehr lange Zeit
herumb.

Die Völcker/ welche in Louisane und an dem
Fluß Meschasipi wohnen / lauffen geschwinder
als die Jroqueser. Man findet bey ihnen keine
Ochsen/ oder wilde Auer-Ochsen / welchen sie es
im Lauffen nicht gleich thun solten. Diese Wilden gegen Süden/ ob sie wohl in einem viel wär-
mern und ergetzlichern Lande als die gegen Norden wohnen / sind nichts destoweniger starck und

iu

zu aller Arbeit so wohl als die Wilden gegen Norden geschickt / ohngeacht diese letzten auff dem
Schnee in einer Decken eingewickelt / ohne Feuer
und Cabanne schlaffen.

Die Complexion der Weiber ist nicht weniger als der Männer ihre lebhafft / ja auff gewisse Weise noch frischer und stärcker. Diese
Weiber sind geschickt/allerhand Last zu tragen,
und zwar mit solcher Stärcke / dergleichen man
bey wenig Europæern findet. Sie tragen eine
solche Schwere / die 3. oder 4. andere kaum
auffheben könten/ und habe ich in meinem ersten
Theil schon erinnert / daß sie eine Last von 3. oder
400. Pfund auff sich nehmen und ihre Kinder/
die sie nicht einmahl mitrechnen/ oben darauff setzen. In diesem Zustand marchiren sie 4. oder
5. Meilen und ob sie gleich langsahm gehen / kommen sie dennoch endlich an den verlangten Orth.

Die Soldaten treten eine Reise von 3. oder
400. Meilen an/und achten sie so wenig/ als wir
einen Spatziergang von Amsterdam nach Breda
zu æstimiren pflegen. Sie nehmen nicht das geringste Proviant mit auff den Weg/ sondern leben von der Jagd/ darauff sie täglich gehen. Sie
nehmen nur ein Messer mit sich/umb Bogen und
Pfeile zu schneiden/ und mehr brauchen sie nicht/
eine Reise/daferne ihnen die Lust ankähme/ von
mehr als 1000. Meilen abzulegen.

Die Wilden Frauen bringen ihre Kinder
ohne

hne die geringſte Mühe zur Welt. Einige un-
er ihnen verlaſſen ihre Cabannen und begeben
ch allein an einen beſondern Ort in dem nechſt-
elegenen Holtze. Nachmahls kommen ſie mit
em Kinde / welches ſie an das Tages-Liecht ge-
racht/ wiederumb zurücke/und haben es in ihren
Decken oder zubereiteten Fellen eingewickelt.Die
ndern/dafern ſie die Wehen des Nachts überfal-
en/entledigen ſich ihrer Kinder ohne das gering-
te Geräuſche oder Geſchrey auff ihren Matten.
Des Morgends ſtehen ſie auff uud arbeiten auſ-
er oder in ihren Häuſern / als wenn ihnen nicht
das geringſte widerfahren wäre..

Während ihres Schwanger-ſeyens unter-
laſſen ſie nicht ſchwere Laſten zu tragen / India-
niſch Korn und Kürbiß zu ſäen und aus und einzugehen. Es iſt zu verwundern/daß ihre Kinder
alle wohl gebildet ſind/und ſiehet man ſelten unter
ihnen einige/die gebrechlich wären. Wie man
demnach an ihren Leibern nicht den geringſten
Fehler ſpüret/alſo bilde ich mir ein/daß man ihre
Gemühter leicht nach unſerer Lebens-Arth lencken könte/wenn man ihre wilde und barbariſche
Gemühter zu beſänfftigen ſich mit ihnen in Gemeinſchafft einlieſſe und ſie unterwieſe.

Das XX. Cap.

Beſchreibung der Wilden/die bekleidet und unbekleidet ſind.

Die

Ie Wilden im Mitternächtigen America gegen der Norder-Seite sind täglich/
nach Bericht ihrer Vorfahren/ bedecket
gegangen/ auch ehe sie in Bekandschafft
mit den Europæern gekommen. So wohl die
Männer als Frauen haben sich mit zubereiteten
Fellen bekleidet/ und man siehet sie noch heute zu
Tage in derselbigen Tracht. Die mit den Europæern umbgehen/ tragen gemeiniglich ein
Hembd/eine Kappe mit einer Mützen/ und ein
stück Lacken/ welches hinten und forne mit einem
Gärtel gebunden ist/ und ihnen biß auff die Knie
hänget. Sie haben Strümpffe biß an die En-
ckel/und ihre Schue sind aus zubereitetem Leder
verfertiget.

Wenn sie im Frühling von der Jagd kom-
men/ pflegen sie für ihre Felle Röcke/
Strümpffe und Schuhe einzutauschen. Einige
bedienen sich aus Gefälligkeit gegen die Europäer
der Hüte. Bißweilen pflegen sie sich nur bloß
in Decken/wenn sie in ihren Cabannen sind/ einzu-
hüllen/ derer Ecken sie mit den Händen fest halten. Bißweilen gehen sie gantz nackt/ nichts als
ein stück Lacken habende/ damit sie sich des Winters umbgürten. Es ist solches umb die Lenden fest und hänget ihnen über die Hufft biß
auff die Knie.

Gehen diese Wilden in Krieg oder zu einer
Gasterey/ so beschmieren sie das gantze Gesichte
mit rohter oder schwartzer Farbe/ damit ihre
Feinde

:inde sie nicht sollen vom Schrecken erblasset se-
n. Sie machen auch ihre Haare roht und be-
)neiden/ sonderlich die Wilden gegen Norden/
lche auff unterschiedliche Weise. Die gegen
süden wohnen / schneiden sie gänzlich ab / oder
legen sie vielmehr mit glüenden Pfriemen ab-
)sengen. Die von Süden etwas weiter entfernet
·ohnen / brennen sie nur bloß an den Ohren ab.
ßißweilen lassen die Völcker gegen Norden die-
·lbe auff einer Seiten als eine Flechte hängen/
ind schneiden sie / nachdem es ihnen einfällt/
ıu der andern Seiten ab.

Man findet Wilden/die ihre Haare mit Oel
)eschmieren / und nachmahls kleine Federn auff
hre Häupter stecken. Bißweilen zieren sie das-
·elbe mit grossen vielfältigen Federn/die sie an die
Ohren fest machen. Andere machen solche Zie-
rahten von den Schalen vom Birckenbaum; etliche wiederumb von zubereitetem Leder/ welches
sehr artlich stehet / und alsdenn scheinen sie wie
(ewisse Soldaten des Cæsars/ welche ehemahls
mit unterschiedlichen Farben bemahlet waren/
und man muß sich billig über ihre Thorheit verwundern.

Die Weiber gegen Norden sind wie die
Männer gekleidet/ausgenommen / daß sie ein
stück Stoff/ auff die Weise eines Frauen-Rocks/
der ihnen bey nahe biß auff die Knie gehet / umb
sich gebunden haben. Wenn sie ihre Gastereyen
besuchen/hengen sie alles umb/was sie haben/ und
be-

beſchmieren die Schläffe/Wangen und Spitze des
Kinnes mit dreyerley art Farben. Die Jungen gehen ſo lange nackt / biß ſie fähig ſind zu
Heyrahten. Und ob ſie gleich nicht gantz unbekleidet ſind / ſo ſiehet man doch an ihnen allezeit
dasjenige bloß/ welches die Natur will bedeckt
haben/ſie möchten denn Hemd oder an haben. Die
kleinen Mädgen fangen im 5ten oder 6ten Jahr
ihres Alters an ſich zu bedecken/ und alsdenn haben ſie ein ſtück Stoff an/welches von den Lenden
biß auff die Knie gehet. Da wir ſie in ihren Cabannen beſuchten/ſie zu unterrichten/ nöhtigten
wir ſie / ſich zu bedecken/ welches auch ſeine gute
Wirckung hatte. Man ſiehet / daß ſie anfangen
ſich für ihrer blöſſe zu ſchämen und ſich ein wenig
mehr als vormahls zu bedecken.

Eine weit andere Beſchaffenheit hat es a-
ber mit den wilden Mädgen in der Louiſane und
an dem Fluß Meſchaſipi / welche in Süd-Weſten
und Canada/ ſo über 1000. Meilen von Quebeck
entfernet iſt/wohnen. Man ſiehet daſelbſt die
Mädgen gantz nackt und unbedeckt / und ſolches
biß zu ihrer Verheyrahtung. Weil ſie auch zu
dieſer Blöſſe ſich gewehnet/ſo pflegen ſie deßwegen
nicht die geringſte Scham zu bezeugen.

Die Männer / Weiber und ſonderlich die
jungen Mädgen tragen an ihrem Halße geſchnit-
tene Steine und Muſcheln aus dem Meer von
allerhand Figuren. Sie haben auch Muſcheln/
die eines Fingers lang / und als kleine Pfeiffen

estalt sind / die ihnen an statt der Ohrgehänge
ienen. Man findet überdem gewisse Gürtel bey
)nen / derer einige aus Muscheln / andere aber
us Igelshäuten verfertiget sind. Einige sind
on Bären-Haut gemachet / und einige von etwas
nders.

Die ansehnlichsten Wilden tragen auff ih-
en Rücken mit grosser Gravität einen kleinen
Sack / darin sie ihre Pfeiffe / Toback / Feuerschlag
nd andere Kleinigkeiten haben. Sie können
antz geschickt ihren von Bären-Ottern-Bibern-
hwartzen Eichhörner-Wolffs-und Löwen-Häu-
en zubereiteten Fellen die Gestalt eines Man-
els oder Rocks geben; sie bedienen sich derselben
a den Versamblungen zu erscheinen / und führen
ch in denselben mit solcher Ernsthafftigkeit auff /
ls der Präsident zu Mortier oder die Rahts-
Herren zu Venedig.

Die Wilden hingegen / welche wir bey unse-
er letzten Entdeckung zwischen dem Eiß-Meer
nd Neu-Mexico gesehen / gehen bey allen Gele-
enheiten gantz nackend. Dieses nöhtigte mich /
ines Tages zum Pater Gabriel / als wir uns bey
en Illinesern auffhielten / zusagen / daß diese
Wilden dem Schein nach nicht in Adam gesün-
iget / weil dieser erste Mensch sich mit Feigen-
blättern bedeckte / und nach seinem Fall ein aus
ellen verfertigtes Kleid bekam. Diese Wil-
en haben in der That nicht den geringsten
Schatten von der Schamhafftigkeit / indem sie

na-

nacket gehen/ja es scheinet/ daß sie eine Ehre da
inne suchen. Wenn sie miteinander reden / b
dienen sie sich öffters dieser Wörter / Tschetang
welche zu unreinen Dingen gebraucht werde
und die sie mich auffzuschreiben nöthigen wolte
als ich an einem Dictionario arbeitete/und sie m
die Theile des Leibes nenneten.

Was ich auch zu dem Pater Gabriel v
Ribourde gesprochen/so bin ich doch aus der heil
gen Schrifft überzeuget/daß alle Menschen in d
Welt von Adam herstammen/ und also die Wi
den so wohl als andere Menschen Sünder u
durch die Geburth verdorben sind / auch in ihr
Sünden sterben werden/woferne sie das Evang
lium nicht annehmen. Denn es ist kein and
Nahme den Menschen gegeben / darinne s
sollen seelig werden/denn allein in dem Nah
men JEsu. Ich weiß ja wohl/ daß die Kleid
nicht seelig machen/ aber wenn diese arme Leu
nur nach dem natürlichen Gesetze leben wolte
würde GOtt eher grosse Wunder thun / als da
er sie in ihrer Unwissenheit untergehen lassen so
te. Er würde ohne zweiffel sie zu der Erkänd
niß seiner Warheit kommen lassen und Mitt
darzu erwehlen/darauß man seine tieffe Weißhe
zur Gnüge spüren könte. Aber ach wie unglü
seelig sind doch diese Barbaren! sie beleidige
das natürliche Gesetz/und leben in einer grosse
Dumheit und erschrecklichem Verderben / we
ches sie gänzlich dem Zorn Gottes unterwirffet.

Jr

Indeſſen ſollen die Chriſten / welche von deñ
ligmachenden Strahlen der Warheit erleuch-
ſind/mit allen Kräfften dahin arbeiten/ daß ſie
ſe elende Blinde aus ihrer tieffen Finſterniß
rauß reiſſen / damit ſie ſie zu dem Liecht des E-
ngelii und zu der Hoffnung der Seeligkeit füh-
n mögen. Durch dieſes Mittel können ſie
ß Reich GOttes daſelbſt ausbreiten/und dieſe
me Leute von der Verdammniß erretten. Zu-
m Ende müſſen ſie daſelbſt neue Colonien auff-
chten / die durch ihren Umbgang dieſe Barba-
n zu Menſchen machen / und durch ihre Liebes-
Zercke/Unterweiſungen/gute Exempel/zeitlichen
ortheil/den ſie aus dem Umbgang der Europäer
ſöpffen/ſie dahin bringen / daß ſie mehr und
ehr zum Chriſtenthum geſchickt und zum Umb-
ng bequemer und freundlicher / als ſie bißhero
weſen/werden.

Das XXI. Cap.

Von den Spielen und Ergetzlig-
eiten der Wilden.

Die Wilden in dem Mitternächtigen A-
merica habē gewiſſe Spiele für die Männer und Kinder. Die gewöhnligſte Spiele
der Männer beſtehen aus gewiſſen
üchten/die auff der einen Seiten ſchwartze auff
r andern aber weiſſe Kern haben. Sie legen
ſelbe in eine höltzerne Schüſſel/ die zwar ſehr
breit

breit aber nicht allzutieff ist/oder auch in ein B
cken aus der Rinde des Birckenbaums gemach
und setzen sie auff ein zubereitetes Fell / wollen
Decke/Rock vom Biber-Fell/oder auch eine Ka
pe. 6. oder 7. spielen auff einmahl ; aber es sin
nur 2. die eins umbs ander mit 2. Händen di
Schüssel berühren. Sie heben sie auff un
nachmahls stoßen sie den Grund der Schüsse
gegen die Erde / umb die 6. Kerne durch die
Bewegung zu vermischen.

Wenn 5. schwartze oder weiße auff eine
Seite liegen/ist nur ein Spiel gewonnen/weil si
gemeiniglich viel Spiele spielen/ehe sie den Loh
darüber sie einig worden sind/gewinnen. Diejen
ge/so miteinander halten / spielen einer nach de
andern/ und sind etliche unter den Wilden die
Spiel so ergeben/ daß sie offt ihre Kappe und g
füttertes Kleid verspielen. Die spielend
schreyen gemeiniglich mit vollem Halse und mi
solcher Hefftigkeit / als wenn ein gantzes Reic
auff dem Spiel stünde. Sie machen dieses Gerä
sche / als wenn sie dadurch das Glück zwinge
wolten/daß es ihnen günstig seyn müste. Inde
sie die Schüssel bewegen/ schlagen sie einander au
die Axeln/daß sie gantz schwartz davon werden/un
man solte sagen/ daß das Blut zwischen Fell un
Fleisch geronnen wäre.

Diese Barbaren spielen auch öffters mi
Stroh/Sträuchern von Kräutern oder Zweige
vo

von Bäumen/die ungefehr eines Fusses lang sind.
Einer darunter nimpt sie alle in die Hand/ nach
mahls theilet er sie in 2 Theile / ohne daß er sie
ansehen solte/und giebet ein Theil davon seinem
Gegenpart.   Derjenige / so gerade oder un
gerade hat / nachdem sie es abgeredet /
gewinnet das Spiel.   Ob nun wohl die Kin
der bißweilen sich gleichfalß in dieses Spiel ein
lassen/so thun es doch die Erwachsenen vielmehr.
Weder die Weiber noch die Mädgen dürffen sich
im übrigen in dieses Spiel einmischen / wiewohl
ich die Ursachen davon nicht erfahren können.

Sie haben noch ein ander Spiel / welches
auch die Kinder in Europa zu spielen pflegen.
Sie nehmen Indianisch Korn oder dergleichen/
und wenn sie etwas davon in eine Hand genom
men haben/fragen sie/ wie viel da sind. Der nun
die Zahl errähtet/gewinnet das Spiel.

Diese Barbaren haben noch ein ander
Spiel / damit sie sich sehr ergetzen/und es in Iro
quesischer Sprache Ououbayent nennen/wie
wohl es mehr eine Kauffmannschafft als Spiel
ist.   Sie setzen sich nemblich in 2. Cabannen/
und sind 6. in der einen und 6. in der andern. Ei
ner kömpt nachmahls hervor/ welcher das Hauß
gerähte / etliche Fellen oder was sie sonst zu ver
tauschen belieben/trägt und damit für die andere
Cabanne gehet.   Er macht dafür ein gewisses
Geschrey/und die in der Cabanne sind/ antworten

G   dar

darauff gleichsam als ein Echo. Der erste nähert sich und singet mit lauter Stimme/ wer will dieses kauffen/oder eintauschen/was ich in meinen Händen trage/ das Wort Ounonhayenti dabey wiederholend. Die in der Cabanne antworten darauff mit vollem Halse Hon, Hon, Hon, Hon, Hon, 5mahl nacheinander. Wenn nun der Ruffer und der Käuffer beyderseits ihr Lied geendiget/ wirfft dieser die Kauffmans-Wahre in die Cabanne / und kehret in die seinige wieder zurück.

Nachdem nun die 6. andern den Preiß der Sache/ die dieser Mensch unter sie geworffen/ überleget/ senden sie einen aus ihnen ab / den Verkäuffer zu fragen / ob er davor eine Kappe / ein Hembd/ein paar Schue / oder dergleichen haben wolle. Nachmahls ist ein anderer unter ihnen/ der ein Equivalent der vorigen Wahre hinüber träget/oder man gibt ihm auch die Kauffmanns-Wahre / die herein geworffen worden/wieder/ daferne sie nicht angenehm/ oder nicht so viel/ als das angebotene austräget/wehrt ist.

Diese Ceremonien sind mit unterschiedlichen Liedern begleitet/ die man von beyden Seiten singet. Gantze Dorffschafften besuchen bißweilen einander / mehr aus Begierde/ sich in dem Spiel Ounonhayenti zu ergetzen/als einander zu sehen. Dieses Wort bedeutet einen Contract/ da man etwas giebet und für das gegebene etwas wieder empfänget.

Denn

enn die Jroquesische Sprache hat lauter Com-
sita/und ein einiges ihrer Wörter bedeutet offt
oder 6. Frantzösische: wie/zum Exempel/ das
Wort Gannoron so viel heist/ als eine Sache/
e von grosser Wichtigkeit ist.

Die Kinder der Wilden haben noch ein
der Spiel/ und pflegen sie sich zu demselben ei-
es Bogens und 2er Stecken / eines grossen und
es kleinen/ zu bedienen. Den kleinen halten
in der rechten Hand und schlagen nachmahls
it dem grossen nach demselben/daß er ihnen aus
n Händen springet. Ein ander gehet darauff
/ihn zu suchen/und wirffet damit nach demjeni-
n/der ihn weggeschlagen hat. Welches Spiel
ichsalß mit dem spielen der Kinder in Europa
e Aehnligkeit hat.

Sie machen auch einen Ball von Binsen o-
r Blättern von Indianischem Korn. Nach-
ahls werffen sie ihn in die Lufft und fangen ihn
eder auff einem gespitzten Stecken. Die vor-
hmen Persohnen/ so wohl männlichen als
iblichen Geschlechts/ pflegen einander des
inters beym Feuer/gleich den Europäern/ mit
erhand Erzehlungen zu unterhalten / umb die
it desto leichter zu passiren.

Das XXII. Cap.

Wie die Wilden ihre Kriege füh-
n und zur Rache geneiget seyn.

G 2   Die

Je Wilden in America haben bey nahe alle miteinander eine grosse Neigung zum Kriege/indem sie alle sehr Rachgierig sind. Daferne sie einmahl von jemanden/ der nicht ihres Geschlechts ist / einiges Mißvergnügen empfangen / müssen sie früh oder spat an ihm Rache üben / und solten sie dieselbe auch biß ins 3te oder 4te Glied verschieben. Sie haben keine Ruhe weder Tag noch Nacht/ biß sie sich in diesem Stücke vergnüget haben / und rotten gemeiniglich/ dafern sie können/den grössesten Theil derselben Völcker aus / an denen sie sich rächen wollen/und die übergebliebene zwingen sie/ unter sie zu wohnen und ihren Lebens-Arten in allem zu folgen.

Die Iroqueser/ welchen nachmahls die Sweden/ die Holländer / die Engelländer und Frantzosen Gewehre gegeben / haben durch dieses Mittel sich den Nahmen der streitbahrsten Völcker/die man jetzo unter den Wilden findet/zu wege gebracht. Sie haben die fürtrefflichsten Soldaten unter den Hurons ruiniret / und den Rest gezwungen/ sich unter ihnen niederzulassen/umb mit gesambter Hand ihre Feinde/ die 5. biß 600. Meilen von ihren 5. Cantons wohnen/ zu überziehen. Sie haben über 2. Millionen Menschen niedergemachet/ und sind noch würcklich mit den Einwohnern in Canada im Kriege begriffen.

Wo Franckreich die Canadier nicht mit Krie-

Krieges-und Lebens-Vorraht versiehet/ sind die
Froqueser fähig/ sie aus den Ursachen/ die wir im
vorigen Buche berühret/ in Grund zu verderben.
Diese Barbaren können/ wie die Erfahrung leh-
ret/ gar leichtlich ihre Nachbahren ruiniren/ da
man hergegen ihnen nichts abgewinnen kan/ weil
alle ihre Zurüstungen von schlechter Wichtigkeit
sind. Diese wilde Nation kan leichtlich allen
Handel ihrer Nachbahren/ welche von nichts als
meisten theils von den Fellen / die sie von den
Wilden empfangen / leben/ auffheben/ und die
Colonien aus Europa sind daselbst noch nicht so
sehr bestätiget/daß sie ohne Kauffmanschafft leben
könten/wo ihnen die Schiffe nicht ihren nöhtigen
Unterhalt zuführen. Im übrigen sind die Iroqueser recht boßhaffte und tückische Leute/und gleichen den jungen ungezähmten Pferden/denen ihre
eigene Stärcke unbekandt ist. Sie sind fähig/
aus gewissen Ursachen/ die die Vorsichtigkeit/be-
stand zu machen/mir nicht erlaubet / ihre Nachbahren in das höchste Elend zustürtzen / und hätten sie für nicht gar zu langer Zeit gantz Canada
verwüstet / wenn sie der Herr Graff von Frontenac nicht durch seine Freundlichkeit gewonnen
hätte. Sie sind die schrecklichsten Feinde/ die die
Europäer in gantz America haben / und ob ich
wohl diese Anmerckung nur obenhin hie mache/ so
ist sie dennoch gantz gewiß/ weil ich diese Völcker
aus dem grunde kenne. Ich bin 4. gantzer Jahr
unter ihnen gewesen / und habe sie noch in den ü-
rigen 4.Jahren zum öfftern besuchet. Ich bin

G 3

viel-

vielmahls als Abgesandter bey ihnen gewesen/ und sie haben mir viel Freundschafft erwiesen.

Diese Nation hat mit vielen Völckern das Garaus gespielet / und die von der Niederlage noch übrig waren/ sind stets genöhtiget worden/ sich ihnen zu ergeben. Die Iroqueser haben unter sich gewisse ansehnliche Leute / welche gleichsam ihre Häupter und Anführer auff den Reisen sind. Sie führen auch Leute mit sich / denen sie allenthalben folgen und alles thun/ was ihnen befohlen wird. Für ihrer Abreise versehen sie sich mit gutem Gewehr/ welches sie für Felle von den Europäern eintauschen. Sie nehmen mit sich Pulver/ Kugeln/ Kessel/ Aexte und andere zum Kriege nohtwendige Dinge. Bißweilen führen sie auch junge Weiber und Jünglinge mit sich/ die sie allenthalben begleiten/und marchiren sie in dieser Equipage bißweilen 3. biß 400. Meilen.

Wenn sie sich dem Ort / welchen sie überziehen wollen/ nähern/ marchiren sie langsähm und mit grosser Fürsichtigkeit. Niemahls erlegen sie einige wilde Thiere / aus Furcht entdecket zu werden. Denn wenn sie loß drücken wollen / betrachten sie alle Zugänge genau/ und sehen sich allenthalben scharff umb/ damit sie nicht überfallen werden. Sie schicken Spionen allenthalben aus / umb den Eingang zu den Dörffern zu entdecken und zu sehen / wo sie den Anfall am besten wagen oder jemand auffangen können. Dieses ge-

geschiehet zum öfftern / weil sie allezeit verrähterischer Weise die Leute überfallen.

Was das Verstecken in den Büschen betrifft/ so sind keine Soldaten in gantz America/ die sie übertreffen. Wenn sie die Menschen auskundschafften wollen/ verstecken sie sich hinter den Baum/ als wenn sie ein wildes Thier tödten wollen. Sie halten den für einen guten Krieges-Mann/ der seine Feinde geschickt überfallen kan. Daferne sie nach versetztem Streich bequem entfliehen können / daß sie nicht von ihren Widersachern gefunden werden / hält man sie für unvergleichlich. Es ist nicht auszusprechen/ mit was für Geschwindigkeit sie mit ihrem Gewehr sich hinter den Bäumen verbergen / damit sie für den Pfeilen / die man auff sie loß drücket/ sicher seyn. Sie können gantz hurtig über die niedergestürtzte Bäume kommen/ wenn sie sich salviren/ wie man denn Bäume von einer entsetzlichen Grösse findet/ welche aus Mangel der Wurtzel und Alters wegen umbgefallen.

Ihre Gedult ist sonderlich. Wenn sie einen Orth finden / da sie sich wohl verbergen können / halten sie sich offt hinter den Bäumen 3. oder 4. Tage ohne Essen und Trincken auff/ eine günstige Gelegenheit erwartende/ jemand von ihren Feinden zu tödten. Bißweilen pflegen sie frey und ohne Furcht zu marchiren; aber dieses geschiehet selten/ und wenn sie nicht gäntzlich in ihrem Vorhaben versichert wären / würden sie sich nicht in

G 4   ge-

Gefahr geben / ſonderlich da es ihnen an einer guten Menge Soldaten mangelte. Dieſe Barbaren ſchlagen ſich nicht wie die Europäer / weil ſie
nicht exerciret ſind /   noch ſo gute Ordnung im
freyen Felde halten /   daher ſie niemahls ſo gute
Treffen / als unſere wohl exercirte und angeführ-
te Soldaten / lieffern können ; indeſſen wenn ſie
einmahl erhitzet und muhtig gemachet / ſind ſie unvergleichlich.

Wenn das Korn der Europäer reif worden /
pflegen ſie daſſelbe gantz boßhafftig anzuzünden.
Sie verbrennen ihre Häuſer / und ſchieſſen bren-
nende Lunten hinein / die ſie vorn an die Pfeile
binden. So bald nun das Feuer (denn die Wilden ihre Pfeile mit einer ſonderbahren Force ab-
drücken) die Bretter oder das Stroh / damit ihre
Häuſer gedecket ſind / ergriffen / ſiehet man ſie in
die Aſche geleget.

Es war unter den Jroqueſern ein Capitain /
mit Nahmen Att 1eouâti Onnontage / den ich wohl
gekandt / und der mir viel Freundſchafft auff meiner Reiſe von Neu-Jorck biß nach der Feſtung
Frontenac erwieſen. Dieſen nenneten wir den
Groß-Maul / weil er einen ſehr groſſen Mund
hatte. Wie denn eines Tages ſein Unterfangen
nicht gelungen war / lieff er in die Feſtung Montreal in Canada / und ſchrie Hai, Hai, welches ein Zeichen des Friedens iſt. Man empfieng
ihn mit aller Höfligkeit / ſetzte ihm eſſen und trincken vor / und gab ihm anſehnliche Geſchencke /
weil man gerne dieſe wilde Nation zum Freunde

be-

behalten wolte : Aber kaum verließ er den Orth/
so tödete dieser Ungetreue 2. Menschen/ die ein
Hauß deckten.

Einige haben uns erzehlet/ daß sie biß an die
Länder der Spanier / die sie in Neu-Mexico be-
sitzen/gestreiffet/weil sie berichten/ daß sie in einem
Lande gewesen / da die Einwohner rohte Erde
einsamblen/die sie einer Nation/ die ihnen Beile
und Keßel dafür giebet/verkauffen/ und diese Erde Gold genennet werde ; aber diese Historie ist
vielleicht von den Wilden aus Schertz erfunden
worden/ nur dem Herrn von Salle/als er in der
Festung Frantenac war / eine Luft zu machen/
denn er sehr gerne von den Gold-Minen in St.
Barbe / allwo man das Gold gräbet/ reden hörete. Ich bin bey allen Nationen an dem Fluß
Meschasipi gewesen. Einige unter ihnen/ ausgenommen die Illineser/ haben niemahls von den
Iroquesern geredt/als von gewissen benachbarten
Völckern der Illineser/ von welchen sie vernom-
men/daß die Iroqueser sehr grausahme Völcker
wären/ die niemahls ihre Hertzhafftigkeit spüren
liessen/als wenn sie mit Gewehr / so sie von den
Europäern eingetauschet/versehen wären; ausser
diesen hätten sie die Illineser niemahls zu attaquiren sich unterstanden/ weil diese viel tapfferer/
und geschickter mit Bogen und Pfeilen umbge-
hen/als die Iroqueser jemahls thun können.

Die Iroqueser / welche nicht in den Krieg
ziehen/sind verachtet/ und werden vor liederliche
G 5   und

und weibische Leute gehalten. Weil sie Gewehr
haben / attaquiren sie alle Völcker von einem
Meer biß zum andern/ das ist / von Norden biß
gegen Süden/ und es ist kein Volck in America/
welches sich den Froquesern widersetzen darf/weil
sie mit Gewehr versehen sind. Dieses machet sie
gantz verwegen und unerträglich; sie nennen sich
(par excellence) alleine Menschen / gerad
als wenn die andern Nationen in Vergleichung
mit ihnen nur unvernünfftige Thiere wären. Doch
ich weiß das Mittel/die Froqueser zur Raison zu
bringen : Allein eine Persohn von meinem Ca-
racter soll in dieser Materie sehr behutsam raison-
niren/ weil die Mittel / die ich hierinnen an die
Hand geben würde/vielleicht viel ärger/ als das
Ubel/so man von dieser Nation empfänget/ seyn
würde. Indessen werde ich meine Meynungen
ins künfftige den Grossen/die mich zu diesem wichtigen Wercke gebrauchen möchten/wohl entdecken
können.

Das XXIII. Cap.

Von der Grausamkeit der Wilden über Haupt / und der Jroquois insonderheit.

MAn findet keine Wilden in dem gantzen
Mitternächtigen America/die nicht mit
der eussersten Grausamkeit gegen ihre
Feinde verfahren. Wir haben uns
ver-

verwundert über die Grausamkeiten / welche die
Nerones/ die Diocletiani und Maximini gegen
die Christen ausgeübet/und wir erschrecken billig/
wenn wir diese Tyrannen nennen hören: aber
die Unmenschlichkeit der Jroqueser/damit sie die
Nationen/ die sie zu Sclaven gemacht/tractiren/
ist weit grösser und erschrecklicher.

Wenn die Jroqueser einen Menschen ge-
tödtet/so nehmen sie das Gehirne aus der Hirnschale / und tragen es als ein gewisses Sieges-
Zeichen nach Hause. Wenn sie einen Sclaven
gefangen bekommen/binden sie ihn/ und lassen ihn
hinter sich herlauffen. Kan er nicht folgen/ so zer-
spalten sie ihm den Kopff/und lassen ihn/nachdem
sie vorher das Gehirn ausgenommen/liegen.Sie
schonen nicht einmahl der Kinder / die noch an
den Brüsten ihrer Mutter sind. Kan der Sclave
folgen / so binden sie ihm des Nachts kreutzweise
auff ein hierzu bereitetes Holtz/und lassen ihn von
den Mücken und andern Sommerfliegen wacker
stecken. Bißweilen stecken sie 4. Pfäle in die
Erde / an welche sie ihre Sclaven an Händen
und Füssen binden/und müssen sie also alle Nacht
mit dem Bauch auf der harten Erden liegen; 100.
andere Ubel zu geschweigen/die sie diesen elenden
des Tages erweisen. Wenn sie sich ihren Dörffern nähern/machen sie ein grosses Geschrey/ an
welchem ihre Lands-Leute erkennen / daß nunmehro ihre Soldaten mit Sclaven zu Hause
kommen. Zu gleicher Zeit legen so wohl die
Män-

Männer als Weiber ihren besten Habit an / sie
beym Eingange zu empfangen / und wenn sie daselbst angelanget / stellen sie sich von beyden Seiten in Ordnung und lassen die Sclaven mitten
hindurch gehen: aber welch ein erbärmliches
Compliment wird alsdenn diesen armen Leuten
gemacht! diese Canailles werffen sich auff sie / wie
die Hunde oder die Wölffe auff den Raub / und
fangen an dieselbige zu quälen / da indessen die
Soldaten in Gliedern fortziehen / und sich gantz
muhtig über ihren glück,seligen Feldzug bezeugen.

Man siehet alsdenn / wie einige die Sclaven
mit Füssen stossen / andere sie schlagen / viele sie
mit Messern ritzen / etliche ihnen die Ohren ab-
reissen / andere wiederumb ihnen die Nasen und
Lippen abschneiden / also daß der meiste Theil bey
diesem prächtigen Einzug stirbet. Diejenigen /
die dieses übele Tractament überleben / werden
noch zu viel grössern Straffen auffbehalten. Jedennoch pflegen sie einiger zu schonen / welches
doch selten geschichet. Nachdem die Soldaten
nun in ihre Cabannen eingegangen sind / versamblen sich die alten / umb zu vernehmen / was in diesem Kriege passiret / und nachmahls eine Verord-
nung der Sclavẽ zu machen. Weñ der Mañ einer
wilden Frauen in diesem Kriege getödtet ist / so
schencket man ihr einen Sclaven an seine Stelle /
und es stehet dieser Frauen frey / ihn zu tödten /
oder das Leben zu schencken.

Der geliebte Leser vernehme / wie sie
es

s machen/weñ sie einen verbrennen wollen: Sie
binden den Sclaven an einen Pfahl an Händen
und Füssen; nachmahls machen sie ihre Gewehre/
Beile und ander Eisen-Werck glüend/ und brennen ihn damit vom Kopff biß auff die Füsse ; sie
reissen ihm die Nägel mit den Zähnen aus/und
schneiden Riemen aus seinen Rücken ; ja manch-
mahl reissen sie ihm das Fell der Hirnschale mit
den Haren ab / und werffen warme Asche in die
Wunde ; sie schneiden ihm die Zunge ab / und
thun ihm mit einem Wort alles übel an / das sie
nur ersinnen können.

  Sterben sie nicht von allen diesen Martern/die
sie ihnen anthun/so zwinget man sie mit Schlägen
zum Lauffen.   Es wird erzehlet/ daß ein Sclave
daselbst gewesen/ der so wohl gelauffen / daß er
sich dadurch in ein Holtz salvirt/ und man ihn niemahls wieder finden können. Wie es scheinet/ so
ist er aus Mangel der Hülffe nachmahln gestorben.   Doch ist zu verwundern / daß diese Sclaven mitten in ihren Schmertzen singen/ welches
diese Hencker noch mehr anreitzet.

  Ein Jroqueser hat uns erzehlet / daß er
einen Sclaven gehabt/ der / als man ihn auffs
grausambste gemartert / gesaget : Ihr habet keinen Verstand / ihr wisset nicht/wie ihr eure Gefangene quälen sollet/und seyd nur albern. Hätte ich euch in meiner Cabanne / so wolte ich euch
auff eine andere Manier tractiren ; allein indem
er dieses mit solcher Verwegenheit geredet / läst
  ein

ein wildes Weib einen kleinen eisern Spieß
gluend werden / und brennet ihm damit seine
Scham ab. Dieses bringet ihn zwar zu einem
scheußlichen Geschrey / doch sagt er zu dieser
Frauen : du hast verstand/ du weists/ und so muß
man es machen.

Wenn der Sclave/den sie gesenget/ gestor-
ben/fressen sie ihn/und geben für seinem Tod ihren
Kindern von seinem Blut zu trincken / damit sie
dieselben gantz grausam machen. Diejenige/
welchen man das Leben schencket / bleiben unter
sie/und warten ihnen als Knechte und Sclaven
auff/doch erlangen sie mit der zeit ihre Freyheit /
und werden nachmahls als Leute von ihrer Nation gehalten.

Die Wilden in Lonisane / welche längst
dem Fluß Meschasipi wohnen / und 7. biß 800.
Meilen weiter als die Jroqueser liegen / nemblich die Illaci und Nadoüessans. unter welchen
ich ein Sclave gewesen bin / sind nicht weniger
als die Jroqueser tapffer. Sie jagen allen benachbarten Völckern ein Schrecken ein / ob sie
wohl nichts als Bogen / Pfeile und Kolben haben. Sie lauffen geschwinder als die Jroqueser / und sind sehr gute Soldaten. Sie sind nicht
so grausam und fressen nicht das Fleisch ihrer
Feinde/sondern vergnügen sich sie zu verbrennen.

Als sie eines Tages einen Huron bekommen hatten/der gleich den Jroquesern Menschen
Fleisch ißet/ schnitten sie Riemen aus seinem Lei-
be/

e/zu ihm sagende: Du/der du Lust hast/Men-
schē Fleisch zu essen/iß dein eigenes/und gib damit deinen Land-leuten zu erkennen/ daß wir
für euren Gebräuchen einen Abscheu haben:
Denn diese Völcker sind den hungerigen Hunden gleich/die alle Kost / so thuen nur fürkompt/
fressen.

Unter allen Wilden in dem gantzen Mitternächtigen America fressen die Jroqueser allein
Menschen-Fleisch / doch pflegen sie solches nicht
eher zu thun/als wenn sie eine gantze Nation auß-
zurotten sich entschlossen. Deñ wenn sie Menschen-
Fleisch essen / so geschiehet solches nicht zu ihrer
Sättigung/sondern sie wollen damit allen ihren
Lands-Leuten zu erkeñen geben/ daß man ohne die
geringste Versöhnung mit seinen Feinden stets
kämpfen müsse/und sie viel lieber gantz verzehren/
als einen eintzigen überlassen. Ja sie sind bemühet
durch das fressen der Menschen ihre Soldaten
behertzt zu machen : wie man denn in der That
die 5. Cantons des folgenden Tages wider ihre
Feinde außziehen siehet / wenn sie nemlich fürher
ihre Gastereyen/auf welchen sie Menschen-Fleisch
fressen/ gehalten haben.

Wenn die Europäer die Jroqueser mit keinem Gewehr versähen / würden die andern Nationen sie (welche nicht mehr so geschickt als vorher mit dem Bogen umbgehen können/ dahingegen jene dazu gewehret sind) gar leicht ruiniren
könnē/als die ohne dem ihre gemeine Feinde sind/

ob ſie wohl in die 4. biß 500. Meilen von ihnen entfernet liegen.

Die erſte Canton der Jroqueſer liegt gegen Süden und werden Gagnieguez oder Agnie genennet. Ihre Grentze iſt Neu-Jorck. Sie haben 3. Dörffer/allwo ich geweſen bin/ und ihre Armee beſtehet mehr oder weniger aus 400. Soldaten. Die andere ziehet ſich gegẽ Weſten/ihre Inwohner heiſſen Onnejours und können ungefehr 150. Soldaten auffbringen. Die dritte/ welche gleichfalß gegen Weſten lieget / faſſet in ſich die Dorffſchafften der Onnoniaguez, oder die Völcker des Gebirges / gelegen auff einer Höhe / die ſich in den 5. Cantons der Jroqueſer findet und an die Onnejouts gräntzet. Dieſe Onnonia uez haben bey 300. der allertapfferſten und muhtigſten Soldaten von dieſer gantzen Nation. Die 4te iſt ungefehr 30. Meilen gegen Weſten gelegen / und beſtehet in den Oiongouens, die in drey Dorffſchafften abgetheilet ſind/und 300. Krieges-Leute auffbringen können. Die 5te wird von den Tionnontouans gegen der Seite von Frontenac oder Ontario bewohnet / welche Völcker die anſehnlichſten und vortreflichſten in allen Jroqueſiſchen Cantons ſind ; Sie beſtehen aus dreyen Dorffſchafften/ und haben über 300. Soldaten.

Ich habe in meinem erſten Theil 3. oder 4. Dorffſchafften der Jroqueſer nach der Norder-Seite der See und Ontario oder Frontenac

?eldung gethan.   Daher ich allhie der 5. Can-
ns der Jroqueser nicht weiter gedencken will.
ch rede nur allein von ihrer Barbarey und
rausamkeit/und thue nur dieses hinzu / daß sie
nerhalb 50. Jahren ein sehr grosses Land unter
h gebracht/ihre Gräntzen erweitert / und durch
n Untergang anderer Völcker ihre Nation
rgrössert haben /   da dann die Uberwundene
eils ausgerottet / theils zu Sclaven gemacht/
er unter ihre Trouppen verstecket worden.

Das XXIV. Cap.

Von der politique der wilden Jroqueser.

Je Berahtschlagungen/ so diese Barbaren stets über alle Sachen halten / sind
allein die Ursache der Furcht und des
Schreckens / darin sie alle Nationen in
em Mitternächtigen America gesetzet. Sie
ersamblen sich umb der geringsten Sache wil-
en/und berahtschlagen sich miteinander über die
Mittel/derer sie sich bedienen wollen/ihren Zweck
u erlangen. Sie fangen niemahls etwas unbe-
achtsames an/und ihre Alten / welche sehr klug
nd verständig sind/wachen für das Wohlseyn ih-
er Nation.   Wenn man sich beklaget/ daß einer
on ihnen etwas gestohlen / so wenden sie viel
Fleiß an/ denjenigen zu erfahren / welcher den
Raub begangen. Können sie ihn nicht entde-
cken/

cken/oder hat er nicht Mittel wieder zu geben/ so
thun sie dennoch/ weil sie von dem Unrecht über-
führet sind/den Schaden gut/ indem sie dem be-
leidigten Theil/um denselben zu frieden zu stellen/
einige Geschencke alsobald anbieten.

Wenn sie jemand wegen einer grossen
Schandthat/derer sie ihn überführen/ zum Tode
verdammen wollen / so miethen sie zur Vollenzie-
hung der Execution einen Menschen / den sie
voll Brandtewein sauffen/ weil diese Völcker sehr
behutsam gehen / damit nicht die Verwandten
des Missethäters sich zu rächen suchen. Nachdem
also dieser Mensch dem Straffwürdigen das
Haupt abgerissen/sagen sie/sich zu verantworten/
daß dieser Mensch keinen Verstandt habe/sondern
die Trunckenheit ihn zu dieser That gebracht.

Sonsten haben sie ehemahls eine andere
Weise gehabt / die Gerechtigkeit zu üben / die
jetzund aber abgeschaffet ist. Sie hatten einen
gewissen Tag im Jahr / welches man das Fest
der Narren / weil sie als thörigte Leute von einer
Cabanne zur andern lieffen/wohl nennen mögen.
Wenn sie nun unterdessen einen übel tractireten/
oder etwas weg nahmen/sagten diese verschmitzte
Alten des folgenden Tages in allen Cantons/
und sonderlich in ihrem Dorff zu ihrer Entschul-
digung / daß derjenige/ welcher es gethan/ ein
Narre wäre und keinen Verstand hätte. Nachmahls boht man den verwandten desjenigen der-
tücki-

ckifcher Weife getödtet worden/einige Geſchen-
e an/ihre Thränen zu ſtillen.   Mit dieſer Ent-
juldigung waren die Verwandten   vergnüget/
)ne die geringſte Rache deßwegen zu unterneh-
en.   Dieſe Alten mietheten dahero jemanden
:imlich /   welcher ſich als ein Narre anſtellen
)uſte/ und denjenigen tödten/ welchen man ihm
ewieſen /   und deſſen ſie ſich gerne entſchlagen
)olten.

Die Jroqueſer haben auch Spionen und
errähteriſche Leute unter ſich / welche unaufhör-
ich herumb gehen/und alle neue Zeitungen/ die
ie vernommen / ihnen übertragen.   Was den
Handel betrift/ſo ſind ſie ſehr liſtig / und laſſen
ich nicht leichtlich betriegen ; ſie betrachten alle
Dinge ſehr genau/ und befleißigen ſich/die Wah-
:en/ſo man ihnen vertauſchet / recht kennen zu
lernen.

Die Onnontaguez oder Jroqueſer/ ſo
auff dem Gebirge wohnen / ſind viel liſtiger als
andere und geben gute Räuber ab. Die Algon-
kains, die Abenaki, und Eſquimoves, nebſt
einer gröſſen Anzahl anderer Wilden/ welche mit
den Europäern umbgegangen/ ſind nicht weniger
geſchickt / als politiſch. Man kan ſich nicht ein-
bilden/ daß dieſe Völcker viehiſch und ohne Vernunfft ſeyn ſolten ; Sie kennen ihren Vortheil
wohl/ und verrichten ihre Sachen mit groſſer
Geſchickligkeit und Klugheit.

Das

Das XXV. Cap.

Wie die Wilden jagen/ und mit einem sonderbahren Fleiß die Biber fangen.

Die Wilden geben genau / wenn sie jagen/ auff die Stunden / Jahrszeiten und Monden achtung / und halten sie sehr accurat. Sie legen dem Mond die Nahmen der Thiere bey / die am meisten sich zu gewissen Zeiten sehen lassen. Also haben sie den Frosch-Monaht/ wenn sich dieselbe hören lassen; den wilden Ochsen-Monath/ wenn diese Thiere zum Vorschein kommen; den Schwalben-Monaht/ wenn diese Vögel kommen oder wieder weg fliegen: und pflegen die Barbaren sich dieser Manier zu bedienen / weil sie keine solche Monahte und Wochen als die Europäer haben. Wie sie nun den Monathen die Nahmen der Thiere/ die sich darinnen sehen lassen/ beylegen / also geben sie dergleichen Nahmen den Menschen / und heissen sie Schlangen/ Wölffe/ wilde Katzen und dergleichen.

Sie erlegen die Elends-Thiere und Böcke zu allen Jahrs-Zeiten / doch sonderlich wenn der Schnee gefallen. Sie jagen des Winters wilde Katzen und Meer-Katzen; im Frühling aber die Biber und Ottern / welches auch bißweilen im Herbste geschiehet. Die Elendsthiere fangen sie mit Stricken / und die Biber mit Netzen.

en. Sie tödten die Bären mit Pfeilen oder
Gewehre auff den Eichbäumen/wenn sie Eckern
ressen. Was aber die wilden Katzen betrifft/so
auen sie die Bäume / auff welchen sie sitzen/nie-
er/darauff nachmahls die Hunde sie anfallen
und todt beissen. Die Schwein-Jgel wer-
en bey nahe auff selbe Art gefangen / oder man
chläget sie auch mit Beilen oder Kenlen todt/
renn der Baum gefallen ist / weil die Hunde sie
vegen ihrer spitzigen Stacheln nicht anfallen
können / denn wie sie gantz unvermerckt den Leib
ines Menschen durchstechen können / also wür-
en sie unfehlbar die Hunde/ die sie zu erwürgen
nchen/tödten. Im übrigen lauffen diese Hun-
e nicht gar starck/ und kan sie ein Mensch mitten
in ihrem Lauff gar leicht einholen. Was die
Ottern betrifft/so fänget man sie in einem Netze
oder tödtet sie auch mit Pfeilen oder Gewehr.
Man kan sie selten mit einer Art todt schlagen/
weil diese Thiere leise Ohren haben / und nicht
leicht jemand an sich kommen lassen.

Die Wilden fangen die Biber im Winter
in dem Eise / und suchen zuerst die Seen auff/ in
welchen sie ihre Lager sehr künstlich zu bauen pflegen. Wenn sie ihren Auffenthalt verändern
wollen/so suchen sie nach einem Brunnen oder
fliessenden Wasser in dem Holtze/ längst welchem
sie hinunter lauffen / biß sie eine Gegend finden/
allwo füglich eine See seyn könne. Nachdem sie
nun den Orht von allen Seiten wohl betrachtet/
suchen

juchen sie ferner einen Damm allda zu machen
umb das Wasser auffzuhalten. Sie bauen der
selben so starck / daß sie damit auch die grösseste
Wasser in Europa zurück halten solten / und ver
fertigen ihn aus Holtz / Erde und Schlam so
groß/daß nohtwendig eine tieffe See/ die bißwei
len eine viertel Meile lang ist / darauß werden
muß. Sie verfertigen ihre Hütten auff dieselb-
Arth aus Holtz/Zweigen und Schlamm / und
kleben dieses sehr geschickt durch Hülffe ihres
Schwantzes/ welcher länger und breiter ist / als
die Kelle eines Mäurers / zusammen. Ihr Ge-
bäude bestehet aus 3. oder 4. Abtheilungen/darin
sie Bette von Zweigen gemacht haben / auff wel
chen die Weibgen sich ihrer Jungen entladen.

Am Grunde des Wassers sind hohe und
niedrige Außgänge. Wenn ihre Seen still stehen und gefrohren sind / können sie nicht anders
als unter dem Eise gehen ; daher sie sich im Anfang des Winters mit Pappeln/ welches ihre ge
wöhnliche Speise ist/ zu versehen pflegen. Sie
legen dieselbe im Wasser umb ihre Hütten her-
umb/und die Wilden hauen das Eiß rings umb
diese Wohnungen auff. Nachdem solches ge-
schehen/forschen sie im Grunde des Wassers / ob
daselbst der Weg sey / durch welchen der Biber
aus und einzugehen gewohnet ist. Finden sie nun
das Loch/ so stellen sie ein Netz dafür 2. Faden
lang/ und stecken 2 Pfäle hinein/ welche aus dem
Eyse etwas hervor ragen. Sie haben 2. Stri-

cke

an dieselbe gebunden/ umb das Netz auffzu-
hen/wenn der Biber darinne ist.

Damit endlich dieses listige Thier weder
s Garn noch seine Nachsteller sehen möge/
euet man auff das gefrohrne Wasser verfaul-
s Holtz und Baumwolle/ oder etwas anders.
in Wilder stehet mit einer Art nebst dem Garn
ist der Schildwache/ den Biber/wenn er gefan-
n auß dem Eise zu ziehen/ da indessen die andern
it grosser Mühe sein Lager und Nest zu zerbre-
en suchen. Sie finden offtmahls über einen
uß hoch Holtz oder Erde/womit es verwahret/
nd da ein solches durch den Frost noch mehr be-
stiget/haben sie grosse Mühe durchzubrechen.Ist
eses geschehen/so forschen sie noch weiter in der
see/und hauen allenthalben/ wo sie Hölen fin-
n/das Eiß durch/ damit die Biber sich nicht
arunter verbergen mögen/sondern/ indem sie
n beyden Seiten nicht ausweichen können/ sich
ndlich ins Netz werffen müssen. Diese Arbeit
errichten sie von dem Morgen an biß an den A-
nd/ohne die geringste Geniessung einiger Spei-
/und fangen doch in solcher Zeit in allem kaum
oder 4. Biber.

Die Wilden stellen auch diesen Thieren im
rühling mit Fallen auff folgende Weise nach.
enn wenn das Eiß zu schmeltzen beginnet/ so
mercken die Wilden den Außgang dieses Thie-
s/und richten daselbst einige Fallen auff. Die
ck-Speise ist ein Zweig von einem Pappel-
aum/ der von der Fallt biß ins Wasser gehet.

Wenn

Wenn die Biber nun an dieselbe kommen/ so fr
ſen ſie ſie biß an die Falle auff/ durch deren Be
gꝛug dann zwey groſſe höltzerne Balcken auff
fallen und ſie tödten. Sie fangen die Mart
bey nahe auff ſelbige Art/außgenommen/ daß
ihnen keine Lock-Speiſe vorlegen.

Die Völcker/ſo gegen Süden an dem Fl
Meſchaſipi wohnen/ ſind weit abergläubiſcher
ihren Sachen /als die / ſo Nordwerts ſich bef
den/zu welchen man noch inſonderheit die Ju
queſer rechnen kan. Denn als ich mich noch b
ihnen auffhielte/ſchickten ihre Alten 6. Tage vi
her / ehe ſie ſich auff die Jagd der wilden Ochſ
begaben / 4. oder 5. ihrer beſten Jäger auf d
Gebirge/ umb daſelbſt das Calumet zu tantze
mit eben ſo viel Ceremonien als ſonſten bey d
Nationen/zu welchen ſie ihre Geſandten ſchicke
wenn ſie ſich mit ihnen in ein Bündniß einlaſſe
zu geſchehen pfleget. Bey Zurückkunfft dieſ
Leute ſtelleten ſie einen groſſen Keſſel/ welchen
uns abgenommen hatten / ins Geſicht ihr
Lands-Leute bey die 3. Tage lang/ und hatten i
mit Blumen von allerhand Farben nebſt eine
Gewehr gezieret. Dieſe drey Tage über tr
die vornehmſte Frau eines Capitains auff ihre
Rücken dieſen mit allerhand Blumen außg
ſchmückten Keſſel in voller Pracht / welche üb
200. Jäger begleiteten. Sie folgten einem A
ten / welcher ein Schnuptuch von Armeniſche
Zeuge oben an einen Stock gleich einer Fah

ebunden hatte / und seine Bogen und Pfeile in
roffer Stille einher trug.

Dieser Alte befohl 3. oder 4. mahl den Jä-
ern oder Krieges-Leuten still zu halten/ umb den
Todt der Stiere/die sie hofften zu tödten / zu be-
weinen. Bey der letzten Pose schickten die ältesten
dieses Trouppens 2. ihrer geschicktesten Jäger
ab/die wilden Ochsen zu entdecken. Ehe sie nun
die Jagd dieser Thiere anfiengen / redeten sie ihnen bey ihrer Wiederkunfft etwas heimliches
ins Ohr / zündeten nachmahls den an der
Sonnen getrockneten Mist der Stiere an / und
ließen dabey ihre Pfeiffen brennen / damit die
Läuffer / die sie ausgeschickt hatten / rauchen
konten. So bald dieses geschehen/umbgaben ihrer wohl hundert das Gebirge von der einen
Seite/ die übrigen aber lencketen sich zur andern/
die Ochsen also / welche in grosser Anzahl daselbst
waren/einzuschliessen. Sie erlegten darauff in
solcher Confusion viele mit ihren Pfeilen / und
unsere Europäer erschossen 7. oder 8. derselben
mit ihrem Gewehr.

Hierüber konten die Barbaren sich nicht
zugsahm verwundern/sie höreten den Knall / sahen aber keine Kugel/ dahero sie glaubeten /daß
der Schall diese Thiere tödtete. Sie legten
ihre Hand auff den Mund / ihre Verwunderung
zu bezeugen/ und schryen: Manla Ouacanche,
welches in der Sprache der Issati so viel heisset/
als : Dieses Eisen schadet Menschen und
Vieh ; wir wissen nicht/ wie es zugehet / daß

$\mathfrak{H}$ auff

auff den Knall dieses Rohrs die Gebeine der
wilden Thiere zerschmettert werden.

Gleich wie nun die Barbaren sich über unsere Musqueten sehr verwunderten / also kunte
ich hingegen nicht gnug mit erstaunen ansehen/
wie unsere Wilden die Thiere in Stücken zerthei-
leten. Sie hatten weder Messer noch Beile/
ausgenommen die wenige/ die sie uns genommen
hatten/indessen zogen sie diesen Thieren mit den
Spitzen ihrer Pfeile / welche von einem sehr
scharffen Stein waren / auffs geschickteste die
Haut ab. Denn so bald sie nur ihre Finger
zwischen das Fell und Fleisch dieser Thiere kriegen kunten/ war es gethan und die Haut abgezogen. Nachmahls/ damit sie das Fleisch in Stücken zertheilten / und die Knochen davon abson-
dern möchten/so nahmen sie Steine und zerschnit-
ten damit alles. Wie sie nun auff diese Art mit
diesen Thieren verfahren / liessen die Weiber
das Fleisch an der Sonnen und an dem Rauch
eines kleinen Feuers dorren. Im übrigen assen
sie auff der Jagd von diesen Thieren nichts / als
das Eingeweide / und die schlechtesten Stücke/
das beste aber nahmen sie mit nach ihren Dörffern / welche von dem Ort der Jagd über 200.
Meilen entfernet waren.

Das XXVI. Capitel.

Von den Gewohnheiten/ derer die
Wilden bey ihrem fischen sich bedienen.

Die

Je Wilden/ welche gegen Norden woh-
nen/ fischen auff eine viel andere Weise/
als die Völcker gegen Süden. Die ersten fischen alle Arten der Fische mit
Garn/ Stricken und Hamen/ wie die Europäer.
Etliche fangen sie auch mit Angeln/ doch geschiehet dieses sehr wenig. Ich habe einsmahls auff
eine recht lustige Arht fischen gesehen. Sie nehmen eine hölzerne Gabel / an deren 2. spitzen sie
ein Garn stecken / fast auff dieselbige Arth/ wie
man in Europa zu machen pfleget/ wenn man die
Rebhüner fangen will. Nachmahls werffen sie
s ins Wasser/ und wenn die Fische/ welche in viel
grösserer Anzahl allda/ als in unsern Flüssen sind/
ingeschwummen kommen/ und die Wilden mer-
ken/ daß sie in dem Garn sind/ so ziehen sie die Ga-
el auff/ und der Fisch ist alsdenn gefangen.

Die Iroquese bedienen sich bißweilen zur
Fischzeit eines Garrns / 40. oder 50. Faden
ung / welches sie in einen grossen hölzern Kahn
gen; nach diesem breiten sie dasselbige in der
inde auff den bequemesten Gegenden des Flus-
s auß/ und habe ich mich zum öfftern in diesem
Stück über ihre Geschickligkeit verwundert. Sie
ngen bißweilen mehr als 400. Weiß-Fische/
e grösser als unsere gewöhnliche Carpen sind/
arunter auch sonderlich viel Störe anzutreffen
aren / so sie mit dem Netze an das Ufer zogen.
uff diese Art zu fischen müssen 2. Persohnen die
. ende des Netzes anfassen und sie geschwinde in

H 2   ein

einander wickeln / alsdenn fangen sie eine unglaubliche Menge Fische/sonderlich in dem Fluß
Niagara / welche von einem sehr delicaten Geschmack sind. Die Fischerey ist in dieser Gegend
so überflüßig/daß sie die grössesten Städte in Europa mit viellerley Arth versorgen könte / und
darff der Leser sich allhier deßwegen nicht verwundern / denn die Fische aus dem Meer gegen
den Strom des Flusses schwimmen / umb sich
daselbst zu erfrischen. In den eintzigen Fluß St.
Laurent lauffen an der Gegend Niagara sehr
viel Ströme aus 4. grossen Seen/die lauter kleine susse Meere sind / und davon schon ehemahls
geredet worden;wenn denn nun dieselben sich mit
den stärckesten Wasser-Fällen / die nur in der
Welt zu finden seyn / dahinein stürtzen/ so führen
sie eine unsägliche Menge Fische mit sich/ welche
allda verbleiben müssen/weil sie wegen des Was-
ser-Falls nicht wieder zurück kommen können.

Als ich noch in; der Festung Frontenac mich
auffhielte / habe ich dergleichen Wasserfall gesehen / welcher aus einem Fluß Nordwerts sich in
eine grosse Ecke der See Ontario ergoß / allwo
100. Krieges-Schiffe sicher anckern kunten. Daselbst habe ich die Wilden gelernet/ wie sie die Fische mit den Händen fangen solten. Ich hauete
nemblich etliche Bäume im Frühling bey diesem
Wasserfall nieder/und ließ sie hinein fallen/damit
ich mich auff dieselbigen legen könte/ ohne daß ich
naß würde. Nachmahls steckte ich den halben
Arm

Arm ins Waſſer/und fand daſelbſt eine unglaubliche Menge von allerhand Art Fiſchen. Ich
griff nach ſie mit der Hand / und nachdem ich vorhero gleichſam mit ſie geſpielet/und in die 50. biß
60. groſſe Fiſche bißweilen gefangen/gieng ich weg
mich zu wärmen / und ein wenig friſchen Othem
zu ſchöpffen/ umb deſto hurtiger nachmahls mich
dem Fiſchfang zu ergeben. Ich wurff ſie in einen
Sack/den ein Wilder hielte/ und ernehrete damit
mehr den 50. Jroqueſiſche Familien von Gan-
neouſſe, die ich nebſt dem Herrn von Salle au
mich gezogen hatte/ damit ſie daſelbſt Judianiſch
Korn ſäeten / und ihre Kinder in der Chriſtlichen
Religion auff der Feſtung Frontenac unterrichtet
würden.

Die meiſten Fiſche der Wilden ſind groſſe
Aale/Lachſe/Forellen und Weißfiſche. Die A-
gniez unter den Jroqueſern / welche negſt an
Neu-Jorck wohnen / fangen Fröſche in groſſer
Menge/die ſie in ihre Keſſel thun / eine gewiſſe
Speiſe damit zu würtzen / welche als ein Brey
aus Judianiſchem Korn gemachet/ wird. Was
die Forellen betrifft/ſo findet man ſie auch in andern Flüſſen / die ſich in die See von Frontenac
ergieſſen/und zwar in ſolcher Menge / daß man ſie
mit Stecken todt ſchlagen kan. Die Aale fangen
ſie des Nachts/ wenn es ſtill iſt / und findet man
ſolche häuffig in dem Fluß St. Laurent. Die
Wilden legen eine groſſe Rinde von Birckenbaum mit etwas Erde forne auff einen Pfal /wel-
ches zuſammen angezündet ſehr helle leuchtet.

H 3   Nach-

Nachmahls ſetzen ſich zwey in einen Kahn / mit-
nehmend einen Hamen / der zwiſchen 2. Spitzen
einer Gabel geſtellet iſt; wann ſie nun die Aaale
bey dem Glantz des Feuers ſehen / fangen ſie dieſelbe ſehr überflüßig/weil die groſen weiſſen Meer-
Fiſche ſie verfolgen / und ans Ufer des Fluſſes
treiben / dahingegen ſie ſelbſt denſelben ſich nicht
nähern können. Die Lachſe fangen ſie im übrigen mit Hamen/und die Weiß-Fiſche mit Netzen.

Die Völcker gegen Süden/ welche an dem
Fluß Meſchaſipi wohnen / haben ſo ſcharffe Augen / daß obwohl die Fiſche ſehr geſchwinde im
Waſſer ſind / ſie dennoch dieſelbige mit ihren
Pfeilen tödten. Sie haben überdem geſpitzte
Stecken/damit ſie nach denſelben mit groſſer Geſchickligkeit werffen. Sie tödten damit allerhand groſſe Fiſche und ſonderlich Forellen/ die 7.
oder 8. Fuß lang ſind.

Das XXVII. Cap.

Von der Wilden ihrem Haußge- raht / ſo ſie ſich in ihren Cabannen bedienen; imgleichen eine Beſchrei- bung einer ſonderbahren Erfindung/ Feuer zu machen.

He die Europäer in das Mitternächtige
America gekommen/ bedieneten ſich die
Wilden in Norden und Süden/ (wie ſie
denn

denn dergleichen noch jetzo thun) sonderlich aber
diejenigen/welche keine Gelegenheit hatten/ von
den Europäern Kessel und anderes Haußgeräthe
einzutauschen/nur irdener Töpffe. An statt der
Beilen und Messer haben sie scharffe Steine / die
sie mit ledernen Riemen zwischen einem gespalte-
nen Stock binden/ und weil ihnen die Pfriemen
ermangeln / so pflegen sie dafür einen spitzigen
Knochen aus dem Fusse eines Elendthiers zu gebrauchen. Sie haben auch kein Geschütz/ daher
sie sich mit Bogen und Pfeile behelffen.

Wenn sie Feuer machen wollen/so wird solches auff eine recht neue / aber uns unbekandte
Weise verrichtet. Sie nehmen also etliche
Stücke Cedern-Holtz/ welche sie in Form eines
Triangels legen/und nachmahls ein Loch darinn
machen. Wenn dieses geschehen /. so haben sie
ein Höltzgen oder kleinen Stock von hartem Hol-
tze/so sie zwischen den Händen reiben / und es in
das Loch auff daß kleineste Holtz fallen lassen.
Durch dieses reiben bringen sie eine art Pulver
oder Meel zu wege/ welches hernacher zu Feuer
wird. Denn wenn sie dieses weiße Pulver auff
einen hauffen getrockneten Holtzes streuen/ und
damit reiben/nachmahls aber auff dieses Pulver
blasen/ so zündet sich das Feuer in einem Augenblick an.

Wenn die Wilden wollen Holtz-Schüsseln/
Näpffe und Löffel machen / so pflegen sie das
Holtz mit ihren Steinbeilen darzu zubereiten.

H 4   Sie

Sie holen sie aus mit Feuerkohlen/ und machen
sie nachmahls mit Biber-Zähnen glat.

Die Völcker gegen Norden / weil sie lange
Winter haben/bedienen sich der Schritt-Schue/
umb auff dem Eise damit zu gehen. Sie binden
sie mit ledernen Riemen auff eine viel artigere
Manier/als wir unsere Raqueten/damit wir den
Ball schlagen. Sie lassen in der mitten eine
Spalte/auff daß sie desto freyer nach ihrer Weise
darinnen marchiren können/ und kommen sie damit weiter fort / als wenn sie rechte Schuhe an-
hätten. Denn daferne sie sich selbiger nicht be-
dienten/würden sie in dem Schnee versincken/ der
bißweilen 7. oder 8. Fuß und noch wohl höher daselbst lieget. Wie ich denn ihn an gewissen Oertern höher als die höchsten Häuser in Europa
gesehen habe/weil der Wind ihn also in einen
Hauffen zusammen wehet.

Die Wilden / welche den Europäern nahe
wohnen/haben jetzund Gewehr/Beile / Kessel /
Pfriemen/Messer/Feuerschläge/ und andere In-
strumenten/gleich wie wir.

Wenn sie Indianisch Korn säen / so gebrauchen sie hölzerne Spaten / weil sie keine eiserne
haben. Man findet bey ihnen auch Flaschen/
darinne sie die Oehle von Bären/ wilden Katzen
und Sonnen-Blumen verwahren. Es ist niemand / der nicht einen kleinen Sack von Fellen
gemacht hätte / seinen Toback und Pfeiffe darinnen zu verwahren. Die wilden Frauen machen
Gefässe von den Halmen des Indianischen Korns
und

und von den Rinden der Linden oder Binsen/dar-
in sie das Indianische Korn thun. Sie verfertigen
auch Zwirn oder Garn von Breß-Nesseln/Linden-
Rinde und gewissen Wurtzeln/derer Nahmen ich
nicht weiß ; womit sie dann ihre Schue ne-
hen/und brauchen darzu eine sehr dünne Natel.
Sie machen auch Matten von Binsen/ sich darauff zu legen/und wenn sie keine haben / so bedienen sie sich der Baumrinden. Sie säugen ihre
Kinder wie die Europäische Weiber / nur mit
diesem Unterscheid/ daß sie dieselben in Bänder
von breitem Leder/und in eine Art von Caton wi-
ckeln/damit sie nicht in ihren Windeln allzuwarm
liegen.

Sie binden sie auff ein Bret/nachdem sie sie ge-
säuget/und das mit einem Band von zubereiteten
Häuten; Nachmahls binden sie dieses Bret an
einen Zweig von einem Baum oder anderswo-
hin bey ihrer Hütten / doch daß sie nicht liegen/
sondern gleichsam gerad stehen / und den Kopff
in die Höhe/die Füsse aber unten haben. Ja damit sie der Urin nicht besudelt / so legen sie eine
Rinde von Birckenbaum deßwegen an einen bequemen Ort/auff daß derselbe dahin lauffe/als in
eine Träuffe / und die Leiber der Kinder nicht be-
rühre.

Diese Weiber haben eine so grosse Sorge für
ihre Kinder/daß sie ihren Männern sich nicht nähern und alle Gemeinschafft vermeiden/ biß ihre
Kinder das 3te und 4te Jahr erreichet haben/
und sie von Speisen leben können. Denn ob
H 5 wohl

wohl die Europäischen Weiber gantz andere Ma-
ximen haben / indem sie mannichmahl aus Mangel der Mutter-Milch die Kinder mit Milch von
Kühen oder andern Thieren ernehren ; so thun
doch die Wilden dergleichen niemahls nicht. Sie
ziehen dahero / so lange sie säugen / die Gemeinschafft der Männer / weil die Kinder / wenn sie
schwanger würden / nohtwendig umbkommen
müsten / indem sie innerhalb 6. oder 7. Monahten
die gedörreten Speisen noch nicht geniessen können. Nachdem sie auch mit den Europäern bekandt worden / fangen sie an / der Kesselhacken sich
zu bedienen. Dieses ist ein plattes Eisen / 2. oder
3. Finger breit / und unten krum. Die Weiber
machen es an einem Holtz / welches in ihren Cä-
bannen auff 2. Forcken lieget / feste / und gebrauchen es ihre Kessel und Töpffe daran übers Feuer
zu hängen. Was aber die Völcker / die noch keine Europäer gesehen haben / betrifft / so bedienen
sie sich der Zweige von Bäumen / ihre Töpffe
übers Feuer daran zu hängen und ihre Speisen
kochen zu lassen.

Das XXVIII. Cap.

Von den Gebräuchen der Wilden
bey Begrabung der Todten. Von ihren Gastereyen / die sie dabey halten /
nebst einigen Betrachtungen von der
Unsterblichkeit der Seelen.

Die

Die Wilden begraben ihre Todten mit aller Pracht/die sie nur ersinnen können/ fürnemblich ihre Verwandten/ und insonderheit die Capitains / oder Häupter von ihrem Geschlechte. Sie bekleiden sie mit ihrem besten Zeuge/und bemahlen das Gesicht und den Leib mit allerhand Farben. Nachmahls legen sie sie in einen Sarck von Baumrinden verfertiget/ an welchem sie den Deckel mit leichten Bimmsteinen sehr glat machen. Den Ohrt der Begräbniß formiren sie in Gestalt eines Mausolæi, und besetzten ihn nachmahls mit Palisaden/die 12. oder 13. Fuß hoch sind / und wird der Sarck dahinein 7. oder 8. Fuß tieff beygesetzet.

Ihre Gräber richten sie gemeiniglich an den erhabensten Oertern ihrer Dorffschafften auff/und schicken alle Jahr Gesandten an die benachbarte Völcker / sie zur Feyrüng des Todten-Fests einzuladen. Alle Mitternächtige Americaner sparen nichts/was zur Ehre ihrer Verwandten und verstorbenen Freunde/ die sie beweinen/ dienen kan. Denn wie sie einander ansehnliche Geschencke von Muscheln/ Gürteln und aus den köstlichsten Steinen / die sie nur finden können/ gemachten Pfeiffen / ja daß ichs mit einem Wort sage / von demjenigen/was sie am meisten hoch halten/offeriren; also geben sie dieselben den Verwandten des Verstorbenen/ihre Thränen damit zu stillen. Sie führen sie zu den Gräbern/ und beten daselbst gewisse Wörter her/ die sie mit

H 6   Thrä-

Thränen und Schlucken in Gegenwart derjenigen Gebeine/welcher Gedächtniß sie ehren/verge-
sellschafften/ weil sie sich alsdenn ihrer vortreff-
lichen Thaten/ die sie in Friedens-und Krieges-
Händeln verrichtet/ erinnern; sonderlich findet
man bey den Wilden gewisse Ceremonien/ derer
sie sich bey den verstorbenen Kindern ihrer
Freunde bedienen. Denn wenn sie diese begraben wollen/ so legen sie dieselbe auff eine Decke
oder sehr weiß zubereitetes Fell in Gegenwart ihrer Eltern. Sie bemahlen dieselbe mit unterschiedlichen Farben/ nachmahls tragen oder setzen sie sie auff einen Schlitten/umb dieselbe zu begraben. Allein an statt/daß sie solten die Eltern
des verstorbenen Kindes beschencken/ wie sie bey
den Erwachsenen pflegen zu thun/ so empfangen
sie selbsten Geschencke/ihre Thränen zu stillen/ die
sie überflüßig in Gegenwart ihrer Eltern vergiessen. Die Wilden haben auch die Gewohnheit/
das Grab der Erwachsenen mit ihren allerkost-
bahrsten Sachen anzufüllen/ und importiret solches mannigmahl 2. biß 300. Rthlr. Sie legen
überdem noch darein sehr nette Schue von zubereitetem Leder/ ein Feuerschlag/ ein Beil/ein
Halßgeschmeide von Muscheln/ eine Pfeiffe/und
einen irdenen Topff/ welcher mit Brey von In-
dianischemKorn und andern groben Speisen angefüllet ist. Ist es eine Manns-Persohn/ so
thun sie noch Pulver und Bley hinzu; oder in
Ermangelung desselben vergnügen sie sich das
Grab mit Pfeilen und Bogen zu versehen/ damit
diese

dieſe arme Leute / wenn ſie ins Land der Seelen
oder der Todten angelanget/ ſie ſich dieſer Waf-
ſen auff der Jagd bedienen können.

Ich erinnere mich hierbey einer ſonderli-
chen Begebenheit/die ſich zutrug/ als ich mich bey
den Iſſat Nadoueſſans auffhielte. Es ſtarb
nemblich ein Wilder/ welcher von einer ſehr giff-
tigen Schlangen gebiſſen war. Ich kunte ihm
nicht geſchwinde genug mit einer ſicheren Artze-
ney/ſo ich täglich bey mir trug , und in einem
Pulver wider den Gifft beſtand / beyſpringen.
Indem aber ſonſten dieſes jemanden in meiner
Gegenwart begegnete/ſo ſchabete ich alſobald die
Wunde / und wurff ein wenig Pulver hinein;
nach dieſem muſte der Verwundete etwas davon
einnehmen/ damit der Gifft nicht möchte an das
Hertze kommen. Dieſes hatten die Barbaren
mit groſſer Verwunderung angeſehen / daß ich
dergeſtalt einen von ihren Soldaten/welcher von
einer Schlangen gebiſſen war/heilete. Sie ſagten
derowegen zu mir: du Geiſt! (denn dieſen Nahmen pflegen ſie den Europäern zu geben) wir haben dich allenthalben auff der Jagd an den Oertern geſuchet / da du ſonſten mit den 2. andern
Geiſtern wareſt / die dich begleiteten : aber wir
ſind ſo unglücklich geweſen/ daß wir dich nicht antreffen können. Verlaß uns doch nicht mehr;
wir wollen für dich ſorgen. Wäreſtu bey uns
geweſen/unſer Freund / den du jetzund tod ſieheſt/
würde alsdenn in den Stand geſetzet ſeyn/ dir zu
Ehren Gaſtereyen anzuſtellen. Er war ſehr geſchickt

schickt seine Feinde zu überfallen und zu tödten/
er konte von seiner Jagd 6. Frauen unterhalten/
und wäre annoch in dem Stande gewesen / dir
viel gutes zu erzeigen/daferne du durch deine An
wesenheit verhindert hättest/ daß er nicht gesto-
ben wäre. Du hättest ihm diesen Gefallen leicht
erweisen können / denn wie du vielen von unsern
Verwandten das Leben geschencket hast/also wür
destu nicht ermangelt haben / diesen wichtigen
Dienst demjenigen / den wir allhier beweinen/
zuerweisen.

Denn weil diese arme Völcker unsere Manieren zu leben nicht begreiffen können / glauben
sie/daß wir fähig sind/alles zu thun/ auch den Tod
selbst zu verhindern. Sie hatten sich zum öfftern
über die Wirckung unserer Artzeneyen / die wir
ihren Krancken gaben/verwundert/ durch welche
Sorge für ihre Leiber aber wir uns zugleich be-
müheten/ sie von ihren geistlichen Kranckheiten
zu heilen/ und sie zur Erkändtniß des wahren
GOttes zu führen. Es wunderte mich indessen sehr/ wie artlich diese Wilden den Todten gezieret. Sie hatten ihn auff sehr schönen decken
in der gestalt eines Soldaten/der mit Bogen und
Pfeilen versehen/geleget und seinen Leib mit unterschiedlichen Farben bemahlet. Wer ihn
gesehen/hätte sagen sollen/daß er noch lebete. Wie
sie mich nun baten / ihm etwas Toback von St.
Martin/davon ich noch ein wenig übrig hatte/ zu
geben/umb den Verstorbenen rauchen zu lassen:
Also gab mir dieses Anlaß/ ihnen zu sagen/ daß
die

die Todten weder rauchen noch essen in dem Lande der Seelen / und die Menschen allda nicht
mehr Bogen und Pfeile nöthig hätten / weil an
dem Ort/dahin die Seelen kommen / man nicht
mehr auff die Jagd gehet. Und so sie wolten den
grossen Capitain/der ein HErr Himmels und der
Erden ist / erkennen/ würden sie dermahleins von
einem Anschauen dergestalt gesättiget werden/
daß sie weder auf die Jagd/noch auf essen und trincken mehr dencken würden/weil die Seelen dessen
nicht mehr benöhtiget wären.

Ob nun wohl die Wilden wenig oder nichts
von meinen Reden verstunden / beschenckete ich
sie dennoch mit ein paar stücken Toback. Sie lieben denselben sehr/ weil der ihrige nicht so gut/
als meiner / den ich ihnen reichete / zubereitet
ist; doch erinnerte ich sie dabey/ daß ich denselben
ihnen / und nicht den Todten zu rauchen gäbe/
weil dieselben dessen nicht mehr bedürffen.Einige
der Wilden/welche zugegen waren / höreten meinen Reden/die ich von dem andern Leben führete/
sehr auffmercksahm und ernstlich zu/ und stelleten
sich/als wenn sie mich gar wohl verstünden. Die
andern sagten in ihrer Sprache/ Tepatoui,
das heist: es läst sich hören. Indessen fiengen
sie an lustig zu rauchen / ohne daß sie sich weiter
bemüheten/einigen Nutzen aus meinen Reden zu
schöpffen.
Ich merckete/daß die Thränen/die sie wegen
des Verstorbenen fallen liessen/und die Ceremo-
nien/

nien / indem sie mit Bären-Oel und dergleichen
Sachen sich beschmiereten / mehr eine Wirckung
der Gewohnheit und des alten Gebräu-
ches / dazu sie durch ihre Satzungen/ welche mit dem Jüdenthum etwas gemeines haben/
gewohnet sind/als einiger Neigung/ die sie zu diesen Sachen haben/ wären. Dahero ich an dem
Wohlseyn dieser Barbaren inskünfftige gäntzlich
nicht zweiffele/sondern glaube / daß GOtt dermahleins Mittel an die Hand geben wird / sie
durch das Liecht des heiligen Evangelii zu er-
leuchten/weil diese heilige Lehre allen Völckern in
der gantzen Welt fürhero solle verkündiget wer-
den/ehe der HEr: JEsus kommen wird/die Todten und Lebendigen zu richten.

Das XXIX. Cap.

Von dem Aberglauben der Wil-
den/und ihren lächerlichen Meinungen.

Ch erkenne täglich/daß was für künstliche
Mittel auch die Menschen ausgesonnen/
die Unglaubigen zu bekehren/ sie dennoch
nicht ehe helffen werden / als biß GOtt
selber ihr Vorhaben/ so sie deßwegen unternom-
men/ segnen wird. Wie sollen sie glauben/ von
dem sie nichts gehöret haben? spricht der heilige
Apostel Paulus / wie sollen sie aber hören/ ohne
Prediger? wie sollen sie aber predigen / wo sie
nicht

…icht gesandt werden ? Es ist ja in alle Lande
außgegangen der Apostel ihr Schall und in alle
Welt ihre Worte. Ich wünsche derowegen
hertzlich/ daß die stimmen der Nachfolger der A-
postel diese grosse Anzahl Wilden/die ich auff meinen Reisen gesehen / zum rechten Christlichen
Glauben und Leben führen mögen. Man hat
zwar lange Zeit daran gearbeitet / indessen aber
bißhero wenig außgerichtet / weil überhaupt davon zu reden/diese blinde Völcker dem Aberglauben gar zu sehr ergeben sind.

Zwar findet man viele unter denselben / die
ein wenig von ihrem Aberglauben abtreten;
jedennoch suchen so wohl die alten Männer als
Frauen unter den Wilden mit einer erschrecklichen Eigensinnigkeit die Satzungen ihrer Vorfahren zubehaupten. Als ich sie anredete/daß sie
keinen Verstand hätten / wenn sie solchen Lügen
und Rasereyen glaubten/und sie erinnerte/ doch
dergleichen Warheiten nicht mehr Beyfall zu geben ; Antworteten sie mir:wie alt bistu? du schei-
nest kaum 35. oder 40. Jahr auff den Rücken zu
haben / und du bildest dir ein / die Sachen besser
zu verstehen als unsere Alten. Gehe / du weist
nicht/ was du redest. Du kanst wohl wissen/ (setzten die alten Narren hinzu) was in deinem
Lande passiret/weil du solches von deinen Vorfahren vernommen/ aber du weist nicht/ was in
unserm fürgehet/ehe die Geister/ das ist die Euro-
päer/hieher gekommen sind.

Ich versetzte/daß wir alles aus der Schrift
wü-

müsten/ welche der Herr des Lebens durch seine
Sohn uns gegeben ; daß dieser Sohn gestorben wäre/sie aus einem Ohrt zu erretten/ darin
alle Menschen ewig brennen müsten / daferne er
nicht in die Welt gekommen wäre; daß alle Menschen in der Welt Sünder wären/ und in Adam
des ersten Menschen alle Straffen sich zugezogen
hätten. Diese Wilden/ welche von einem guten
natürlichen Verstand sind / haben mich daran
öffters gefraget: wustet ihr denn wohl/ daß wir
allhie waren/ehe eure Geister/ oder Europäer/ in
diese Länder gekommen sind? wie ich nun solches
mit Nein beantwortete/versetzten sie : so lernest
denn nicht alles aus der Schrifft / und folgends
saget sie nicht alles.

Man muß also ohne zweiffel viel Zeit nöhtig haben/ so wohl die Falschheit ihres Aberglau-
bens ihnen zu erkennen zu geben / als auch die
Warheiten des Evangelii ihnen beyzubringen.
GOtt ist es allein / der ihre Hertzen durch die
Salbung seines Geistes und Reichthumb seiner
Gnade neigen kan/und die himmlische Weißheit
ihnen erkennen lassen. Indessen müssen die Diener des Evangelii nicht laß werden ; indem einmahl die Zeit kommen wird/da die Menschen das
Interesse JEsu Christi dem ihrigen vorziehen
werden;wie alsdenn nur ein Hirte / also wird
auch nur eine Heerde seyn ; alle frembde Völcker werden alsdenn die Glückseligkeiten dieser
Zeiten geniessen / welcher Erfüllung GOtt nach
sei-

iner Weißheit schon längst bestimmet hat.

Viele unter den Wilden machen auß den
rzehlungen ihrer Vorfahren indessen einen
Schertz/obwohl etliche darunter denselben bey-
llen. Ich habe vorher schon angeführet ihre
Meinungen/ die sie beydes von ihrem Ursprung
ls auch Heylung ihrer Krancken haben. Man
ndet auch bey ihnen eine Erkändtniß von der
Unsterblichkeit der Seelen. Sie sagen selbst/
aß ein sehr lustiges Land gegen Abend liege/ all-
o man jaget/ und so viele Thiere tödtet/ als
nan will; dahin/ sagen diese arme Leu-
e/ werden diese Seelen kommen/ und
in diesem Ort hoffen sie alle sich wiederumb
untereinander zu sehen. Aber darinnen sind sie
noch lächerlich/ daß sie sprechen/ wie die Seelen
Kessel/Geschütz/Feuerschlag und andere Waffen/
die man bey den Gräbern der Verstorbenen nie-
dersetzet/ mit sich nähmen/sich derer im Lande der
Seelen/so wohl als hier/zu bedienen.

Als eines Tages ein wildes Mädgen nach ihrer
Tauffe gestorben war/ und die Mutter derselben
sahe/ daß gleichfalß einer von ihren Sclaven in
den letzten Zügen lage/ sagte sie: meine Tochter
ist allein im Lande der Todten unter den Europäern ohne Verwandten und Freunden. Sehet!
jetzt ist der Frühling/ und sie muß Indianisch
Korn und Kürbiß säen; tauffe denn meinen
Sclaven/ setzte sie hinzu/ damit/ ehe er stirbet/ er
auch in das Land/dahin die Seelen der Europäer

ge-

gehen/nach seinem Tode kommen und meine
Tochter dienen möge.

Eine wilde Frau/ nachdem sie gleichfalß ih
rem Ende nahe war / schrye : Ich will nicht ge
tauffet seyn/ denn die Wilden/ die als Christen
sterben/werden in dem Lande der Seelen vor der
Europäern verbrennet. Einige Wilden sagten
eines Tages/ daß wir sie täufften / damit wir
sie in der andern Welt zu Sclaven machen kön
ten. Andere fragten mich/ob es auch gute Jagt
daselbst gebe/ wohin ich verlangte / und ihre ver
storbene Kinder nach ihrer Tauffe kämen. Wenn
man ihnen antwortet/ daß man daselbst ohn Essen
und Trincken lebe/ weil die Frommen sich in dem
Anschauen Gottes sättigen / so sagen sie/ ich ver
lange dahin nicht/ weil ich was zu essen haben wil.
Wenn man hinzu setzet/ daß sie der Speise nicht
werden benöhtiget seyn / legen sie die Hand aus
Verwunderung auff den Mund / und sprechen:
du bist ein grosser Lügner; kan man auch ohne
Essen leben?

Ein Wilder erzehlete uns eines Tages diese
Historie. Einer unserer Alten /nachdem er gestor
ben/und in dem Lande der Seelen angelanget
war/ fand daselbst alsobald Europäer / die ihn
caressirten/ und sich bey einer Mahlzeit mit ihm
lustig machten. Nachmahls kam er an den Ort/
wo die Wilden waren / die ihn gleichfalß sehr
freundlich empfiengen. Er war alle Tage bey
Gastereyen / zu welchen die Europäer offt einge
laden wurden/ weil niemahls daselbst weder
Krieg

rieg noch Streit wäre.   Nachdem nun der
lte alle diese Länder mit Verwunderung be:
achtet/kam er wieder / und erzehlete alle diese
egebenheiten seinen Landsleuten.   Wir frag:
n den Wilden/ob er dieses glaubete ; allein er
atwortete mit Nein/weil seine Vorfahren viel:
icht/da sie dieses erzehlet/gelogen hätten.

Diese Völcker glauben einen Geist in allen
dingen zu seyn: sie halten alle dafür/daß ein Herz
es Lebens sey ; aber der eine nimpt es anders
n als der ander.   Etliche haben ein Raben-Ge-
ippe/das sie täglich bey sich tragen/und es für den
Meister ihres Lebens außgeben.   Andere haben
ine Eule/ wiederumb andere] ein Gebein und
Muschel-Schale / oder andere dergleichen Sahen.   Wenn sie eine Eule schreyen hören / er-
chrecken sie/und nehmen ein böses Omen darauß.
Sie halten viel auff ihre Träume/ und gehen ins
Bad/sich umb desto besser zur Jagd der Biber zu
rüsten/und wilde Thiere zu tödten. Die Gebeine
der Biber und Ottern geben sie niemahls ihren
Hunden zu fressen.   Als ich daher umb die Ursache dessen sie fragte/gaben sie mir zur Antwort/
daß ein Geist oder Otkon in dem Holtze sich auff-
hielte/welcher es so wohl den Ottern als Bibern
sagte/und sie alsdenn keine mehr fiengen.   Wie
ich auch weiter fort fuhr / was denn dieser Geist
wäre; versetzten sie/ daß es eine Frau / so alles
wüste/und Beherscherin der Jagd wäre; Wiewohl
man allezeit die Anmerckung hiebey machen
muß/

muß/daß der meiste theil solche Sachen nicht
glaubet.

Als ich noch auff meiner Miſſion in der Festung Frontenac mich auffhielte / war ein Weib
ungefehr im Holtze von einem vergiffteten Thiere
gebiſſen worden. Die Jäger trugen ſie nach ihrer Cabanne / und ich kriegte ſie erſt nach ihrem
Tod zu ſehen. Wie ſie nun über den todten Leib
ihr Urtheil fälleten / also hörete ich etliche in folgende Reden außbrechen. Denn ein theil derſelben ſagte / daß ſie die Spur der Schlangen
auff dem Schnee wahr genommen hätten/die dieſer Frauen aus dem Halse gekrochen wäre ; und
ſolches erzehlten ſie mit groſſer Ernſthafftigkeit.
Eine alte und ſehr abergläubiſche Frau
that hingegen hinzu / daß ſie einen Geiſt geſehen/
der im fürübergehen ſie getödtet hätte.

Ich habe auch einen jungen Menſchen von
18. Jahren ungefehr geſehen / der ſich ein Mädgen zu ſeyn feſt einbildete. Er war dieſer Thorheit ſo ſehr ergeben / daß er ſich auch in allem als
ein Mädgen auffuhrete/ denn er kleidete ſich wie
dieſelben / und that alle ihre Arbeit. Ein Wilder / welchen wir in der Feſtung an uns gezogen/
und das Haupt in ſeinem Dorffe war / ſagte
mir eines Tages/daß Onontio (welchen Namen ſie dem General-Gouverneur in Canada/
der damahls der Hr. von Frontenac war/geben)
dieſen Tag zu der Stunde / wenn die Sonne an
dem und dem Ort ſtünde/daſelbſt arriviren würde;
wel-

elches sich nachmahls auch gewiß so zu trug.
dieser Alte/welcher Ganneoufe Katta oder der
bartichte genennet wurde/ war allein unter den
Zilden/der einen Bart hatte. Denn gemeini=
lich pflegen sich die Völcker in dem Mitternäch=
gen America alles Haar/wenn es noch jung ist/
außzureissen/daher sie keine Bärte haben. Ich be=
kenne/ daß ich nicht wuste/ was ich sagen solte/ als
er Graff von Frontenac anlangete. Denn
dieser Mensch hatte davon nicht die geringste
Nachricht erhalten. Er sagte mir nur / als ich
ihn fragte/wie er solches gewust/ daß er es von ei=
nem ihrer Gauckler vernommen / welcher ver=
meinte/zukünfftige Dinge vorher zu wissen.Aber/
wie schon gesagt / so sind die Wilden sehr ihren
Lügen ergeben. Indessen geschehen die Erfül=
lungen ihrer Weissagungen mehr von ungefehr/
ls daß sie solten einige Gemeinschafft mit dem
Satan haben.

Das XXX. Cap.

Von den Hindernissen / die man bey der Bekehrung der Wilden findet.

Man findet viele Hindernissen bey den
Wilden/die ihre Bekehrung abhalten/
doch ist/überhaupt zu reden/die vornehm=
ste ihre Gleichgültigkeit / die sie gegen
alle Dinge haben. Wenn man mit ihnen von
der

der Schöpffung und andern Geheimnisen deſ
Glaubens redet/ ſagen ſie/daß wir Raiſon hättet
und fallen demjenigen insgemein bey / was wir
von dem groſſen Wercke der Seeligkeit ihner
fürſprechen. Sie glaubten eine groſſe Unhöf
ligkeit zu begehen / wenn ſie die geringſte Muht
maſſung ſpüren lieſſen/ daß ſie demjenigen/ waſ
ihnen fürgeſaget wird/nicht ſolten Beyfall geben.
Aber nachdem ſie alle die von uns fürgetragene
Diſcourſe angenommen/ prätendiren ſie/ daß wir
auch auff unſerer Seite wiederumb allen möglichen Reſpect für ihre Erzehlungen und Schlüſſe/
ſo ſie in den Sachen/ die ſie angehen / machen/ haben ſollen. Wenn man ihnen nun antwortet/
daß ihre Reden im geringſten nicht der Warheit
gemäß wären/verſetzten ſie/daß ſie alle unſere Erzehlungen angenommen/ daher es unvernünfftig
wäre/daß man jemanden ſeine Reden unter-
bräche/und ihn beſchuldigte/ daß er Unwarheiten
erzehlet hätte. Alles/ was du/ſprechen ſie/ von
deinem Lande erzehlet häſt/iſt wahr; allein es hat
eine andere Beſchaffenheit mit uns/ die wir von
einem andern Volcke herſtammen / und Länder
bewohnen/die diſſeit des Meers liegen.

Die andere Hinderniß ihrer Bekehrung
kömpt von ihrem groſſen Aberglauben her/ wie
oben ſchon angeführet worden. Die dritte
beſtehet darin/daß ſie nicht an einem beſtändigen
Ort bleiben. Wie ich noch in der Feſtung Frontenac war/und nebſt dem Pater Luca Buiſſet eine
ziem-

ziemliche Zeit des Jahrs zugebracht hatte / die
Kinder der Wilden in unsern gewöhnlichen Ge-
betern zu unterrichten/uñ sie lesen zu lernen in der
Jroquesischen Sprache / wohneten ihre Eltern
öffters unserm Gottesdienst bey / den wir in der
Capelle verrichteten. Sie huben die Hände
gen Himmel/ fielen auff ihre Knie / schlugen an
ihre Brust/ und erzeigten eine grosse Ehrerbietigkeit in unserer Gegenwart. Aber sie führten sich
so auff/weil sie glaubten/ uns einen Gefallen dadurch zu erweisen. Im übrigen war ihr Zweck
nur dahin gerichtet / einige Geschencke von den
Europäern zu erhalten.

Ja wenn auch ihr Absehen hierinne gut
wäre / so lassen sie doch dasselbe bald wieder fahren / weil sie nur so lange in ihren Dörffern blei-
ben/biß sie ihr Indianisches Korn gesäet und ein-
geärndtet haben/wozu denn wenig Zeit erfordert
wird. Die übrige Jahrszeit bringen sie mit der
Jagd oder dem Kriege zu. Alsdenn führen sie
ihre Familien mit sich und sind offt 8. oder 9.
Monaht abwesend. Ihre Kinder vergessen alsdenn alles/was ihnen beygebracht / und verfallen
in ihre alte Gewonheiten uud Aberglauben. U-
ber dem suchen auch ihre Gauckler und alte aberglaubische Wilden / welche auff ihren Vortheil
nur bedacht sind/sie zum Haß gegen uns boßhaff-
tiger Weise anzureitzen/weil sie besorgen / daß sie
endlichen unserm Unterricht Beyfall geben
möchten.

J

Auch

Auch die Kauffleute / welche gemeiniglich mit den Wilden handeln / und einen Profit von ihnen ziehen/sind offt Ursache / daß diese Völcker nicht zu ihrer Bekehrung gelangen. Es ist schon lange / daß Augustinus von ihnen gesaget: continua est in illis meditatio don, & tritura mendacii. Sie dencken auff nichts als Lügen und Betriegereyen / umb in kurtzer Zeit reich zu werden / und ihre Wahren vortheilhafftig zu verhandeln. Es ist keine List zu erdencken / die sie nicht anwenden/ von den Wilden ihre Felle umb einen geringē Preiß zu bekomen.Sie behelffen sich mit allerley Lügen und Betrug / ihre Wahren zu verkauffen / und einen doppelten Profit/ wo es möglich ist/ darauff zu haben. Dieses ist fähig genug / die Gemühter der Wilden von unserer Religion abzulencken/weil sie diejenigen/ die sich zu selbiger bekennen / so falsch und betriegerisch mit sich handeln sehen.

Bißweilen sind auch die Mißionarii selbst Ursach / daß der Lauff der Predigt des Evangelii unter den Wilden gehemmet wird. Es ist schwer/ihre Sprachen zu lernen/weil sie sehr von einander unterschieden sind / und nicht die geringste Aehnligkeit unter sich haben. Man hat dahero viel Zeit nöthig/ ihnen die Geheimnisse unsers Glaubens beyzubringen / und dafern der heilige Geist auff eine besondere Weise zu ihrer Bekehrung nicht wircket/hat man wenig Frucht von den Mißionen unter die wilden Völcker zu hoffen.

Sonsten pflegen auch die unterschiedlichen Me-

Methoden / derer man sich bey ihrer Unterwei-
ung bedienet/ ihre Bekehrung sehr zu verzögern.
Einige wollen von dem Leiblichen / einige aber
von dem Geistlichen den Anfang machen. Unter
den Christen selbst ist ein grosser Unterscheid in
Glaubens-Sachen / und ein jeglicher bildet sich
in/daß sein Glaube der reineste/ und seine Me-
hode die sicherste sey. Wolte man nun seinen
Zweck bey diesen Völckern erhalten/ müste man
so wohl in dem Glauben selbst/ als in der Weise
zu unterrichten einig seyn / gleichwie nur eine
Warheit und ein Erlöser ist. Daher/ weil diese
Völcker in jetzgemeldten Stücken einen so grossen Unterscheid sehen/ wissen sie nicht/ woran sie
sich halten sollen; und dieses stärcket sie ohne
zweiffel in ihrer Unwissenheit und gewöhnlichen
Blindheit.

Ich mache hie billig einen Unterscheid unter
dem Eiffer und der unauffhörlichen Arbeit der
Missionarien/und ihren eingebildeten Fortgang/
den sie darin gehabt/davon sie in der Welt so viel
Ruhmens machen. Diejenige/ welche die Liebe
zu den zeitlichen Gütern verlassen/ und unter den
Völckern in dem Mittägigen America gewesen/
haben freylich einen guten Succes in diesen Ländern verspüret. Denn man siehet 40. oder 50.
Provintzien/darinn unsere Ordens-Leute den öffentlichen Gottes-Dienst verrichten. Sie haben
sich in die Freyheit gesetzet/ das Evangelium daselbst ohne scheu zu predigen / nachdem durch sie
fürter die Abgötterey / und der verfluchte Aber-

J 2   glaube/

glaube/wie daselbst im Schwang gieng/ zerstöret
worden. Aber man kan auch nicht in Abrede seyn/
daß die/ so an den Mitternächtigen Völckern gearbeitet. / nicht gleiche Früchte derselben einge-
ärndtet. Denn ob sie wohl diese Barbaren zu
Menschen zu machen gesuchet/einige Policey unter ihnen auffzurichten getrachtet/ ihre Brutali-
tät einzuschrencken sich bemühet/ ja sie von ihrem
alten Aberglauben abzuziehen/ und dem HErrn
die Wege zu bereiten gearbeitet/ so haben sie dennoch bißher wenig außgerichtet. Diese rohe
Völcker sind / ich weiß nicht durch was für ein
Verhängniß und Liebe zum Eigennutz/annoch so
wild als zuvor/und ihren alten Lebens-Arten und
gottlosen Gebräuchen/ als der Fresserey / dem
Hochmuht/der Lästerung/ der Grausamkeit und
tausend andern abscheulichen Lastern dergestalt
ergeben/daß man noch heute zu tage unter ihnen
und sürnehmlich unter den Jroquesern/ bey welchen ich eine lange Zeit gewesen / nach dem Beyspiel Diogenis Menschen suchen muß.

Diese Völcker haben noch eben dasselbe an
sich/was man vor 40. und mehr Jahren an ihnen
wahrgenommen : Ohngeacht man grosse Bü-
cher/ welche von den Bekehrungen der Jroqueser
und Hurons handelten / heraus gegeben hat.
Man versicherte zu der Zeit/ daß diese Barbaren
so viel Kirchen und Capellen erbauet/ als sie vorher zerstöhret/ und sagte/ daß diese wilde Phili-
ster in dem Glauben sehr zugenommen hätten.
Indessen lehret die Erfahrung heute zu Tage/daß
                                        sie

ie diejenige noch ſind/ die ſie zu allen Zeiten gewe-
en/ nemblich grauſahme und wilde Feinde aller
Chriſtlichen Zucht.

Ich unterſtehe mich hier nicht/zu läugnen/
daß die Miſſionarii in allen Dingen ihrer Pflicht
nicht nachgelebet hätten/vielmehr glaube ich/daß
es weder an Fleiß noch Eiffer/ die Wilden zu un-
errichten / ihnen gemangelt habe. Allein der
Saame des Worts Gottes iſt auff einen unfrucht-
baren Acker/ am Wege/ und unter die Dornen
gefallen. Wenn demnach dieſe Völcker das
Liecht und die Seeligkeit / ſo ihnen angeboten
wird/verwerffen / erhellet zum wenigſten darauß/
daß dieſe Völcker keine Entſchuldigung haben/
und GOtt in Verdammung ihrer Perſohnen
gerecht ſey.

Das meiſte/ſo wir thun/iſt/ daß wir etliche
Kinder und jetz-ſterbend-Erwachſene / die es be-
gehren/ tauffen. Diß iſt der eintzige Vortheil/da-
durch wir noch etliche zur Ewigkeit befördern.
Was aber die Geſunden betrifft / ſo iſt die Zahl
der Bekehrten davon ſehr ſchlecht. Derjenigen/
die beſtändig in der einmahl angenommenen
Lehre verharren/iſt noch weniger/ſonderlich wenn
man die groſſe Anzahl der Arbeiter betrachtet/
die ſich innerhalb 60. oder 80. Jahren haben dazu gebrauchen laſſen; Wiewohl die Mühe ja
gar die Auffopfferung eines Miſſionarii ſehr
glücklich vergolten ſeyn würde/ wenn er auch nur
eine Seele zu GOtt führete und ſeelig machte.

Die fürnehmſte Verrichtung der Mißiona-

I 3 rien

rien beſtehet zwar in Verwaltung der Sacra-
menten/derer ſie die Wilden / welche mit GOtt
im Bunde ſtehen/theilhafftig machen ; So iſt es
aber doch auch die Warheit/daß nachdem die Felle und Biber unter den Wilden abgenommen/die
Europäer ſie verlaſſen / und ſich nicht mehr bey
ihnen aufhalten. Dieſes wurffen die Wilden
an den 3. Uſern in Canada ſelbſt einmahl in vollem Raht und Gegenwart des Herrn Grafen von
Frontenac etlichen Miſſionarien / die nicht des
Ordens Franciſci waren/vor. So lange/ſprach
ein Capitain der Wilden / wir Biber und Felle
hatten/hielte derjenige/der ſo mit uns betete/ ſich
bey uns auf. Er unterwieſe unſere Kinder/und
brachte ihnen den Catechiſmum und die Gebete
bey ; Er ſonderte ſich niemahls von uns ab/ ſondern erwieſe uns zum öfftern die Ehre / unſern
Gaſtereyen beyzuwohnen : Aber nachdem wir
unſerer Wahren entblöſſet / haben dieſe Miſſionarii geglaubet/ daß ihre Gegenwart uns nicht
mehr nützete.

So iſt es auch bekandt/ daß die meiſten Miſ-
ſionarii/welche man in Zeit von 40. Jahren dahin geſchicket/ihr Quartier verlaſſen haben. Dieſes bezeugen die groſſe Baye des Fluſſes St.
Laurent/ Riſtiguche/ Nipiſiquit/ Miskou / Cap
breton/Port-rojab/der Wolffes-Fluß/Rivier du
loup) das Cap du Magdeleine / die 3. Flüſſe
(les trois Rivieres,)und viele andere/welche
bey den Hurons eben an bemeldtem Fluſſe eta-
bliret waren. Diejenige/ welche hieher geſandt
wor

vorden/haben für gut befunden / sie nebst Tadus-
sac zu verlassen und nach Chigoutini sich zu erheben.

Wo mir GOtt das Leben und die Gesund-
heit schencket/werde ich vielleicht noch wichtigere
Hindernissen / die der Fortpflantzung des Evangelii unter den Wilden in America sich entgegen
setzen / in einem 3ten Theil ausführen können.
Hier will ich nur sagen/ daß wenn man mit Nutzen dieses schwere Ampt auff sich nehmen will/
man die Reichthümer dieser Welt unter die Füsse tretten / und mit einem mittelmässigen Auß-
kommen zu frieden seyn müsse/ wie denn uns der
Apostel in der That befiehlet / die Güter dieser
Welt zu verachten. Dieses würde ein beque-
mes Mittel seyn/die Wilden zu gewinnen/und sie
zu JEsu Christo zu führen : Aber ich werde vielleicht an einem andern Orth hiervon mit meh-
rern reden.

Das XXXI. Cap.

Von der Wilden ihrer barbari-
schen und unhöfflichen Manier zu
leben.

DJe Wilden kehren sich wenig an die
Höfligkeit unserer Europäer / sondern
lachen darüber / wenn sie dergleichen an
ihnen gewahr werden. Denn wenn ein
Wilder an einen Orth kompt/grüsset er niemand

von

von den anwesenden. Sie bleiben auffrecht ste-
hen/blicken sich für niemand / und ob man gleich
zu sie kompt / sehen sie einen nicht einmahl recht
an. Sie gehen bißweilen in die Cabanne/ so sie
nur finden/hinein/ohn daß sie ein Wort sprechen;
sie nehmen Platz/ wo sie können / und nachdem sie
ihre Pfeiffe angestecket / rauchen sie dieselbe aus/
und gehen wiederumb stillschweigend davon.

Wenn sie in unsere Häuser / die nach Euro-
päischer Art meubliret und gebauet sind/kommen/
so nehmen sie gleich die erste Stelle/ so ihnen für-
kömpt/ eines mag auch die fürnehmste seyn oder
nicht. So ein Stuel mitten für dem Heerde ste-
het/lassen sie sich auff denselben nieder und stehen
für niemanden auff/wenn es auch ein Printz oder
König wäre. Sie machen so viel Staat von ihrer eigenen Persohn / als der fürnehmste und
grösseste in der Welt thun kan.

In den Ländern gegen Norden bedecken
so wohl die wilden Männer als Weiber nur dasjenige / welches die Schamhafftigkeit zu zeigen
nicht zu lässet / der übrige Theil des Leibes ist
bloß. Die Wilden gegen Süden gehen gantz na-
cket/ohne daß sie deßwegen sich im geringsten
schämen solten. Sie lassen die Winde in Gegenwart aller Leute ohne Scheu aus der Hinter-
pforte fahren. Ihre Alten tractiren sie sehr un-
höfflich/wenn sie ausser den Versamblungen sind;
und die meisten Discourse beydes der Männer
als Frauen bestehen siets in liederlichen und garstigen Reden.

Was

Was die Gemeinschafft der Männer mit
den Weibern betrifft/so verbergen sie sich zwar gemeiniglich zu der Zeit/doch nehmen sie sich öfters
in diesem Stück so wenig in acht / daß man sie
vielmahl beyeinander gefunden hat. Sonsten
befleißigen sich die Wilden der Erbarkeit/die man
unter den Europäern bey Persohnen unterschiedlichen Geschlechts antrifft / gar wenig. Man
mercket niemahls/daß sie einander die unter uns
gewöhnliche Caressen machen/sondern alles gehet
sein grob und plump zu.

Sie waschen niemahls ihre Schüsseln/ Tel-
ler und Löffel. Wenn die wilden Frauen ihre
Kinder mit den Händen gereiniget/ so wischen sie
dieselbe nur oben hin an ein stück Holtz-Rinde
ab/und dann rühren sie die Speisen ohne furher-
gegangenes Handwaschen an. Dieses hat bey
mir viel Eckel erwecket/mit ihnen zu speisen/wenn
sie mich darzu eingeladen hatten; denn sie bey
nahe niemahls das Gesicht und die Hände
waschen.

Die Kinder respectiren ihre Eltern wenig.
Es geschiehet öfters / daß sie dieselben schlagen/
und man züchtiget sie niemahls wieder dafür/
weil/wie sie sagen/die Schläge die Kinder furcht-
sam machen und verhindern / daß sie nicht gute
Soldaten werden. Sie essen mannigmahl/wie
das Vieh/indem sie dabey schnauben/ und ihren
eigenen Rotz mit einfressen. So bald die
Manns-Persohnen in eine Cabanne kommen/
fangen sie an zu rauchen. Wenn sie einen Topff

J 5   be-

bedecket finden / machen sie sich keinen Verdacht,
denselben aufzudecken/umb zu sehen/was darinne
sey.   Sie essen aus den Schüsseln/ darauß ihre
Hunde gefressen/ ohne daß sie dieselbe fürher rein
machen solten.   Wenn sie fette Speise essen / so
beschmieren sie damit ihre Haare und Gesichter/
sie damit zu reinigen/und schämen sich nicht / bey
Tische aufzurolzen.

Diejenige/ welche von den Europäern Hemb-
der eingetauschet haben / waschen sie niemahls/
sondern lassen sie am Leibe verfaulen.   Sie
schneiden selten ihre Nägel ab / und waschen bey
nahe niemahls die Kost/so sie kochen wollen.   Die
Cabonnen derer gegen Norden sind gemeiniglich
sehr unrein / und habe ich mich einsmahls über
eine alte Frau sehr verwundert/welche die Haare einem Kinde abbiß und die Leuse davon aß.
Die Weiber schämen sich nicht in Gegenwart aller Leute ihr Wasser zu lassen ; dahingegen sie
aber wohl eine gantze Meil ins Holtz lauffen/ ehe
sie im Gesicht eines Menschen ihrer übrigen
Nohtdurfft sich entledigen solten. Man siehet offtmahls diese Leute auff ihren Betten liegende
gleich den Hunden essen/und schämen sich deßwegen im geringsten nicht / sondern sind in allen ihren Verrichtungen sehr viehisch.

Uber diesem allen findet man dennoch unter ihnen sehr viele höffliche und wohlaustdudige
Manieren.   Wenn jemand unter dem essen in
ihre Cabannen kompt / so bieten sie gemeiniglich
demselben eine volle Schüssel an / und man thut
ihnen

ihnen einen grossen Gefallen / wenn man alle
Speisen/ die sie einem geben/ auffisset. Sie lit=
ten lieber 2. Tage hunger / als daß sie nicht alles/
was sie hätten/aus gutem Hertzen einem spendi=
ren solten.   Wenn ungefehr die Speise/ da man
zu sie kompt/schon ausgetheilet ist/so weiß dennoch
die Frau auff ein Mitel zu dencken / daß
der Ankommende gleichfalß seinen Theil be=
kommen möge.   Etliche Wilden / als wir sie be=
suchten/botten uns die schönsten Decken und den
besten Orth ihrer Cabanne an/uns daselbst nieder
zu lassen.   Welche mit den Europäern viel umb=
gehen/pflegen zu grüssen / wenn man ihnen begeg=
net.   Es ist auch bey diesen Völckern gebräuch=
lich/daß wenn sie ein Geschenck bekommen haben/
sie ein anders wiederumb dafür zurücke senden.

Ob gleich sie auch sehr übel mit ihren Alten
umbgehen/so erweisen sie ihnen doch viel Respect/
wenn sie einen guten Raht geben.   Sie kommen
demselben genau nach/und bekennen/daß ihre Al=
ten mehr Erfahrung haben und die Sache besser
als sie verstehen.   Wenn ein Alter in Gegenwart
der andern einem jüngern den Verweiß geben
würde/daß er keinen Verstand hätte/so würde er
so fort hingehen/sich zu vergeben.   So delicat
und empfindlich sind sie.   In ihren Versamblun=
gen/die sie halten/ wenn eine Sache zu überlegen
ist/dürffen ihre jungen Leute niemahls sich die
Freyheit nehmen zu reden/es sey denn/daß sie zu=
vor gefragt werden.

Bey ihren Gastereyen pflegen sie öffters einen Rang unter den Persohnen zu halten. Sie geben dem fürnehmsten das gantze Haupt des Thiers/ das sie getödtet / oder sonsten den besten Theil von der zubereiteten Speise. Niemahls essen sie als aus einer Schüssel/sie mögen denn im Krieg begriffen seyn / denn daselbst nehmen sie es ebē so genau nicht. Sie nehmen einer von dem andern Geschencke an / und schicken auch einander wiederumb welche zu. Sie haben über dem eine grosse Ehrerbietigkeit für ihre Alten / indem sie ihnen die Verwaltung aller Geschäffte anvertrauen/weil dieses für eine Ehre daselbst gehalten wird.

Man findet nur wenige/welche uns nach der Europäischen Manier grüssen. Ich habe einen Wilden gekandt/der sich Garagontie oder die gehende Sonne nandte. Dieser / als er in Gegenwart des Hn. Grafen von Frontenac eine Rede hielte / nahm er/ so offt als er eine neue Rede anfieng/ seinen Hut ab/ und führete sich in der Außsprache auff als ein Redner. Ein ander Capitain der Hoiogoins / als er seine kleine Tochter sahe/ die er dem Grafen von Frontenac gegeben hatte / daß sie möchte unterrichtet werden in Europäischen Sitten/sagte sehr höfflich zu ihm : Oon mue! (diesen Nahmen geben sie dem Gouverneur von Canada und bedeutet solcher ein schönes Gebirge) du bist der Herr von diesem Mädgen. Lasse sie wohl lesen und schreiben lernen und wenn sie wird erwachsen seyn /gib

mir

mir sie wieder/oder nimb sie dir zur Frauen. Dar=
auß erhellet/ daß die Jroqueser sich so viel bedün=
cken lassen/als die Fürnehmsten in der Welt.

Ich bin auch mit einem andern Jroqueser
vertraulich umbgangen/ der sich Atreouati oder
Groß-Maul nennete/ welcher gleich den Euro=
päern aß. Denn er wusch seine Hände aus ei=
nem Handbecken mit dem Gouverneur/setzte sich
am letzten zur Taffel/ machte seine Serviette art=
lich von einander/ aß mit der Gabel und machte
es mit einem Worte/ wie wir. Doch stellete er
sich aus Schalckheit bißweilen anders/einige Ge=
schencke von dem Gouvernemr zu erhalten. Dieser
Mensch war sehr listig und arg/ allein der Graff
von Frontenac hielte ihm viel zu gute/ denn er die
Wilden nicht gern beleidigte / oder ihnen Anlaß
zum Auffstand geben wolte/ weil ihm nicht unbe=
kandt / daß die Jroqueser die erschrecklichsten
Feinde wären/die die Frantzosen im gantzen Mit=
ternächtigen America haben könten.

Das XXXII. Cap.
Von dem unterschiedlichen Hu-
meur der Wilden.

UBerhaupt davon zu reden/ so haben alle
wilde Nationen/die ich in dem Mitter=
nächtigen America besuchet/ eine eusser=
ste Gleichgültigkeit gegen alle Sachen.
Sie lieben nichts/was es auch seyn mag/und ach=
ten

ten auch das Allerkostbahrste nicht ; vielmehr sehen sie alles an/als Dinge / die weit geringer als
sie seyn/und wenn sie daher auch 100000. Thaler oder eine Sache/die sie eben so hoch halten/
hätten/würden sie dieselbe hingeben und ohne den
geringsten Widerwillen abstehen / umb das Verlangte zu erhalten.   Indessen muß ich sagen/daß
unter allen Nationen in gantz America die Iroqueser die gleichgültigsten sind.   Sie halten
sich für Herren der andern Völcker/ und sind off-
ters verwegen genug gewesen/den Frantzosen in
Canada den Krieg anzukündigen ; Sie würden
auch bißweilen ihren Zweck erlanget haben/wenn
sie ihre eigene Kräffte gekennet hätten.

   Ihre Gleichgültigkeit aber / die sie in allen
Dingen spüren lassen / hat sie offt dahin gebracht/
daß sie einen betrieglichen Frieden gemacht haben.   Im übrigen wollen sie gleich diejenigen/ so
ihnen an Mannschafft nicht überlegen sind / ver-
stöhren/wenn es ihnen beliebet/ und die Kauff-
mannschafft/ so sie mit ihnen führen/ auffheben.
Was für Gewalt man auch brauchet/ sich ihnen
zu widersetzen/so werden es ihre Feinde doch niemahls dahin bringen können/daß sie sie ausrotte-
ten/oder die Unkosten / die sie deßwegen anwen-
den/ wiederumb erlangeten.   Man gewinnet
ihnen nichts als Schläge ab/und muß viel Mühe angewendet werden/ vor ihren Verrätereyen
sich zu versichern/dahergegen schlechte Beute von
ihnen zu holen ist.

   Ihre Gleichgültigkeit ist so groß/ daß man

dergleichen nicht unter dem Himmel findet. Sie
haben eine grosse Gefälligkeit gegen alles/ was
man ihnen fürsagt / und thun dem Schein nach
alles sehr ernsthafftig/ darumb man sie bittet. Als
wir ihnen sagten : bete mit uns zu Gott / mein
Bruder; da thaten sie es alsobald und beteten alle
Wörter uns nach/ die wir ihnen in ihrer Sprache
fürsagten. Befohlen wir ihnen : falle auff die
Knie; so fielen sie nieder. Nimb deinen Hut ab;
so entblösten sie ihr Haupt. Schweige; so schwie-
gen sie still. Rauche nicht ; so höreten sie augen-
blicklich auff. Sagte man zu ihnen : höre mir
zu; so mercketen sie genau auff. Wenn man ihnen einige Bilder/ Crucifixe oder Rosenkräntze
gab / so bedienten sie sich derselben zum Zieraht/
eben wie sie mit den Muscheln und Glase gleich-
falßthaten. Wen ich ihnen berichtete/daß es morgen Sonn-oder Bettag wäre ; so antworteten
sie mir Niaoua, das ist : gut ; ich bin zu frieden.
Ich ermahnete sie bißweilen/ dem HErrn des Lebens zu geloben / daß sie sich nicht mehr voll trincken wolten ; da antworteten sie : Netho, Ja/
ich verspreche es euch / daß ich nicht mehr eine
Narrheit begehen will. Indessen wenn sie wiederumb Brandtewein oder andere starcke Ge-
träncke von den Frantzosen/ Engelländern oder
Holländern/ mit denen sie wegen der Felle hau-
deln/ eintauschten/ so fiengen sie von neuem an sich
voll zu sauffen / als wenn es nicht das geringste
auff sich hätte.

Wenn ich sie fragte / ob sie an den HErrn
de

des Lebens/des Himmels und der Erden glaubten / so antworteten sie mit Ja.   Unterdessen
verlassen die wilden Weiber/die einige Mißionarii getauffet   und   nachmahls im Angesicht der
Kirchen an die Frantzosen in Canada verheyra-
tet haben/zum öfftern ihre Männer und nehmen
andere/sagende/ daß sie den Christlichen Gesetzen
nicht unterworffen wären / und sich niemahls ver-
heyrahteten/als mit dem Vorsatz/bey ihren Männern so lange zu bleiben / als sie sich miteinander
vertragen könten /   im übrigen aber hätten sie
die vollkommene Freyheit /   sich zu verändern.

Es wäre derowegen höchst nöthig / sie fürhero zu Menschen zu machen /   ehe man sie zur
Annehmung des Christenthumbs   antriebe:
Denn so lange man diese Völcker nicht wird unter das Joch gebracht haben /   wird man mit
schlechtem Nutzen an ihrer Bekehrung arbeiten/
daferne nicht GOtt durch   eine   absonderliche
Gnade sie dahin bringet.   Dieses ist es/was ich
nebst vielen andern meines Ordens/ die in America mit mir gewesen/aus der Erfahrung hievon
sagen kan.   Gleichwie aber ich mich vielleicht
hievon   weiter in meinem 3ten Theil erklähren
werde/also bitte zu glauben/daß ich niemahls den
Vorsatz gehabt/durch diese Discourse jemand zu
beleidigen /   sondern bloß die Warheit zu
schreiben.

Da

Das XXXIII. Cap.

Von der Schönheit und Fruchtbarkeit der Länder unter den Wil-
den/und wie man gar leicht/ so wohl
in Norden/ als Süden/ grosse Colonien auffrichten könne.

He wir Stuffen-weiſe die ſchönen Länder / welche in dem Nord-und Süblichen
America liegen / beſchreiben / wird es
nützlich ſeyn/ mit ein paar Worten der
Nord-Länder zu gedencken / damit man daraus
erkennnen möge/ wie es gar leichte ſey / daſelbſt
mächtige Colonien auffzurichten.

Man kan nicht in abrede ſeyn / daß man
ſolcher wege groſſe Wälder von Canada an biß
nach den Ländern der Louiſane längſt dem Fluß
Meſchaſipi umbarbeiten müſte/ daher man viele
Zeit zu dieſem Unterfangen benöhtiget ; Man
weiß aber auch/daß alle neue Auffrichtungen der
Colonien einem was zu thun geben. Jedoch
wird man mercklichen Fortgang darin zu ſpüren
haben / wenn man ſie recht und wohl anfänget.
Man hat ehemahls groſſen Nützen von der Fiſcherey gezogen/wie man denn auch noch heute zu
Tage guten Profit daher machen kan.Deñ indem
man einen Theil davon trocknete und damit einen
groſſen Handel in die warmen Ländern triebe/
belieff ſich ſolches in vorigem Seculo auf 1000.
und 200. Schiffe.Die groſſe Banck von Terra-
neuff/

neuff/und die benachbarten Bäncke und Insuln/
als Cap Breton und Acadie sind die fischreiche-
sten Länder von der Welt. Ich will allhie nicht
reden von der Fischerey gegen Norden / welche
Franckreich sich unter dem Titul der ersten Be-
sitzer zu zueignen vermeinet. Diese Fischereyen
wären für dem König unerschöpffliche Minen ge-
wesen/welche man ihnen nicht rauben können/da-
ferne man nur alles durch gute Colonien hätte
unterhalten wollen. Deñ viel Schiffe können alle
Jahr aus dem Königreich aussgehen / Wallfische/
Seewölffe und andere Meer-Fische zu fangen/
darauß sie viel Tonnen Thran / zu den Hauß-
Mannfacturen dienlich/ ziehen/ und ein gut Theil
davon in frembde Länder führen müsten.

Man weiß / daß der eintzige Handel der
Fischerey/welcher an der Seite von Canada ge-
schiehet/zu den ersten Etablirungen / die in diesen Gegenden von America bestättiget worden/
Anlaß gegeben habe. Es ist war/ daß man damals
zwar weder Zeit noch Mittel hatte in dem Lande nachzuforschen/ ob Minen daselbst anzutreffen
waren : Indessen hat man doch allda Bley/
Kupffer/ Eisen / Zinn und dergleichen an vielen
Oertern gefunden / und man wird ohne Zweiffel
noch mehr mit der Zeit entdecken / so man nur
Gelegenheit hat/ darauff zu dencken. Sonsten
ist dieses Land sehr bequem/ Holtz herbey zuschaf-
fen/umb die Minen/die man daselbst finden möch-
te/in Stand zu bringen / weil es nemblich sehr
grosse Wälder hat. Man findet auch an vielen

Gegenden eine Art von schlechtem oder unechtem
Marmor / imgleichen Stein-Kohlen / die zur
Schmiede gut sind / und es hat einen gewissen
Gips/ welcher dem Albaster ziemlich ähnlich ist.

Jeweiter man in das Land kommet / je schönere Wälder man findet/ die mit Hartz-Bäumen
angefüllet sind / und darauß man gantz bequem
Schiffs-Masten hauen kan. So sind auch daselbst Fichten/ Tannen/ Cedern und Maulbeer-
Bäume/die zu allerhand Sachen/ sonderlich aber
zum Schiffbau bequem sind. Es könte man
auch daselbst Schiffs-Armeen formiren / weil die
Schiffsleute auff ihre gantze Lebens-Zeit daselbst
employe haben/und ihre Familien leicht eruehre
könten.Durch dieses Mittel würden sie sich mehr
und mehr an den Handel zur See und an die
Schiffart gegen Abend gewehnen / weil man
mehr gegen Süden / als gegen Norden fähret/
und die Schiffe allda in grosser Anzahl sind.

Als man anfieng in Canada eine neue Colonie auffzurichten/ zog sie (den Privat-Gewinn
ungerechnet) alle Jahr 100000. Rthlr. Profit
ein. Anno 1687. ist der Handel wegen der Felle/
welche die Schiffe bey ihrer Zurückkunfft herauß
gebracht haben/ 3. mahl so hoch gestiegen. Und
ob man sie wohl weiter als Anfangs suchen muß/
so ists doch ein Handel/welcher nicht leicht auffhören wird/wegen der grossen Entdeckung / davon
vorhero ist gemeldet worden.

Es ist gewiß / daß keine Nationen in gantz
Eu

Europa ſind/ die ſo viel Neigungen / Colonien auffzurichten/als die Engelländer und Holländer haben. Die Art dieſer Leute läſt ihnen niemahls zu/ihre Zeit unnützlich zu Hauſe zu zubringen; dahero können· ſie in den groſſen und weiten Ländern von America/ die ich allhie beſchreibe / den wichtigſten Handel auffrichten. Diejenige / welche für ſich / ohne Intereſſe ihres Landes/dahin handeln wollen/werden niemahls in ihrem Abſehen fehlen/ſondern ſich gar leicht mit den Wilden in ein Bündniß einlaſſen können. Die Colonien/ die ſie daſelbſt auffrichten / werden bald beſetzet ſeyn/und die Plätze können mit mittelmäßigen Koſten fortificiret werden. Im Anfang werden ſie ſich zwar auch mit ſchlechtem Profit vergnügen müſſen / doch können ſie nachmahls/ wenn die Handlung erſt recht im Stande/groſſen Vortheil davon ziehen.

Man findet in Engell. und Holland eine groſſe Anzahl allerhand Wahren und Manufaturen/ die weder daſelbſt alle verkaufft noch conſumiret werden. Man würde daher den Kauff-Handel ſehr befördern / wenn ſie nach America gebracht würden / wo man einen unglaublichen Gewinn davon ziehen könte. Hieraus würde man dann deſto beſſer/ als bißher geſchehen/ die wunderbahre Providentz GOttes erkennen/ als welche nicht gewolt hat/daß ein Land alles hätte/ vielmehr aber/ daß man die Societät/ oder Gemeinſchafft und den Handel unter unterſchiedlichen Nationen fortpflantzen und zugleich) dadurch
die

le Warheiten des Evangelii der gantzen Welt
mittheilen solle/ damit auch die unterschiedlichen
Nationen/ welche in jenem Theil wohnen/ der
Erlösung und Seeligkeit / die uns durch unsern
Heyland erworben/mit theilhafftig würden.

Denn ob es wohl eine herrliche und rühm-
liche Sache ist/ Schlachten zu gewinnen und re-
bellische Unterthanen zu bezähmen ; so ist es dennoch weit rühmlicher / JEsu Christo Seelen zu-
zuführen und sie aus ihrer tieffen Unwissenheit
und natürlichen Blindheit herauß zu ziehen. Und
ich kan sagen/ daß mein vornehmster Zweck/war-
umb ich diese Entdeckung publicire/ dahin gehet/
die Christen anzureitzen / daß sie das Reich des
HErrn erweitern und so viel arme Völcker / die
der Unterweisung und Erleuchtung benöthiget
sind/zur Seeligkeit bringen mögen.

Es ist gewiß / damit ich wieder auff den
Handel komme/daß aus den Fellen / die man in
dem Norder-Theil haben kan/ ein grosser Profit
könne gemacht werden. Denn man findet daselbst
Felle von Elendsthieren/ Bären / Bibern/ Füch-
sen/ schwartzen Füchsen / (welche von einer fürtrefflichen Schönheit sind und wegen ihrer Ra-
rität 5. oder 600. Francken ehemahls gegolten
haben/) gemeinen Füchsen/Fisch-Ottern/Zobeln/
wilden Katzen/ wilden Geissen/ Hirschen/ Igeln/
Indianischen Truthünern / die von einer sonderbahren Grösse sind/ Trappen und vielen andern
Thieren / deren Nahmen hie nicht anführen kan.

Man fischet daselbst / wie schon erwehnet
wor-

worden/Störe/Lachse/ Hechte/ Karpen/ Aale/
Schwerd=Fische/ gläntzende Fische / Barben von
einer wunderns=würdigen Grösse und viel andere
Arten ohne Zahl. Man findet auch allda eine
grosse Menge Meer=Lerchen / welche sehr schön
sind. Jmgleichen Rebhüner und allerhand Arten von Canarien-Vögeln/welche die Menschliche
Stimme nachahmen und mit mancherley Farben auff das fürtrefflichste gezieret sind ; ferner
Turteltauben/Kraniche/Reiher/ Schwäne / Eu-
len/welche allerley Speise essen/ nebst vielen andern Vögeln mehr.

Der grosse Fluß St. Laurent / dessen ich zu
unterschiedlichen mahlen schon erwehnet / lauffet
mitten durch das Land der Jroqueser / und machet daselbst eine grosse See/ welche die Wilden
Ontario das ist/den schönen Fluß nennen. Er
ist bey nahe in die 200. Meilen lang / und man
kan aus seinem grossen Begriff gar leicht schlies-
sen / wie viel Städte und Dörffer man daran
bauen könte. Nachdem auch diese Oerter mit
Neu=Jorck in einem Verständniß leben/ werden
vernüfftige Leute nicht weniger bald begreiffen
können/wie vortheilhafftig der Handel/ den man
durch neue Colonien allda etablirete/seyn würde.
Wobey dann weiter zu mercken ist/daß die Helffte
des Flusses/so wohl nahe bey Neu=Jorck alsQue-
beck/der Haupt=Stadt in Canada fürüber fliesset.

Nach der Süder-Seite hat der Fluß St.
Laurent einen Arm / welcher von einer Nation/
die man die Nez Percez oder Outtaouäcts heis-
set/

:t/abkömmet. Gegen Norden findet man die
llgonquins/ die die Frantzosen sich unterwürffig
emacht haben. Gegen Osten wohnet die
Wolffs-Nation bey Neu-Holland oder Jorck/
nd nach der Süder-Seite ist an gedachtem
Fluß Neu-Engelland gelegen / allwo man viele
Schiffe zur Handlung findet. Nach Süd-We-
ten siehet man Virginien / welches nebst Neu-
Holland in den vorigen Zeiten Neu-Schweden
ieß. Gegen Osten findet man das Land der
Hurons/ also genennet/ weil sie ihre Haare ab-
randten / und in gestalt eines abgesengeten
Schweins nichts davon auffm Kopff behielten.
Diese letzte Nation ist bey nahe von den Jroque-
ern gäntzlich ausgerottet worden/ und haben sie
die übergebliebene ihrer eigenen Nation incorpo-
riret. Ich habe noch viel andere Länder/ die an
dem Fluß St. Laurent gelegen/ beydes in der Ge-
neral- als Special-Karte/ die ich bey dem ersten
Theil unserer Entdeckung abdrucken lassen/ be-
mercket/ und also ist nicht nöhtig / solches hier zu
wiederholen.

Der grossen Baye von Hudson/ an der Nor-
derseite dieses Flusses/ ist gleichfals bereits Meldung geschehen / und ist solche von dem Herrn
Desgroseliers Rochechouart/ mit welchem ich oft
während meiner Anwesenheit in einem Kahn
gefahren/ entdecket worden. Die Engelländer
haben ihm eine Pension verordnet/ und der Herr
Blathwäyt/ erster Krieges-Secretarius Wilhel-
mi des *III.* Königs in Engelland/ hat mich in
dem

dem vergangenen Jahr versi
Herr Desgroseliers annoch i

Diese Baye von Hudso
an Neu-Franckreich und dem
Sie hat über 400. Meilen i
Quebeck ist zu Lande nicht n
wie man solches in meinen Ca
dessen rechnet man zum wenig
wenn man auff dem Fluß sich
Wasser nach Quebeck fähr
beschwerlich dahin zu schiffen/
Desgroseliers einsmahls gen
weichen/und hat er zum ander
den können/weil sehr starcke N

Als ich mich noch in Que
ten die Canadier / daß der
leicht glauben bey ihnen gefun
sichert/daß es grosse Mühe ge
men/weil offtmahls Eyß-Sch
tick aus Norden daselbst anko
Bäume nebst ihrem Erdreich
ten. Man sähe darauff Vög
stern/daher diß Eiß gleichsam
sentirte. Ich habe nicht glaub
Sachen/wie jetzt erzehlet/sich a
lein gedachter Desgroseliers
mich versichert / daß sie über d
passiret/und derer Länge sich ü
erstrecket hätte. Sie haben
erschrecklich groß wären/offt ei
durch die Gewalt des Windes

die gröſten Thürne in den fürtrefflichſten Städ-
ten überträffen / und bißweilen ſich als die ins
Meer verſunckene ſpitzige Felſen präſentireten.
Daher man ſich nicht zu verwundern / wenn die
Schiffer uns ſagen / daß ſie auff dieſen Eißbän-
ken ihre Amboße geſetzet/ und die Schmiede An-
ker und andere zur Schiffarth nöthige eiſerne
Inſtrumenten darauff verfertiget haben.

Die Engelländer haben annoch an dieſer
Baye von Hudſon die Feſtungen Nelſon und
Neuſavane. Zwar hatte der Frantzöſiſche Hoff
hemahls denen Schiffenden nach Canada be-
ohlen/alle Engelländer darauß zu verjagen : Al-
ein die Engelländer haben Nachricht davon be-
ommen/und der Canadier Vorhaben zu ſchan-
en gemacht / indem ſie ihren Leuten/ die daſelbſt
ohnen / 4. groſſe Schiffe zu Hülffe ſchicketen.

Man findet auch in den Ländern gegen Nor-
en und an dem Fluß St. Laurent gelegen Stahl-
und Eiſen-Minen/ die 40. oder 50. pro cento ge-
en/wenn man darinn arbeiten wolte. Auff das
Bley könte man 30. und auffs Kupffer 18. haben/
und allem Anſehen nach würde man auch Gold
und Silber daſelbſt finden / dafern man nur
Fleiß anwenden wolte. Zwar hat man für die-
em 2. Männer / die von ſolchen Sachen Ver-
tand haben/dahin geſchickt ; Allein die Frantzo-
en ſind allzu hitzig in ihrem Unterfangen / und
ollen in allzu kurtzer Zeit reich werden. Sie
haben derowegen von ihrem Vorhaben abge-

K   laſ-

laſſen/weil dieſe Minen nicht alles auff einmahl
im Uberfluß gaben.

Die Herren Genins/nemblich Vatter und
Sohn/die dahin geſchicket waren/ an den Minen
zu arbeiten/ſagten mir zu der Zeit/ daß/nachdem
ſie ſähē/wie die Compagnie ihnē ihren verſproche-
nen Unterhalt nicht gäbe / ſie ſich entſchloſſen hät-
ten/wiederum nachParis zu kehren.Hätten demnach damahls die Frantzoſen ſich ſo wohl als andere Nationen mäßigen können/ſo wären ſie nach
dem Bekändtnuß des alten Herrn Genins glücklicher ohne Zweiffel in ihrem Unternehmen geweſen.

Endlich bringen auch die Länder an dem Fluß
St. Laurent allerhand Kräuter und Samen
herfür. Sie ſind verſehen mit mancherley Art
Holtz/und die groſſe Menge der Tannen-Bäume
verſiehet ſie mit Hartz überflüßig. So bringen
auch die Felle/ und die Aſche/daraus man Pot-
Aſche verfertiget / über 150000. Pfund alle Jahr
auff/darvon eine groſſe Anzahl armer Leute ſub-
ſiſtiren/daß alſo die neuen auffgerichteten Colonien in dieſen Ländern einen groſſen Profit machen könten.

Es iſt auch zu mercken/ daß die Herren dieſer
Länder über 1000. Schiffe in Bereitſchafft halten können / die alle Jahr auff die Fiſcherey füh-
ren/und eine groſſe Menge Wallfiſche/Gabeliau/
Salme zurück brächten/ daraus Thran zu bren-
nen/und gantze Länder damit zu verſorgen. Dieſe
Schiffe mußten ſich nohtwendig nach ter durch-
schnitte-

schnittenen Insul begeben/ allwo unsere Franciscaner bey den Cabannen der Fischer/ die sich des
Sommers daselbst auffhalten/ ein kleines Hauß
haben/weil daselbst allein eine Anfahrt ist. Beym
Eingang dieses Flusses ist keine Festung / oder
zum wenigsten habe ich allda keine gesehen : Würde man daher an diesem Ort eine neue Colonie/
welches sich sehr leichte thun liesse/ auffrichten/ so
hätte die Kauffmanschafft einen grossen Vortheil
davon zu gewarten.

In der Beschreibung/ die wir von der Louisane und von den Südländern verhandelt haben/
welche man in der That die Americanische Ergetzlichkeiten nennen möchte / haben wir schon
von den Thieren geredet/derer vorhero Meldung
geschehen ist. Allein über diese findet man daselbst wilde Ochsen und Kühe/welche eine krausse
Wolle tragen ; diese kan man zähmen und nachmahls zur Arbeit gebrauchen. Sie dienen auch
zur Speise/ und man könte sie alle Jahr wie die
Schaafe scheeren/die feinsten Tücher/ die man in
Europa findet/darauß zu verfertigen. Die Wil-
den/die in diesem Lande wohnen / haben sie niemahls fällen können/weil sie nach Beschaffenheit
der Jahrszeit ihre Wohnung verändern.

Viele Medicinische Kräuter/ die in Europa nicht sind/ gibt es gleichfalß allda / und haben die Wilden ihre Krafft gnugsahm auß der
Erfahrung gelernet. Sie bedienen sich dahero
derselben/alle Wunden/ nebst dem Tertian-oder
Quartan-Fieber/ damit zu heilen/ als eine Pur-

gation

gation sie einzunehmen/und den Nierenstein und
dergleichen Übel damit zu lindern. Sie sind
nicht weniger mit einer grossen Menge Gifft ver-
sehen/dergleichen die Schale von den wilden Ci-
tronen ist/derer sich die Wilden bedienen / wenn
sie jemand das Leben nehmen wollen. Weiter
sind an gewissen Oertern die fleckigte Schlangen
und Nattern/nebst einer andern Art Schlangen/
die ein Gifft in dem Schwantze haben / sehr gemein. Diese letzten sind sehr lang und groß und
verwunden die vorbeygehende sehr gefährlich.
Indessen thun sie einem nichts / als nur wenn
man die Kräuter oder kleine Höltzer / darunter
sie sich aufhalten / berühret. Wiewohl man
auch satisahme Mittel an den Oertern / wo sie
wohnen/wider ihre Verletzung finden kan. Die
Frösche sind gleichfalß sehr groß in diesem Lande/
und ist ihr schreyen so starck und durchdringend
als das bölcken einer Kuhe.

Endlich siehet man in diesen Ländern dieselben Bäume / die in Europa sind; allein man
findet auch über dem viel andere Arten / dergleichen zum Exempel der Caton-Baum ist/davon
vorhero schon geredet worden. Diese Bäume
sind sehr tieff eingewurtzelt / und wachsen sehr
hoch/welches zur Gnüge die gute Fruchtbarkeit
des Grundes zu erkennen giebet. Der grösseste
Vortheil aber / den man von unser Entdeckung
zwischen dem Eiß-Meer und Neu-Mexico haben
kan, bestehet fürnehmlich darin / daß man durch
Hülffe der Südländer einen leichtern Weg nach
China

China und Japan findet / ohne daß man nöhtig
habe/die Equinoctial Linie zu paſſiren.

Das XXXIV. Cap.

Wie die Wilden ſich miteinader
berahtſchlagen. Von ihrer Krie-
ges-Liſt gegen ihre Feinde und
Grauſamkeit wider die Europäer/
und auff was Weiſe man derſelben
Einhalt thun könne.

Es geſchiehet zum öfftern / daß die Wilden gegen die Europäer groſſe Grauſamkeit verüben / wenn ſie vorgeben / daß ihnen zu nahe geſchehen ſey. Sie laſſen
alsdenn durch 3. oder 4. Alte in allen Flecken
und Dorffſchafften ein Krieges-Geſchrey machen/
und ſolches geſchiehet mit einer ſo lauten Stim-
ne und erſchrecklichem Geplärre / daß alle ſo-
wohl Männer als Weiber in den Cabannen für
Schrecken zittern ; Ja ihr Eingeweide wird
beweget / und dieſes iſt das Mittel/ dadurch
ie ſich zur Rache auffmuntern laſſen.

Alsbald begeben ſich darauff die Alten/
und welche in den Raht ſonſten zu kommen verordnet ſind / mit gröſtem Fleiß in die Cabanne/
allwo das Haupt ſelbiger Nation logiret /und einer von den Vornehmſten redet die übrige mit
dieſen Worten an : Meine Brüder und En-

K 3 ckel/

fel/diese oder jene Nation hat etliche von unsern
Leuten getödtet. Denn ob man gleich ihnen
auch nur die geringste Ursache zum Mißvergnügen gegeben/ so unterlassen sie doch niemahls zu
sagen/daß man sie getödtet. Man muß derowe-
gen/fähret der Redner fort / in Krieg wider sie
ziehen/sie ausrotten/ und Rache wegen des zugefügten Schadens an ihnen üben. Wenn nun
alle/so dem Raht beywohnen /einer nach dem andern mit Necho oder Togenske antworten/
und die Krieges-Pfeiffe rauchen / da indessen ein
kleiner Wilder sie unaufhörlich stopffet/wird dieses für eine einmühtige Ubereinstimmung der Nation und ihrer Bundsgenossen angenommen.
Alsdenn siehet man von Zeit zu Zeit kleine Sua-
dronen ausziehen / ihre Feinde zu überfallen/
welche doch mannigmahl gantz unschuldig/ und
der Schade ihnen nur von einem übelgesinneten
Wilden imputiret wird.

Als eines Tages die Jroquefer einigen Verdruß
von einem Frantzosen aus Canada empfangen/wolte
sie eben nicht die gantze Nation anfallen/sondern
vergnügten sich nur / auff 2. Persohnen unter den
Frantzosen ihren Zorn fallen zu lassen und sie mit
Beilen todt zu schlagen. Nachdem sie nun ihre Leiber an 2. grosse Steine gebunden / wurffen sie
dieselbe in den Strom / nad liessen sie zu Grunde
sincken / damit die andern diese böse That nicht
erfahren möchten. Und in Warheit man hätte
niemahls etwas davon gewußt / wofern die Stri-
cke nicht gerissen / und das Wasser diese 2. zer-
hauene

sauere und fast verfaulte Leiber aus Ufer geworffen hätte.

Als nun die Wilden aus dem Verbott / daß sie
sich weder der Festung noch den Häusern der
Einwohner nähern solten/ merckten/ daß man sie
wegen des Mords in Verdacht hielte/ fiengen sie
an / sich zu fürchten / daß die Canadier wegen dieser barbarischen That Rache an ihnen üben
möchten. Damit sie derowegen selbigen fürkommen möchten / begaben sie sich an die 3. Ufer
und hielten in die 800. starck miteinander Raht.
Der Schluß ihrer Versamblung gieng endlichen
dahin/daß man sie überfallen / und allen Leuten/
die in Quebeck der Hauptstad in Canada/welche
damahls noch übel besezet war / wohnten / die
Kehle abschneiden müste.

Es ist schwer/ eine Sache/die unter so vielen Leuten deliberiret worden/heimlich zu halten/
indem sie alle ohne zweiffel nicht einer Meinung
sind. Die Göttliche Fürsorge / welche für Er-
haltung dieser anwachsenden kleinen Colonie sor-
gete/ ließ daher zu / daß einer unter den Wilden/
mit Nahmen Foriere/ welchen unsere Geistliche
aus den Wilden/die an den 3. Rivieren wohnen /
auff ihre Seite gebracht / und wiederumb von
ihm sehr geliebet worden/davon dem Bruder Pa-
cifique Nachricht ertheilete / welcher es alsobald
den Frantzosen zu wissen that. Dieses nöhtigte
sie/in einem kleinen höltzernen Fort/ welches aber
noch sehr schlecht mit Pallisaden verwahret war/
sich zu verschantzen; und man unterließ nicht/ die

ge-

gegebene Nachricht dieſes Wilden mit einigen
Geſchencken zu compenſiren. Man verſprach
ihm noch gröſſere/dafern er nicht nur ihnen Part
geben wolte / was ſie weiter für Rahtſchläge wider die Canadier führen möchten / ſondern ſie
auch nöhtigen würde/ daß ſie von ihrem Vorhaben abſtünden.

Dieſer Wilde richtete die auffgetragene
Commiſſion darauff glücklich aus. Er wuſte die
Sache ſo wohl zu drehen / daß er ſie theils von
ihrem Vorhaben abzoge / theils auch überredete/
ſolchen Entſchluß gäntzlich fahren zu laſſen/uñ ſich
mit den Frantzoſen zu verſöhnen / umb Lebens-
Mittel / derer ſie damahls ſehr benöhtiget wa-
ren/von ihnen zu erhalten. Die Wilden ſchick-
ten darauff 40. Kahne mit Weibern/dieſelbe ab-
zuholen / und die Canadier gaben ihnen ſo viel/
als ſie der Zeit ſelber entbehren kunten.

Gewiß/die Frantzoſen nahmen die Friedens-
Conditiones/ welche ihnen im öffentlichen Raht
durch den Wilden la Foriere von Seiten der J-
roqueſer/die er beſänfftiget hatte/gethan wurden/
mit groſſen Freuden an. Es wurd beſchloſſen/
daß die Häupter und Capitaine ihrer Nation die
2. Mörder den Canadiern in die Hände lieffern
ſolten/damit zu machen/was ihnen beliebte/ und
ihre Alten zu dem Ende ſich nach Quebeck begeben könten/wegen dieſer Sache zu tractiren. Ob
nun wohl dieſer Fürtrag / welcher der Foriere
den Wilden that/ ſie alſobald erſchreckte/ ſo betrachteten ſie doch an der andern Seiten wiederumb

umb die Schwäche und Freundlichkeit der Fran-
zosen/ die damahls in Canada waren/ und sich
verlassende auff das Ansehen des Paters Joseph
Caron/ eines Franciscaners/ welcher ihnen stets
viel Freundschaft erwiesen hatte/ überredeten sie
2. von denen / die am wenigsten Schuld hatten/
mit ihnen nach Quebeck zu gehen. Indessen be-
fahlen die Iroqueser ihrer kleinen Armee / eine
halbe Meile von der Festung der Frantzosen stille zu stehen / und den Außgang dieser Handlung
zu erwarten.

Die Iroqueser präsentireten darauff die U-
belthäter den Canadiern nebst einer Menge von
Biberfellen/die sie gaben/umb nach ihrer Gewon-
heit die Thränen damit abzuwischen. Und in der
That/sie legten durch ihre Geschencke die Sache
bey/denn dieses ist das Mittel / dadurch sie die-
jenigen/so sie wider sich gereitzet/besänfftigen/ihre
Bundsgenossen zum Krieg auffmuntern/ Friede
machen/die Gefangene befreyen und gleichsahm/
so zu reden / die Todten erwecken. Man redete
und beantwortete nichts als durch Präsente/wel-
che an statt der Worte in ihren Reden dieneten.

Die Geschencke / welche die Wilden für einen massacrirten Menschen offeriren/sind in gruß-
ser Anzahl / doch pfleget gemeiniglich der Mörder sie nicht anzubieten. Die Gewohnheit dieser Völcker erfordert vielmehr/ daß es die Verwandten / die Dorffschafft oder auch die gantze
Nation / nach der Beschaffenheit und Qualität

K 5   des

des Ermordeten thun. Wird der Mörder von einem Verwandten des Verstorbenen angetroffen/ehe er Satisfaction gegeben / so wird er auff der Stelle niedergemacht. Diesem Gebrauch nach offerirten demnach la Foriere/die Alten und Capitaine der Wilden 12. Elends-Felle/ehe sie zu reden anfiengen/ damit man ihren Fürtrag mit destogeneigtern Ohren anhören möchte.

Nachmahls gaben sie das andere Geschencke und wurffen es zu den Füssen der Canadier/ sagende/daß dieses die blutige Stelle/auf welcher der Mord begangen/reinigen solte / protestirende anbey/daß sie nicht die geringste Wissenschafft von dieser That/als biß sie geschehen/ gehabt hätten/ und sie als eine Verrähterey von allen Häuptern ihrer Nation wäre gescholten und verdammet worden.

Das dritte solte die Armen derer stärcken/ die diese Leiber am Ufer des Flusses gefunden und sie ins Holtz getragen hätten. Sie legten dabey 2. Biber-Felle/ auff welchen sie ruhen solten/umb sich von ihrer Arbeit/ die sie bey Beerdigung des Todten gehabt hätten/zu erholen. Das 4te Geschencke solte dienen / die jenigen zu waschen und zu reinigen / die sich durch diesen Mord befleckt hätten/auch ihnen ihre Vernunfft wieder geben / welche sie bey Vollendung dieses greulichen Streichs verlohren. Das 5te solte alle Erinnerung und Rache auslöschen / die die Canadier deßwegen haben könten. Das 6te solte das Band eines unverletzten Friedens mit den

Fran-

Frantzosen seyn/ hinzu setzende / daß nunmehro
ihre Beile solten auffgehangen werden / und sie
dieselbige so ferne werffen wolten / daß niemand
sie jemahls wieder finden könte.   Womit sie sagen wolten / daß nachdem ihre Nation nun sich
mit den Europäern in einen Frieden eingelassen / wolten diese Barbaren nur allein ihre
Waffen zur Jagd übrig behalten.   Das 7bende
solte ihr Verlangen bezeugen / welches sie hät-
ten/daß die Canadier dem lieblichen Frieden ein
geneigtes Ohr gönneten / und den 2. Mördern
ihren Fehler / den sie begangen / vergeben möchten.   Bey dieser Gelegenheit schenckten sie
Halßketten von Muscheln/umb so wohl ein Feuer
der Sicherheit und Ruhe im Raht bey den 3.
Flüssen / allwo die Froqueser damahls sich auffhielten / als auch in Quebeck anzuzünden.   Sie
thaten noch 2000. Körner von schwartzen und
blauen Muscheln hinzu / die diesen 2. Feuern zur
Nahrung dienen solten.
   Es ist allhie zumercken / daß die Wilden niemahls eine Versamblung halten / darin sie nicht
die Pfeiffe im Munde haben.   Wie nun hierzu
das Feuer nöthig / also pflegen sie solches fast in
allen ihren Rahts-Versamblungen anzuzünden.
Daher ist es bey ihnen einerley/ ein Rahts-Feuer
anzuzünden/oder einen Platz einnehmen / sich zu
besuchen und zu versamblen/ wie dergleichen die
Verwandten und Freunde / wenn sie sich über
etwas berahtschlagen wollen / zu thun pflegen.
Endlich suchten sie durch das 8te Geschenck eine

Ver-

Vereinigung zwischen ihrer Nation und den Canadiern zu erbitten / zu dem Ende sie noch einen
grossen Halßband von Muscheln nebst 10. Fellen von Bibern und Elendsthieren hinzufügten /
alle ihre Reden damit zu bekräfftigen.

Was für einen Vorsatz man auch zu Quebeck hatte/die Mörder zu straffen / umb dergleichen Grausamkeiten ins künfftige vorzukommen/
wurd man doch genöhtiget / ihnen zu vergeben/
weil man nicht in dem Stande war / sich diesen
mächtigen Feinden zu widersetzen.   Man soderte
dahero von ihnen 2. Geissel/ welche zur Versicherung ihrer Promessen zu Canada bleiben solten/
und sie gaben 2. junge Jroqueser mit Nahmen
Nigamon und Tebachi dem Pater Joseph zur
Unterweisung über.   Nachmahls schickte man
die Schuldige zurücke / doch mit diesem Vorbe-
halt / daß so bald die Europäischen Schiffe würden angelandet seyn/man diese Sache schon auffs
genaueste abhandeln würde.

Ich erinnere mich hierbey/daß als ich noch
in Canada war / ich die Frantzosen zum öftern
über diese Sache habe murren hören/ und gaben
sie zur Gnüge zu verstehen / wie es ihnen sehr
nahe gegangen / daß diese Sache ungestrafft geblieben.   Denn seitdem haben die Jroqueser viel
andere dergleichen Verrähtereyen begangen/ sagende / daß wenn sie die Frantzosen ermordeten/
sie gar leicht sich mit etlichen Fell wieder frey machen köntenn/die sie an statt der Canadier abzögen ;
da hingegen ihre Nation dergleichen niemahls

ohne

ohne Rache würde paſſiren laſſen / und ſolten auch alle Jroqueſer deßwegen drauff gehen.

Und wir ſehen noch heute zu Tage/daß die Jroqueſer würcklich im Krieg wider die in Canada lebende Frantzoſen begriffen ſind / welches zur Gnüge die beſtändige Grauſamkeit dieſer Völker an den Tag leget. Die Europäer ſolten ſie dahero der Gewehre berauben/um ſie wieder unter ihre Gewalt zu bringen und ſie zu einem ſittſahmern Leben/ als ſie bißhero geführet/zu nöthigen/ damit ſie wie die Europäer leben möchten. Dieſes wäre das Mittel/ſie zum Chriſtenthumb zu bringen. Die Spanier haben dergleichen bey den Mexicanern gethan / welchen noch bißitzo bey Verluſt ihres Lebens verbotten iſt/ ein Feuer-Gewehr zu haben. Deßwegen aber werden die Mexicaner nicht übel gehalten/ ſondern ſind ſo gute Catholiſche als man in der Welt finden kan / leben auch unter dem allerſüſſeſten Joch in der gantzen Welt.

Unſere erſten Franciſcaner / bey der erſten Colonie zu Canada / erkandten daher für Nohtwendig / die Anſchläge der Jroqueſer zu unterbrechen/indem ſie die allererſchrecklichſten Feinde der Europäer ſind. Sie hielten dafür/daß aller Friede / den dieſe Wilden mit ihren Feinden machten/erdichtet wäre und nur zum Schein geſchähe/die Ubertretung der vorigen Tractaten zu bedecken. Unſere Geiſtliche haben deßwegen Seiner Königl. Majeſt. von Franckreich öffters vorgeſtellet/ daß dieſe Barbaren an ſich zu ziehen/

und

und ihre schändliche Anschläge wider die Einwohner in Canada zu unterbrechen/ man ein Seminarium von 50. oder 60. Froquesischen Kindern auff 7. oder 8. Jahr nur auffrichten müste.
Nach diesem könten diese Kinder ihren Unterhalt
von den Erdfrüchten haben / die diese Zeit über
gebauet würden/ und würden dieselbe Kinder sich
selber mit Einstimmung ihrer Eltern anbieten/
in der Christlichen Religion unterwiesen und auf-
erzogen zu werden. Denn wenn die Froqueser und
andere Wilden auff diese Ahrt ihre Kinder unterhalten und versorget sähen/ würden sie niemahls
auff gefährliche Anschläge wider die Colonien
verfallen / so lange nemblich die Kinder an statt
der Eltern guarantirten.

Das XXXV. Cap.

Von den besten Mitteln/ neue Colonien daselbst auffzurichten ; Imgleichen eine Erzehlung der Einfäl-
le/die die Wilden von dem Himmel
und der Erden haben.

Gleichwie unsere Geistlichen des Ordens
St. Francisci nichts eigenes besitze/ noch
vermöge ihrer Regeln weder verkauffen/
noch an sich ziehen und eigene Einkünff-
te haben dürffen / also kan man mit Warheit sa-
gen/daß kein Orden geschickter sey/ die Colonien/
wel-

velche man von Römischer Seiten in America
auffrichtet/zu unterhalten/ als der unsrige. Die
Warheit meiner Rede erkennet man hieraus/daß
der Kayser Carolus V. die Unsrigen am ersten
n Neu-Mexico geschicket/allwo man dann heute
zu Tage eine unzehlige Menge mächtiger Familien findet/ die der schlechten Eigennützigkeit unserer Geistlichen ihr Auffnehmen zu dancken haben. Die besten Länder sind allda nicht so ver-
schlungen/als in Canada/ allwo wir sehen/ daß
die reichesten Gegenden und fruchtbarsten Länder etlichen Compagnien Kaufleuten / die sich
darüber vereiniget/ in die Hände gefallen/als unsere Franciscaner abwesend gewesen/ welche doch
die fürnehmsten und ältesten Mißionarii in A-
merica sind.

Nach dem nun die Völcker in Neu-Franckreich nach einer langen gezwungenen Abwesenheit uns wiederumb ersuchet / zu sie zu kommen/
haben unsere Ordens-Leute bey ihrer Zurück-
kehr befunden / daß man der besten Ländereyen
unserer Stifftungen / als des Convents unserer
lieben Frauen und der Engel/ allwo ich zum öfftern die brunnen erneuert und bemercket habs/da-
mit ich derjenigen Vorhaben möchte zuvor kom-
men/die uns das übrige noch zu nehmen Lust hät-
ten/uns beraubet hat. Mein Vorsatz ist hie nicht
jemand zu tadelu und zu beleidigen. Ist man
mir gleich wenig wegen der Publication meiner
grossen Endteckung verbunden/ so muß man mich
doch in diesem Stücke mit frieden lassen. Denn
ich

ich könte viel Sachen hier er
Leuten nicht gefallen würd
ich nichts als die Warheit schri

Ich will hie viel weniger rei
sen Vortheilen/welche man von
gen unserer Franciscaner in all
gehabt/ weil dazu auch grosse
den gnug seyn; Sondern will
Arbeit erwehnen/ die unsere G
Seculo wegen der grossen Entt

Dieweil die Französische
da auffgerichtet wurde/ forderte
caner von den Fürnehmen nicht
Leute/die geschickt wären/ das L
eine Haußhaltung daselbst zu u
ber ein Hauß-Vater/der weltlich
ten haben solte/damit 50. oder 6
davon könten erhalten werde.;
sere Geistliche sich allenthalben z
in ihren Mißionen zu avanciren
re Völcker zum Christenthumb
wiß diese Geistliche setzen ihr Leb
tze/und gewehnen sich an/ allerha
stehen/ aus keinem andern Absc
pangelium in alle Theil der Wel

Unsere Geistliche haben s
gegeben/ daß die Christliche R
liche Obrigkeit durch eine gute S
unterstützet werden/die an einem
in dem Mitternächtigen Ameri
und dadurch gar leicht in die s

dem Fluß St. Laurent das Volck in Gehorsam
gehalten werden.   Denn man hat keine andere
Gelegenheit daselbst anzulanden/ als wo sich der
Fluß ins Meer ergiesset.   Dieses wäre daher
das wahre Mittel/ den Handel daselbst in Flor
zu bringen/ und sich sehr zu vermehren.   Man
würde nicht weniger dadurch die Macht des
Printzen/welchem man sich unterwerffen würde/
vermehren und durch einen grossen Anwachs
seinen Staat vergrössern.

Man könte nach diesem viele andere grosse
Länder hinzu thun/ die man in diesem weiten
Lande an dem grossen Fluß Meschasipi besitzen
würde/welcher viel bequemer ist/als der Fluß St.
Laurent/ neue Colonien daran auffzurichten.
Deñ man kan daselbst jährlich 2. mal ja an etlichē
Orten 3. mahl einernöten/ anderer grossen For⸗
theile/die man hie haben kan/zu geschweigē. Man
kan diesem noch hinzu fügen/ daß man durch die⸗
ses Mittel eine grosse Menge Völcker in Scha⸗
tzung setzete/die sich endlich mit diesen neuen Co⸗
lonien verbinden würden.   Und hierzu etwas
meiner seits zu contribuiren wird meine grösse
Freude seyn/ nachdem ich auch den übrigen Rest
meiner Tage solchem guten Wercke auffzuopffern
gantz willig bin.

1. Hierin demnach zu einem glücklichen Ende
zu kommen/ müssen die Printzen oder Staaten/
welche sich unserer Entdeckungen zu nutze machen
wollen/ sehr scharff die Gerechtigkeit daselbst
handhaben.

Der

Der Anfang neue Völcker zu stifften ist allezeit
sehr schwer gewesen / daher es nohtwendig / der
Rauberey / dem Todtschlag / der Unmäßigkeit / der
Gottslästerung und andern Lastern / die mehr als
zu gemein unter den Europäern in America sind /
vorzukommen.

2. Müste man an den Oertern / allwo sich
die Flüsse St. Laurent und Meschasipi ins Meer
ergiessen / und daselbst bequeme Hafen machen /
Festungen bauen und sie mit einer guten Guar-
nison versehen. Alsdenn könten sich die Einwohner ausbreiten / und das Land in der runde
über die 25 Meilen besäen. Wie sie nun eine
reiche Erndte etliche mahl des Jahrs haben
würden / also könten sie indessen die wilden Ochsen bezähmen / und sie nachmahls zu vielen Dingen gebrauchen. Weiter hätten sie grossen Profit zu hoffen von den Minen / davon fürhero geredet / und Zucker-Röhren / welche sich in weit grösserer Anzahl / als in den übrigen Insuln in America / daselbst finden. Die Ursache ist diese / weil
sich daselbst ein viel weiteres und bequemeres
Land als an den übrigen Oertern in America findet / Zucker-Röhre zu pflantzen / dahergegen das
Korn / ob es sich wohl in grossem Uberfluß allda
säen liesse / in diesen Insuln weder blühen noch reif
werden kan.. Das Clima der Länder / welche
zwischen dem Eiß-Meer und Golff von Merico
liegen / ist weit temperirter längst dem Fluß Meschasipi / als in den Insuln davon wir reden. Die
Lufft ist bey nahe daselbst wie in Spanien / Ita-
lien

ien und Provence; die Ländereyen sind dabey sehr
ruchtbar ; die Weiber und Männer gehen mit
ntblößten Häuptern und sind viel schöner als die
Europäer von Statur.

Ihre Gedancken/die sie von dem Himmel
und der Erden führen/sind diese : Wenn man sie
fraget/wer sie geschaffen/ so trifft man einige Al-
ten/die etwas geschickter als die andern sind/un-
ter ihnen an/welche antworten : Was den Himmel beträffe/so wüsten sie nicht/ wer ihn gemacht/
noch wer der erste Urheber desselben wäre. Daferne wir da gewesen / könten wir etwas davon
wissen. Du hast derowegen keinen Verstand/
setzten sie hinzu/ uns zu fragen/ was wir von einem so erhabenē Ort/dahinauff die Menschen unmöglich steigen können/ gedencken. Wie wiltn/
daß wir von einer Sache reden/die kein Mensch
jemahls gesehen hat. Du lässest warlich spühren/
daß du keinen Witz mehr übrig hast / indem du
mit dergleichen Fragen bey uns auffgezogen
kömpst.

Aber/sagē sie weiter/kanstu uns aus der Schrift/
derer du erwehnest/wohl zeigen einen Menschen/
der aus der Höhe herunter gestiegen / und die
Art/wie solches zugegangen. Wenn wir denn diesen Wilden antworten/daß unsere Seelen/so bald
sie von dem Leibe getrennet/ in einem Augenblick
gen Himmel steigen/ die Vergeltung ihrer Wercke von der Hand des Herren zu empfangen ; so
sagen diese Völcker/(welche alles/was man ihnen
fürredet / mit einer grossen Gleichgültigkeit annehmen

nehmen und politisch gnug sind/dem Schein nach
demjenigen beyzufallen / was man ihnen fürträ=
get/)dafern sie zur Antwort genöhtigt werden: das
ist gut für deine Landsleute / aber unsere Ameri=
caner kommen nach dem Tode nicht in den Himel.
Wir gehen allein in das Land der Seelen/ allwo
unsere Leute fette Thiere jagen/ und daselbst ru=
higer als hie leben. Diese Reden nutzen nur den=
jenigen allein / die auff jener Seiten des grossen
Meers wohnen. Diesen Nahmen pflegen sie dem
Oceano zu geben / und setzen hinzu / daß sie auff
eine viel andere Weise als die Europäer gema=
chet wären. Dieses weiset uns an/daß weder der/
der da pflantzet/noch der/ der da begiesset / etwas
zur Bekehrung der Menschen thue/sondern Gott
allein/der das Gedeyen darzu geben muß. Von
ihm müssen wir daher allein die glückseelige
Stunde erwarten/ in welcher diese Völcker zum
Glauben sollen geführet werden,

Was die Gedancken der Wilden von der
Erde betrifft / so bedienen sie sich des Nahmens
eines gewissen Geistes / den sie Micaboche nen=
nen/der die gantze Erde mit Wasser bedecket/ an
welchen sie glauben/ und wol tausend Fabeln von
ihm erzehlen/die eine Aehnligkeit mit der Sünd=
flut haben,

Sie glauben auch / daß zwischen Himmel
und Erden in der Lufft gewisse Geister seyn/ wel=
che können künfftige Dinge vorher sagen; andere
wiederumb die Medici seyn/ und die Geschicklig=
keit haben/ alle Kranckheiten zu heilen. Dieses
machts

nachts / daß diese Völcker sehr aberglaubisch
ind / und diese Oracula mit grossem Ernst umb
Raht fragen.

Einer von den vornehmsten Gaucklern/
velche für Zauberer in diesem Lande gehalten
verden / ließ eines Tages eine Cabanne auff 10.
trosse Pfäle/ die er tieff in die Erde stieß/setzen.
Nachdem er nun darinnen ein grosses getöß ge-
machet/die Geister umb Raht zu fragen/ damit er
wiste/ob bald viel Schnee fallen würde / umb
auff die Jagd der Elendsthiere und Biber zu gehen; Schrie dieser berühmter Gauckler mit
vollem Halse aus seiner Cabanne / daß er zwar
viele Elends-Thiere sähe/ die noch ziemlich entfernet wären/ doch auff 7. oder 8. Meilen ihren
Cabannen sich näherten/ welches diesen armen
Leuten eine grosse Freude machete.

Man muß hier mercken/daß obgleich dieses
Gaucklers oder eingebildeten Propheten Weissagung nicht allzeit eintrifft / die Wilden deßwegen
dennoch an ihrem Estim für ihn nichts fallen lassen. Es ist gnug / daß seine Propheceyungen
ein oder zwey mahl zufälliger weise eingetroffen/
weil dieses ihn schon in Credit setzet. Als ich
deßwegen dabey erinnerte / daß der grosse HErr
des Himmels alle Dinge regiere / und wir von
ihm/was uns mängelte/bitten müsten: antworteten mir diese Barbaren/ daß sie ihn nicht kenneten / ob er ihnen auch Elends-Thiere oder Biber
könte zuschicken; so grob und dumm sind diese
Völcker. Ich sagte ihnen eines Tages/ daß wir
an-

andern Europäer wüsten/ wie und durch wen al
les gemacht wäre ; allein sie gaben mir an stat
der Antwort zu verstehen/daß/ wenn wir wolten
bey ihnen wohnen/sie uns ihre Kinder zur Unter
weisung geben wolten. Diese Meinungen der
Wilden geben uns zur Gnüge zu erkennen/ daß
die grösseste Frucht/die man von ihnen zu erwar
ten/darinnen eintzig bestehe/ daß man noch einige
sich ihrem Todt nahende Kinder tauffen könne;
denn was die Erwachsenen betrifft/ so muß mar
sich bemühen/daß sie vorher einen Sitz erwehlen,
nachmahls sich bürgerlich und endlich nach unt
nach zur Predigt angewehnen. Bißhero hat er
noch viel mühe gekostet/ungeacht man wenig fort=
gang bey ihnen verspüret.

Gewiß mit den Verschickungen in das
Mitternächtige America hat es eine weit andere
Beschaffenheit/ als es an andern Oertern zu ha=
ben pfleget. Denn wie man daselbst nichts fin=
det welches der Natur gefalle/ sondern vielmehr
alles den Neigungeu unsers Gemühts wieder=
spricht: Also muß man sich zu schrecklichen Fati=
guen nicht gefast machen/und dennoch die geringste
Frucht erwarten. Man siehet keinen glückli=
chen Fortgang in Bekehrung der Seelen/ herge=
gen stehen die gräulichsten Hindernissen im We=
ge. Aber dem allen ungeacht müssen diejenigen/
die sich zu dergleichen Eiffer bequemen/bekennen/
daß sie darinn eine heimliche Neigung finden/ die
sie zu diesem Werck auffmuntere/ dergestalt/ daß
sie sich auch mit Gewalt nicht wiederumb davon
loßreissen können.   Die=

Dieses hat mir stets Hoffnung gemachet/
daß Gott nicht allezeit die Völcker / die daselbst
wohnen/in ihren natürlichen Finsternissen lassen
wird. Ich glaube vielmehr / daß GOtt durch
diesen mächtigen Zug die Hofnung ihrer Bekehrung unterhält/durch welche er die Mißionarien
antreibet/ihre Arbeit fortzusetzen.

Jedoch ist die Gedult denen sehr nohtwendig /
die sich diesem Dienst widmen. Wir haben auff unserer Reise in America meistens auff der blossen
Erde geschlaffen/ oder doch / wenn wir in den Ca-
nannen der Wilden geruhet/nur auf Matten von
Binsen gemacht/gelegen. Ein Klotz / ein Bund
Leder/ oder ein Holtz/ diente uns anstatt eines
Haupt-Kussens/ und mit unsern Mänteln deckten
wir uns/ weil wir aus Liebe das übrige Geräthe
den krancken Wilden gaben. Die Erde oder
vielmehr unsere Knie waren unsere Tafeln / ob
wir wohl nicht gewohnet waren / uns auf der
Erden wie die Wilden nieder zu lassen/ und unse-
re gewöhnliche Stühle waren einige Scheiter
Holtz. An statt der Servietten brauchten wir
Blätter von Indianischem Korn oder die auf den
Wiesen gedörreten Kräuter. Etliche Messer hat-
ten wir zwar/aber sie dieneten uns bey dem Tische
zu nichts / weil wir kein Brod zu schneiden hatten.
Ausser der Jagd und andern gewissen Zeiten des
Jahrs war die Speise so rar/ daß wir offt in 6.
Wochen oder 2. Monahten nichts gegessen / ohne
daß wir uns mit kleinen Stücken von wilden
Hunden/Bähren oder Füchsen / die uns die Wil-

den

den auff ihren Gastereyen gaben / behalffen

Unsere gewöhnliche Speisen hatten wir ge
mein mit den Wilden/deñ wir speiseten gleich wie
sie Brey aus Wasser und Mehl von India
nischem Korn und Kürbiß verfertiget. Densel
ben einen Geschmack zu geben mischten wir dar
unter Mayeran / Portulack nebst einer gewissen
Art von Balsam und kleine wilde Zwibeln / die
wir auf den Feldern und in den Höltzungen fun
den. Unser gewöhnlicher Tranck war rein Was
ser/welches wir entweder aus den Brunnen/
Flüssen oder Seen schöpffeten. Wenn jemand/
währender Zeit/ da die Bäume ausschlugen / sich
übel befand/oder eine Schwachheit des Magens
verspürete / so machten wir eine Spalte in die
Rinde eines Maulberbaums/daraus nachmahls
ein süß Wasser floß/ welches man in die Schüssel
von der Schaale eines Birckenbaums einsamb-
lete. Dieses truñck man als ein allgemeines
Mittel ein/ obwohl/ die Warheit zu sagen/ die
Wirckungen davon nicht allzuherrlich waren.
Man findet sonsten eine grosse Menge Maulbeer-
Bäume in den Wäldern dirses weiten Landes/
aus welchen man distilirte Wasser pressen kan.
Wenn auch dasselbe einige Zeit gekocht worden/
machten wir röhtlichten Zucker darauß / der viel
besser ist/ als derjenige / welcher aus den Zucker-
Röhren in den Americanischen Insuln gezogen
wird.

Nachdem uns auch der Spanische Wein/
welchen wir zu unser Mißion mitgenommen
hatten

...atten/ zu ermangeln anfing / machten wir an-
...ern aus wilden Roſinen/ die wir daſelbſt funden/
...nd war der Wein recht köſtlich; Wir thaten ihn
...n ein klein Fäßgen/ darin Wein vorher geweſen
...par/und in etlichen Bouteillen. Ein höltzerner
...Mörſer und eine Serviette vom Altar dieneten
...ns dabey an ſtatt der Preſſe / und an ſtatt des
...Zubers muſten wir einen groſſen Eimer nehmen/
...velcher doch nicht allen Wein faſſen kunte. Da-
...mit wir alſo nichts davon verſchütten dürfften /
...machten wir von dem übrigen Roſinkuchen/ mit
...velchen wir uns an Feſt-Tägen einander regalir-
...en / und waren ſie ſo gut als die Europäiſchen.
...Unſere Liechter waren von der Rinde des Bir-
...ckenbaums/die wir zwar anzündeten / aber nicht
...ange brenneten : daher wir meiſtentheils den
...Winter über bey dem Feuer leſen muſten / wel-
...ches uns dann ſehr beſchwerlich war.

  Als wir uns noch in der Feſtung Fronte-
...nac/ die 26. Meilen von Quebeck einer Haupt-
...ſtadt in Canada gegen Süden gelegen/ auffhiel-
...en/legten wir einen Garten an/den wir mit Pal-
...iſaden befeſtigten/den Eingang der Wilden Kin-
...er zu verwehren. Die Erbſen / Kräuter und
...alle Garten-Früchte wuchſen darinne ſehr wohl
...auff / und wir würden alles in groſſem Uberfluß
...gehabt haben / daferu wir nur mit den nöhtigen
...Garten-Inſtrumenten/ die zur Grabung der Er-
...en dienen / bey Anfang der Auffrichtung dieſes
...Forts/welches nur mit 20.Pfähle befeſtiget war/
...wären verſehen geweſen. Denn wir hatten nur

                                                        ſpitze

ſpitze Stöcker/damit wir die Erde umbarbeiteten.

Alles / was uns in dieſer mühſeligen Lebens-Art tröſtete/war die Hoffnung/ das Evangelium einmahl in dieſen groſſen Provintzen durch den Göttlichen Beyſtand ausgebreitet zu ſehen ; Denn dieſe Barbaren einiges Verlangen ſpüren lieſſen/in den Geheimniſſen des Evangelii unterrichtet zu ſeyn.

Sie waren dahero ſehr auffmerckſahm und fleißig bey dem Gebet/ob es wohl ihnen noch zur Zeit an Kräfften mangelte / die Warheiten der Religion einzuſchauen ; andere auch nur die Unterweiſung aus einem bloſſen Intereſſe ſuchten/umb von uns Meſſer/Pfriemen und dergleichen Sachen zu bekommen.

Wegen folgenden Gedancken bin ich einen fürtrefflichen Geiſtlichen unſers Ordens verpflichtet/ den ich im 3ten Theil werde nennen können / daferne mir GOtt die Gnade thut / in meinem Vorhaben zum Ende zu kommen.

Ich mache einen groſſen Unterſcheid zwiſchen dem Eiffer der Mühſeligkeiten/und der uneuffhörlichen Arbeit der wahren Miſſionarien und zwiſchen dem vermeinten Erfolg/deſſen man ſich ohne den geringſten Schein der Warheit gerühmet. Gewiß / wenn man recht von der Arbeit der Apoſtoliſchen Männer in Neu-Franckreich urtheilen will / ſo muß man ſagen/daß alle Worte/ſie zu erklähren/ viel zu wenig ſeyn. Sie gleichen den Unterfangungen ; dem Muht und Leiden des heiligen Pauli/welcher groſſen Gefahren

ren/dem Durst/ Hunger und frembden Verfol-
gungen unterworffen gewesen. Selbst ihr Stillschweigen ist mitten unter den Lästerungen und
Gemurmel ihrer Feinde zu rühmen. Aber
gleich wie der Wandel der Mißionarien unter den
Christen sie sattsam rechtfertiget/ also haben sie
sie noch weniger Vorwurff wegen Canada und
aller anderer Oerter zu befürchten.

Ich habe weiter alle meine Sorge nebst
den andern Mißionarien bey den Iroquesern fürnehmlich dahin gerichtet seyn lassen/ diese Barbaren zu Menschen zu machen/ sie zu den Gesetzen
und bürgerlichem Leben zu gewehnen/ und ihrer
zähligen Hitze so viel müglich einen Zaum anzu-
legen. Ich habe mich bemühet/ihnen ihren eite-
len Aberglauben zu benehmen und dadurch nach
meinem wenigen Vermögen dem HErren den
Weg zu bereiten. Indessen muß ich bekennen/
daß ich deßfals wenig bey ihnen habe ausrichten
können. Diese Völcker sind noch so wild/ als sie
jemahls gewesen / und stets ihrer alten Lebens-
Art und gottlosen Gewohnheiten ergeben/nemb-
lich der Fresserey/ dem Hochmuht/ dem Sauffen
und der Grausamkeit/ und daher zu aller Unterweisung und Gehorsam ungeschickt.

Man suche immer hin unter ihnen eine
Veränderung ; man bilde sich ein/daß nunmehro
die Iroqueser ein wenig sich gebessert ; so wird
man sie dennoch in eben dem Zustand/ darinne
sie für 30. und 40. Jahren waren/ antreffen. Es
mögen immerhin die Frantzosen mit ihnen Frie-

L 2   den

ben gemacht und die Jesuiten unter ihnen sich
auffgehalten haben / so ist doch niemahls bey den
Iroquesern der geringste Wachsthumb im Glauben verspüret worden; hätten sie auch alle Kir-
chen/die sie fürher verstöhret/ nachmahls wiederumb erbauet.   Wiewohl/die Warheit zu beken-
nen/ wir jetzo das Gegentheil sehen. Diese
Barbaren führen mit den Frantzosen daselbst
einen beständigen Krieg / und mich wundert/ daß
die Christen mit dergleichen grausamen Völckern
sich in Streit einlassen / da ich doch in den 7ben
Jahren/die ich unter ihnen entweder in Ambassa-
den/darzu man mich gebrauchet/oder in Unterrich-
tungen/so wohl im lesen und schreiben / als in der
Religion selbsten zugebracht / sie mit der grösten
Mühe kaum habe auff unsere Seite lencken und
als eine streitbahre Nation/so viel nur imer müglich gewesen/bey dem Frieden erhalten können.
      Die Iroqueser / welche täglich unsere Geist-
liche/die sie Chiragon, das ist: Barfüsser nennen / tractireten / haben sie offt bey der See Ontario oder Frontenac/allwo sie ein Hauß hatten/
besuchet.   Ich habe offt hören sagen / wenn ein
Priester von St. Sulpice/ein Jesuite oder sonst
ein ander Geistlicher in Canada / einen Iroqueser gefraget habe / woher es doch kähme / daß sie
ihnen nichts von ihrer Jagd mittheileten / da sie
doch den Barfüssern davon stets was zugewendet
hätten ;   so sey ihre Antwort diese gewesen/
daß nemblich unsere Franciscaner gewohnet wä-
ren/mit ihnen in Gemeinschafft zu leben / keine
Be-

Belohnung für ihre Geschencke zu nehmen / und
ich auff die Felle nicht so geitzig zu erzeigen/ wie
onst die Europäer thäten / die sich alle Mühe be-
zahlen liessen. Darauß erhellet / daß man bey
diesen Völckern einen Anfang von dem irrdischen
machen solte / dadurch sie nachmahls zu dem
Geistlichen viel leichter anzuführen wären. Und
wo die Christen noch so / wie wohl in der ersten
Kirche gewesen/ein Hertz und eine Seele hätten/
würden sie sich des gar zu grossen Vortheils ent-
chlagen/oder doch/wenn sie ja tauschten/nur das/
vas billig wäre / von den Wilden nehmen / dadurch ohne Zweiffel man ein mehreres als son-
ten bey diesen Gemüthern gewinnen und sie
eichter bekehren würde.

Es ist wahr/daß/als ich in Qualität eines
Missionarii in der Festung Frontenac bey den
Iroquesern mich aufhielte und die Jesuiten hie un
da in ihre Cantons zertheilet waren / diese Geist-
iche in weit andern Diensten/als ich / sich auff-
ühreten. Denn wie diese Barbaren nur auff
die eusserliche Dinge verfallen / so sahen sie damahls die Mißionarien unter den Jesuiten als
Capitaine und Leute von grosser Consideration
an/und betrachteten sie als Gesandten und beständige Residenten der Frantzösischen Einwohner
n Canada/die die Bündnisse un erhielten/ über
den Krieg und Frieden zu gebieten hätten/ und
ie ihnen als Geisseln in ihren Cantons dieneten/
wenn sie mit den Einwohnern in Canada sich in
Tractaten einliessen. Denn sonsten wären diese

L 3   Bar-

Barbaren in einem immerwährenden Miß-
trauen und Furcht gestanden / überfallen zu werden / daferne sie nicht diese Leute als Geissel zur
Versicherung Lebens und Güter bey sich gehabt
hätten.

Man hat bemercket / daß diese Mißionarien /
davon jetzo die Rede ist / gleichsam Vormunder
der Wilden abgeben / darin sie sich auch sehr wohl
aufführen. Denn sie ziehen diese Barbaren in
ihre Residentzen an sich / und führen sie an das
Land / in ihren Cantons zu bauen / welches so wohl
zum Auffnehmen der Colonien als Kirche gerei-
chet. Man hat ihrem Ansehen und Eiffer viele
fürtreffliche Fundationes zu dancken / die sie bey
ihren Verschickungen an die Wilden von vielen
mächtigen und gottseligen Persohnen erhalten /
derer Freygebigkeit man so wohl als der Auß-
zahlung und jährlichen Geschencken des Königs
zu demselben Absehen verpflichtet ist.

Im übrigen kan man aus diesen Mißionen erkennen / welche die rechten und wahren
Geistlichen seyn : nemblich die sich durch ihre
unermüdete Arbeit / brünstige Liebe / grosse Gedult und Demuht / Absagung alles Eigennutzes /
sonderbahre Freundligkeit und reinen und lebendigen Glauben am meisten darbey recommendi-
ren. Allein diese Art des Apostolats ist weit unterschieden von derjenigen / die man bey andern
Nationen in der Welt gesehen hat.

Aber noch ein Wort von dem Fortgang ihrer Mißion zu reden: wäre es wohl mügltch gewesen,

sen/daß diese eingebildete grose Anzahl der bekehrten Wilden einer so fürtrefflichen Menge Frantzosen in Canada / welche über 4. oder 500.
Meilen bißweilen von ihrem Wohnplatz sich ent-
fernen und in den eussersten Ländern der Wilden
gantze Jahrs = Zeiten des Handelswegen sich
auffhalten/hätte können unbekandt geblieben
seyn? Wie ist es doch zugegangen / daß diese
andächtige und Zahlreiche Kirchen so wohl für
meinen als auch den Augen meiner Ordens-Leute / welche nebst mir durch alle diese Länder pas-
siret/verschwunden seyn/und so viel andere kluge
und verständige Persohnen / die daselbst sich auff-
gehalten/sie niemahls gesehen haben?

Uberdem weiß man / daß die Wilden alle
Jahr in grosser Menge mit ihren Kahnen von
Fellen beladen in Canada ankommen. Man
siehet daselbst einen Sammel = Platz von allerhand Arten der Wilden / welche gleichsahm der
Außschuß von diesen unterschiedlichen Nationen
sind. Das gantze Land ist Zeuge/daß sie in ihren
Sitten und Manieren zu leben nichts anders als
ein barbarisches und wildes Wesen spüren lassen/
und nicht das geringste Merckmahl der Religion
von sich geben. Denn ihr gantzer Gottesdienst
bestehet darinn/daß sie bißweilen als Götzen bey
unsern Ampts-Verrichtungen/ Unterweisungen
und Gebet sich finden lassen. Im übrigen siehet
man an ihnen nicht die geringste Neigung zur
Religion oder einen Begriff von Glaubens-Sa-
chen/ sondern stets die höchste Gleichgültigk.it.

X 4　　　　　　Wie

Wie sie von Natur Faulleutzer und Müßiggän-
ger seyn / anderseits auch unsere Ceremonien ihnen als etwas Neues fürkommen ; also pflegen
sie wohl bißweilen zum Gebet mit hinzu zutret-
ten/ doch geschiehet alles solches nur oben hin o-
der auch aus einer bloßen Curiosität. Etliche
finden sich dabey ein aus einem Interesse / andere
aus Furcht / oder einer sonderbahren Hochachtung / die sie bißweilen gegen diesen oder jenen
Geistlichen tragen/und sie als fürnehme Häupter
ansehen.

Was man derowegen noch thun könne / bestehet fürnehmlich darin/daß man gewisse Familien
aus den Höltzern ziehe / die bequemer zur Unterweisung als die andern sind / und nachmahls sie
dahin bringe/sich unter den bewohnten Cantons
niederzulassen. Man findet davon 2. Dörffer in
der Gegend Quebeck / und noch 2. andere etwas
höher an dem Fluß St. Laurent gelegen / welche
nichts mit dem Handel der Europäer zu thun haben. In diesen Gegenden findet sich die Kirche
der Wilden; und ob wohl ihre Sprache als auch
ihre Lebens-Art noch täglich barbarisch gnug
ausfält/so unterläßet man doch nicht / diese Neubekehrten in ihrer Schuldigkeit zu unterhalten.
Man arbeitet fleißig/ sie zur Gottseeligkeit zu füh-
ren/ob man gleich wenig bey ihnen ausrichtet.
Denn obwohl einige unter ihnen sich zum Christlichen Leben gewehnen/so entwischen doch gemeiniglich gantze Familien unsern Mißionarien/ohn-
geacht sie in die 10. oder 12. Jahr bey ihnen gewe-
sen/

sen/und kehren wieder in ihre Wälder nach ihrer
Phantasie zu leben.

Man wird vielleicht hiergegen einwen-
den/daß man auch viele Christen in Europa sä-
he/die ihrer Schuldigkeit vergessen/und die Ehre
ihres Christlichen Nahmens durch ein freyes/
wildes und heidnisches Leben nur mehr als zu
viel beflecken. Allein man redet hie nicht von
den verderbten Sitten der neubekehrten Wilden/
sondern von ihrer Neigung/die sie zu dem Christenthumb haben. Es ist gewiß/ daß sie alle Erkändtniß davon verachten/und in ihrem Hertzen
durch gäntzlichen Abfall / erschrecklichste Unempfindlichkeit und abscheuliche Blindheit demselben gute Nacht geben.

Dem allen aber ohngeachtet hat man das
Gegentheil in Franckreich in unterschiedlichen
Relationen / die man dieser wegen heraus gege-
ben/abgestattet und den Pensionarien der Urseli-
ner lesen lassen. Man saget auch / daß eine grosse
Anzahl in Indien bekehret sey / welchen man die
Sacramente administriret und etliche davon in
den fürnehmsten Orden auffgenommen. Wolte
GOtt! daß alle diese Kirchen/davon man in diesen Relationen redet / in der That sich so befün-
den/als wohl das Gegentheil alle Einwohner in
Canada und andere verständige Leute wissen/ indem sie nur dem Nahmen nach da sind. Und
dafern sie auch ja ehemahls da gestanden/ wo sind
sie aber denn in diesem Seculo geblieben / daß
man sie daselbst nicht mehr siehet? die Colonien

K 5   in

in Canada vermehren ſich ja täglich; der Handel
nimpt zu und iſt nun den Europäern mehr/ als jemahls geweſen/bekandt; und hat man alſo meh-
Gelegenheit die groſſe Menge der Bekehrten daſelbſt kennen zu lernen : indeſſen aber wird man
ihrer an keinem einzigen Ort in dieſen Ländern
gewahr. Hat man vielleicht dieſe neue Chriſten
verſchwinden laſſen/ eben wie die Herausgebu.tz
ſolcher Relationen auffgehöret/dadurch die Welt
bißhero betrogen worden? Ich ſage auch / daß
man darinnen ſehr klüglich gehandelt. Denn
unſere Nachkommen müſſen entweder glauben
wenn ſie dergleichen in den ſupplementis Ba-
ronii drucken laſſen und von Jahr zu Jahr ſ)
groſſe Progreſſen in der Religion leſen / daß die
Antiquität ſie durch eine eitele Praleren hat betriegen wollen/oder auch dafür halten / daß dieſe
Kirchen nach und nach durch die Nachläßigkeit
der Geiſtlichen wiederumb untergegangen ſeyn.

Als man dergleichen Bücher in Franckreich
Perſohnen zu leſen gab / die Canada noch nicht ſo
kenneten/gleich wie es jetzo bekand iſt / legten ſie
demjenigen/was man ihnen finſtellete/nach ihrer
Neigung gar leicht Glauben bey/ und kunte man
ſie alſo in dieſem Stucke gar leichte betriegen;
Aber was mich betrifft/der ich an dieſen Oertern
geweſen/und alles mit einer rechten Auffrichtigkeit zu erzehlen gewohnet bin/ ſo beruffe ich mich
auff alle diejenige/ſo jetzo in Neu-Franckreich le-
ben/deren Zahl ſich damahls auff 15. oder 16000.
Ett

Seelen erſtreckete/ nach meiner Abreiſe ſich aber
:ermehret hat und alſo auch die Frantzöſiſche
Kirche ſtärcker geworden iſt. Dieſe werden ein-
müthtiglich bekennen/daß noch heute zu Tage kein
Chriſtenthumb unter den Wilden/etliche wenige
ausgenommen/ anzutreffen ſey ; Auch dieſelben
ſo wild und unbeſtändig ſich auffführen / daß ſie
des geringſten Nutzens wegen gar leicht ihre Religion alle Augenblick zu verlaſſen bereit ſind. So
ſiehet man alſo jetzt daſelbſt keine wahre Kirche
mehr/als die ſich wohl bey den erſten geſtifteten
Colonien gefunden hat ; darauß man den ſchlieſſen muß/daß entweder eine Kirche daſelbſt durch
die Mühe der Mißionarien wiederumb angefangen worden / oder heute zu Tage keine mehr da
ſey.

Man kan einwendẽ: aber vielleiͨt hat man dieſe
Barbaren nunmehro ein wenig zum menſchlichen
Umbgang gebracht/ oder ſie geſchickter als fürher
gemachet: Allein alle Einwohner wiſſen/ daß ſie
ſo wenig jetzo als fürher Chriſten geweſen. Indeſſen würden ſie dem Schein nach der Religion ſich
mehr und mehr ergeben haben / wenn man den
Fußſtapffen/darinn unſere Geiſtliche ihnen für-
gegangen/gefolget, einen beſtändigen Frieden mit
den Jroqueſern zu unterhalten getrachtet / und
die übrigen wilden Völcker mit den Europäern
vermiſchet hätte/ ſie lehrbegieriger und höfflicher
zu machen. Da ich ſonſten noch in Canada als
Mißionarius lebete / erkühnete ich mich eins-
mahls/erleuchtete Perſohnen zu fragen/ woher es

L 6   doch

doch kähme/daß man keine neue jährliche Jour-
nales von den Mißionen in Canada mehr heraus gäbe. Wie nun diese mir nichts darauff
antworteten; also sagte ein anderer / der eben
nichts arges daraus dachte/zu mir/ daß der Rö-
mische Hoff befohlen zu glauben / daß die Relationen der verschickten Leute wahr/ und die Sa-
chen/so man darinnen erzehlete / klärer als die
Sonne am hellen Mittag wären. Es hätte
auch die Versamblung de propaganda fide
geordnet / daß dergleichen nicht mehr solten gedrucket werden/dafern sie nicht fürher approbiret
worden. Diese Antwort schiene von einem
Menschen/der in den Sachen erfahren / zukommen.

Uberdem sollen wir die Gerichte GOttes
an diesen Nationen in America erkennen/ und
an unserer Seiten seiner Barmhertzigkeit geden-
cken/ daß er uns von erleuchteten Menschen hat
lassen gebohren werden in einem Lande/allwo der
Glaube sicher gelehret wird / und wir uns in der
Gottseeligkeit und Tugend üben können/ auch da
die Menge der innerlichen Gnade und der eusserliche Beystand uns unserer Seeligkeit sattsam
versichern/ wenn wir nur selbst im Guten getreu
sind.

Wir sollen ihm dafür alle Ehre geben/ die
wir seiner fürtrefflichen Erleuchtung schuldig
sind / und die wir nicht nur allein von ihm empfangen haben/ sondern die auch uns von so vielen Nationen/welche noch in der Finsterniß/ Irr-
thum

Pag 125

I. van Vianen del et sec.

jumb und Blindheit stecken / unterscheidet.
Endlich sol uns dieses antreiben / unsern Beruff
nd Erwehlung durch Ausübung allerley guten
Wercke fest zu machen / und uns stets für Augen
n stellen/daß wir dermahleins für dem gerechten
Richterstuhl GOttes Rechenschafft geben müs-
sen/wie wir seine Gnade / die wir so reichlich in
diesem Leben empfangen/angewendet haben.

Das XXXVI. Cap.

Beschreibung des Einfals/den die
Engelländer Anno 1628. in Canada
gethan. Die Eroberung der Hauptstadt Quebeck/ so Anno 1629. gesche-
hen/und wie höflig sie die Franciscaner dieser Stadt tractiret haben.

JCh habe dafür gehalten / daß es nicht unnützlich seyn würde / dem geehrten Leser
allhie die Betrachtungen mitzutheilen/
die ich aus des Ehrwürdigen Paters Valentin le Roux/ Commissarii Provincialis unserer Franciscaner in Canada / welcher ein Mensch
von sonderbahren Meriten ist/Anmerckungen ge-
zogen/sonderlich nachdem ich im ersten Theil ver-
sprochen/daß ich ihm mein Journal von der Entdeckung des Flußes Meschasipi communiciren
wolte. Dieser Mann / welcher allezeit einen
durchdringenden Geist von sich spüren lassen/ hat
uns-

unter einem verdeckten Nahmen alle Intriguen
von Canada/die ihm bekandt gewesen/ publiciret
und laßt darinne sehen / daß die Wege der Göttlichen Providentz allezeit wundersahm seyn/und sie
stets durch unbegreiffliche Mittel ihr Vorhaben
so wohl im Anfang und Fortgang als im Außgang außführe.

Es ließ sich ansehen / saget demnach dieser
erleuchtete Geistliche/daß vormahls die Colonie
in New-Franckreich von Tage zu Tage eine neue
Gestalt gewonnen. Denn nachdem man immer
mehr und mehr Länder entdeckete / nahm der
Handel daselst zu. Die Menschen vermehre-
ten sich; man bauete an unterschiedlichen Orten
Capellen und Bethäuser/und das Land ward auf
eine neue Art regieret. Allein GOtt ließ zu/
daß alles dieses durch die Landung der Engelländer unterbrochen wurde/ welche fürgaben / daß
ihr Printz nicht allein ein König dreyer Königreiche /sondern auch des Meeres wäre.

Etliche für ihre Nation eyfrende Engelländer rüsteten nemblich eine Flotte im Jahr 1628.
auß/ sich des Landes Canada zur Zeit Ludowigs
des XIII. jetzo regierenden Königs in Franckreich Herrn Vatters / zu bemächtigen. Weil
nun 2. Turteltauben/derer eine grosse Anzahl in
diesen Ländern alle Jahr sich sehen lässet / bey einer grossen Stille in der Vestung Quebeck den 9.
Julii selbigen Jahres niederfielen / nahmen die
Einwohner in Canada dieses für eine Vorbedeu-
tung der Veränderung/ die nachmahls erfolgete/
auß. Die-

Die Engelländer machten darzu den Anfang mit Eroberung eines Frantzösischen Schif-
fes/welches bey der Ergiessung des Flusses St.
Franciscus in der Gegend der durchschnittenen
Insuln lage / die diesen Nahmen fuhret wegen
einer Spitze des Landes/die sich weit in das Meer
erstrecket/ und in derer Mitte ein Schwibbogen
gefunden wird / welcher durch einen Felsen von
Natur also formiret ist/ unter welchen dann die
grossen Fischer-Chaloupen/wenn sie von der Fischerey kommen/durchfahren. Sie umbgaben
dasselbe/ indem sie wider den Strom fuhren und
biß an Tadoussac avancireten / welches eine Rivier ist/so sich in gedachten Fluß ergiesset und aus
dem Lande kömpt/ welches gegen der Baye von
Hudson lieget/ wie man aus der Carte sehen kan.

Die Engelländer funden daselbst eine Bar-
que/der sie sich bedienten / 20. Soldaten damit
ans Land zu setzen. Diese Leute waren abge-
sandt/sich der Cap Tourment zu bemächtigen/wel-
che also wegen der Gefahr genennet wird / darin
die Schiffe durch die grosse Ungewitter/ so an diesem Orte öffters mehr als auff dem gantzen Fluß
entstehen/gesetzet werden. Wie demnach 2.Wil-
den/die unter den Europäern lebeten/sie wahrgenommen hatten / gaben sie davon der Stadt
Quebeck / die 7. oder 8.Meilen weiter lieget/
Nachricht.

So bald nun diese Post erschollen / ersuchte
der Herr Champlein / Gouverneur selbiger
Stadt/

Stadt/den Pater Joseph le Caron/ die Englische
Flotte mit einem kleinen Kahn zu entdecken / welcher auch diesen Bericht mehr als zu wahr befand.
Denn er war nur etwa 5. Meilen von Quebeck
avanciret/als er sie erblickte/ und kaum Gelegenheit hatte / ans Land zusteigen und sich ins Holtz
zu salviren. Die 2. Geistlichen / welche wir in
Cap Tourmente hatten / begaben sich nebst dem
Herrn Commendanten Faucher zu Lande nach
Quebeck / daselbst die Eroberung der Cap Tourmente zu verkündigen. Die Engelländer hatten
darauß alle Wahren/so ihnen nützen kunten/ genommen / und die Einwohner waren ins Holtz
geflüchtet. 3. Persohnen fielen nur den Engelländern in die Hände/davon der eine Piver hieß und
sich mit seiner Frau und Enckelin ihnen ergeben
muste / die bald hernacher in Begleitung eines
Officiers des Herrn Kerck / der Admi-
ral von der Englischen Flotte war / sich für Quebeck sehen liessen.

Dieser Officier foderte die Stadt durch ein
Schreiben / welches er im Nahmen des Admirals präsentirte/auff. Allein der Gouverneur/
ob er wohl über diesen unvermutheten Einfall sich
sehr verwirret befand/ blieb dennoch behertzt und
muhtig / und fertigte ihn mit einer so trotzigen
Antwort ab/ daß die Engelländer/ die sonst eher
alles wagen /als daß sie von ihrem Vorsatz abste-
hen/aus dieser Antwort schlossen/ Quebeck müste
in einem viel bessern Defensions-Stande seyn/
als sie sich sonst wohl eingebildet hätten. Sie
ließ-

sen derowegen für dieses mahl die Beute fahren/
und nachdem sie ihr Vorhaben auff eine beque-
mere Gelegenheit auffgeschoben/giengen sie zu
Seegel nach Engelland wieder umbzukehren.

Indem also der Englische General die
Sache auff das folgende Jahr auffschob / ver-
gnügte er sich für dißmahl mit einer großen Anzahl Gefangenen/ die er mit sich nach Engelland
nahm/und darunter sich ein junger wilder Huron/
mit Nahmen Ludowig vom heiligen Glauben
welcher 2. Jahr fürher durch den Bischoff zu
Rohen getauffet worden/befand. Von diesem
haben die übrigen Gefangene / ohne Zweiffel
durch ihn sich in Ansehen zu bringen/für / daß er
ein Sohn des Königes in Canada wäre. Wie
nun der Englische General sich einbildete/daß ein
so fürnehmer Gefangener ihm die Eroberung des
gantzen Landes im folgenden Jahr desto leichter
machen würde; also wunderte es ihm desto mehr/
als er bey erfolgter Eroberung der Stadt Quebeck vernehmen muste/daß der Vater dieses Wilden ein armer Huron wäre / der weder in Credit
noch Ansehen bey seiner Nation stünde. Diß
war die Ursach/ daß man ihm seinen Sohn in einem garstigen Habit wieder zuschickete/nachdem
die Engelländer ihm fürher alle Equipage abge-
nommen/die er bißhero als eines Königes Sohn
besessen. Im übrigen war dieses Ansehen/ so er
eine Zeitlang genossen/die Ursach seines Verder-
bens und vielleicht auch seines ewigen Untgan-
ges. Er begab sich wiederumb zu den Wilden/
und

und vergaß darauff alles / was er von dem Christenthum gefasset hatte.

Der Schrecken / darinn die Ankunfft der
Engelländer von allen Seiten die Leute setzte/
verursachte/daß viele auff dem Gebirge sich auff-
haltende Wilden kahmen / unsern Geistlichen in
Quebeck zu dienen. Sonderlich war einer darunter mit Nahmen Napaga Biscou / welcher/
nachdem er von dem Pater Joseph le Caron
zuvor unterrichtet und getauffet worden/ nichts
als die Gelegenheit suchte / seinen Wohlthätern
sich gefällig zu erweisen. So bald er demnach
den Engelländern heimlich entwischet war / kam
er dem Pater Joseph fürzustellen/ daß/ wenn die
Feinde dergleichen mit Quebeck fürnehmen wür-
den/wie sie es nemlich mit dem Cap Tourment gemacht / die Wilden alsdenn keine Zuflucht den
Winter über zu ihrer Erquickung mehr finden
könten. Ich bitte dich / sprach er derowegen zu
diesem Geistlichen/ mir 2. oder 3. deiner Brüder
zu gebē. Sie werden mit uns beten/uñ unsere Kinder nebst unsern Landsleutē/ welche die Barfüsser
noch nie gesehē/unterweisen. Ich will sie ernehren;
sie sollē wie ich tractiret seyn/uñ wir wollē dich von
Zeit zu Zeit besuchē. Diesen Fürschlag des Wilden
fand der Pater Joseph nebst seinen übrigen Geistlichen gut zu seyn/ und nahm daher 2. derselben
mit sich / die er nach dem Hause dieses India-
ners führete. Ob nun wohl dieser Mensch wün-
schete/daß der bekandte Bruder Mohier/welcher
gleichfalß unsers Ordens,und ein Laicus war/
möch-

möchte in ihrer Gesellschafft seyn/so muste er doch
den Winter bey den Algonquins zu bringen. Sie
brachen demnach ungesäumet auff / sich nach den
3. Rivieren zu begeben / und musten viel Gefahr
auff diesem Weg ausstehen. Ihre Kahne zer-
scheiterten 15. Meilen von den 3. Rivieren/dahero
sie genöhtiget wurden/auff Brettern ihren Weg
fortzusetzen. Sie besorgeten auch von einem
See-Fisch verschlungen zu werden / der aus dem
Fluß St. Laurent kompt/welcher sonst über 136.
Meilen von dem Meer entfernet ist/darüber sie
sich nicht wenig verwunderten. Endlich gelangten sie durch Hülffe eines Kahnes / der ihnen ungefehr aufstiesse / an die 3. Riviere / allwo die
Mottagnars und Algonquins ihre Dörffer haben. Wie diese Wilden nun daselbst sich auffhielten die Erndte des Indianischen Korns abzu-
warten / also bezeigten sie ihnen die höchste Ge-
neigtheit/ nachdem sie von ihnen/ als die Kinder
von ihrem Vater/waren angeredet worden.

Bey ihrer Anwesenheit vernahmen sie/ daß
die Engelländer noch nicht ans Land gestiegen/
sondern vorher sich mit der Frantzösischen Flotte/
die nach Canada gewolt/geschlagen/ sie überwun-
den und zerstreuet hätten.Welche Zeitung so wohl
den Hn.Champlein/ Gouverneuren in Quebeck /
als die übrigen Frantzosen bewegte/ den Pater
Joseph zu bittē/daß er wiederum zurücke kähme.

Unterdessen sahe man 20. Kahne arrivi-
ren/die durch Hurons geführet wurden und den
Pater Joseph de la Roche Daillon / Francisca-

ner

nern / abholen solten. Man kan nicht den
Schmertzen des Nepaga Buscou ausdrücken/
den er empfand / als sie einander verlassen musten. Hier muß ich mit wenigen der Geschickligkeit eines jungen Wilden / der zum Christenthumb war bekehret worden/gedencken / denn er
sich durch solche ans den Händen der Engellän-
de loßgemachet und einige Geschencke von den
Frantzosen erhalten hat. Er hieß Peter Anton
Arekonänon ; Er war in Franckreich getaufft
und von dem Printz Guimene zum Tauffstein geführet worden. Er hielte sich damahls auff zu
Tadoussac/und wurd nebst andern gefangen ge-
nomen. Man führte ihn am Bord/und fragte ihn/
ob er Frantzösisch oder Latein redete; allein er stellete sich/als weñ er nichts võ ihrer Frage verstünde.

Wie aber der Capitain Michel/ ein Fran-
tzose von Geburt/ wegen eines empfangenen Un-
rechts zu den Engelländern übergelauffen war ;
also kennete er diesen Wilden / und wuste/
daß er beyder Sprachen kündig wäre.
Er berichtete solches dem Admiral / welcher ihn
bey sich behielt/ damit er den Engelländern zum
Dolmetscher dienete / wenn sie sich mit den Wilden zu was einlassen wolten. Peter Anton konte
sich zwar deßwegen nicht länger verstellen/sondern
muste sich bloß geben / daß er diese 2. Sprachen
verstünde und ein Christ wäre ; allein er ge-
brauchte sich doch folgender List. Er stellte sich
an/ als wenn er die Parthey der Engelländer
erwehlete/sagte aber zu dem Admiral/ daß er mit
den

den Frantzosen müste behutsam umbegehen/und
daß er sonderlich den Franciscanern sehr verbunde
wäre / als welche ihn zum Glauben gebracht/und
im Latein und Frantzösischen unterwiesen hätten.
Er baht derowegen inständigst den Admiral/ihn
in diesem Stücke zu verschonen / und nicht nach
Quebeck zu führen. Es wäre ihnen nützlicher/
wenn er ihn mit 2. Kahnen / so mit Lebens-Mitteln und Kauffmanns-Wahren beladen / an die
3. grossen Flüsse schickte / weil er alsdenn eine
grosse Menge Wilden in ihr Bündniß ziehen
wolte. Man traute seinen Worten und gab
ihm dasjenige/was er begehrte. Aber als dieser
Mensch sich aus der Gewalt der Engelländer/die
ihn doch sehr wohl tractiret hatten/sahe/gieng er
gerade nach der rohten Insul zu/passirte die andere Seite des Flusses St. Laurent / und begab
sich auff den Wolffes-Fluß/seit dem aber der Admiral nicht die geringste Zeitung von ihm erhalte.

Den Winter über war es recht beschwerlich
zu Quebeck zu leben / weil man an allen Dingen
einen Mangel spürete / und die Schiffe/ die sie
so usten versorgeten / durch die Engelländer erobert waren. Man ward daher genöhtiget / die
noch verhandene Lebens-Mittel zu theilen. Und
obwohl unsere Geistlichen so wohl als die andern
ihr Theil hätten nehmen können/ so vergnügten
sie sich doch dißmahl mit dem Indianischen Korn
und andern Hülsen-Früchten / die sie gesäet hatten. Madame Hebers beschenckte sie mit 2.
Fässern Erbsen / welche von einer fürtrefflichen
Grösse

Gröſſe und Güte in Canada ſind. Sonſten hatten
ſie auch Roſinen / und im Fall der Noht ſich mit
Eicheln verſehen / waren auch ſo glücklich/ von
andern Orten Aale zu erhalten/ welche in groſſer
Menge in dieſem Fluß ſind. Die Göttliche
Vorſorge ſelbſt ſegnete unſern Vorraht ſo wohl/
daß wir 3. Seminaria von Wilden nebſt vielen
andern Leuten/die in groſſer Noht ſtacken / damit
verſorgeten.

So unterlieſſen auch die Jeſuiter nicht'/
welche einige Zeit die Helffte des Franciſcaner-
Hanſes bewohnet / nachmahls aber ein eigen
Hauß erbauet hatten / auff alle nur erſinnliche
Weiſe den Frantzoſen beyzuſtehen.

Im Anfang des Frühlings/ als der Herr
Champlein die groſſe Noht ſahe/ darinne man
den Winter über geſtecket / welcher dann ſehr
ſtarck in Canada iſt / und der Schnee 6. oder 7.
Fuß hoch lieget / weil es in dieſer Jahrszeit gar
ſelten allda regnet / erſuchte er den Pater Joſeph / ihm ein Theil ihrer Ländereyen an Seiten
der Haaſen-Spitze zu vergönnen. Vier ondere
Privat-Perſohnen überlieſſen ihm gleichfalß ihre
Aecker / die man dann geſchwinde pflügete / und
ſie ſo wohl im Anfang als in der Mitten des
Maji mit friſchem Korn / Erbſen und Indianiſchem Korn beſäete. Man muß dergleichen
thun/weil das Korn daſelbſt nicht / wie bey den
Europäern / wegen des groſſen Schnees und
Kälte den Winter über in der Erden liegen
kan.

Ge-

Gedachter Herr von Champlein hatte
gleichfals gegen Gaspee / welches zwischen der
durchschnittenen Insul und Baston / so den Engelländern gehöret/ lieget/ etliche Leute geschicket/
umb zu erkündigen / ob daselbst kein Schiff aus
Franckreich angeländet wäre. Allein man konte davon das geringste nicht vernehmen / ohngeacht eine grosse Chaloupe war dahin gesandt
worden; ausgenommen/ daß die Wilden zu Gaspee sich erboten, 20. gantze Familien zu unterhalten. Die Algonquins und Montagnars wolten
ihnen noch grössere Hülffe leisten ; man rüstete
auch eine Barque aus/ umb sie nach Franckreich
zu senden.

Endlich traffen sie nahe bey Gaspee in der
Baye zu St. Laurent ein Französisches Schiff
an so durch den Herrn Emeric von Caen com-
mandiret wurde und ihnen Securs zuführete.
Er berichtete/ daß der König ihnen den Herrn von
Rasilly zu Hülffe schickte / die Engelländer zu
schlagen/ und das Land zu erhalten. Die Barque wurd gleichfals beladen / und der Herr von
Boulle fuhr damit gegen Quebeck/ aber er wurd
durch ein Englisches Schiff erobert und mit allen
seinen Leuten zu Kriegs-Gefangenen gemacht.

Indessen langten die Hurons mit 20. Kahnen voll Indianisches Korn zu Quebeck an/ welches daselbst gesäet wurde. Der Herr Champlein gab davon einen Theil den Jesuiten / die
die Sorge auff sich genommen hatten/ viel Leute
zu unterhalten. Unsere Franciscaner em-
pfien-

pfiengen gleichfalß ihren Part / welche biß auff
die Ankunfft der Engelländer / so bald hernacher
geschahe/ davon lebeten.

Die Englische Flotte überfiel darauff die
Frantzosen in Canada/welche sich des Morgends
1629. den 19. Julij allgemach in der grossen
Baye von Quebec bey der Spitze der Insul Or-
leans sehen ließ. Sie bestund aus 3. grossen
Schiffen und noch 6. andern / die zu Tadoussac
zwar geblieben waren/ aber ihnen bald folgeten.
Man hatte den Mißionarien der Jesuiten und
Franciscanern Ordre ertheilet / sich mit den andern Einwohnern in das Fort Quebeck zu retiri-
ren. Der Pater Roux versichert/ daß sie etwan
nur zu etlichen Canonen-und 8. oder 900. Mu-
squeten-Schüssen Pulver gehabt.

Der Herr von Kerck/General der Englischen Flotte/ sandte darauff einen Englischen E-
delman an den Herrn Champlein/ den Platz auff-
zufordern/und ihm ein sehr höffliches Schreiben
zu überantworten. Der übele Zustand des Lan-
des/ darinn weder Lebens-Mittel noch Munition verhanden war/und der Mangel des Se-
courses/den sie in 2.Jahren nicht bekommen hat-
ten/nöhtigten den Gouverneur eine viel höffliche-
re Antwort/als in dem vorigen Jahre geschehen/
zu geben.

Er schickte derowegen den Pater Joseph le
Caron/ Superioren der Franciscaner/an den
Englischen Admiral ab/wegen der Ergebung von
Quebec auff vortheilhaffte Conditiones mit ihm

zu

zu tractiren/und sonderlich etwas Auffschub/ daferne es müglich/zu erhalten.

Der Geistliche bath darauff 15. Tage Zeit/ allein der Englische General / welcher von den Gefangenen der Barque den grossen Mangel zu Quebeck vernommen / wolte ihnen nicht den geringsten Stillstand erlauben. Wie nun der Geistliche ihn ersuchte / zum wenigsten nur 14. Tage zu vergönnen / versamblete sich der Rath auff der Englischen Flotte / darüber zu deliberiren. Endlich antworteten sie ihm / daß sie biß auff den Abend nach ihrer Resolution warten wolten. Der General befahl zugleich dem Pater Joseph mit dieser Antwort nach Quebeck sich zu dem Herrn Champlein zu begeben / auch die Articuln der Capitulation auffzusetzen / so solte alles getreulich vollenzogen werden.

Der Englische Admiral ertheilte darauff dem Pater Joseph sehr höfflich die Ordre / sich mit seinen Geistlichen in sein gewöhnliches Convent zu begeben / ihn versichernd / daß ihnen nicht das geringste Leid/ was auch passiren möchte/solte zugefüget werden.

Zwey Frantzösische Gefangene / davon der eine Bailli / vormahls Commissarius über die Compagnie der Kauffleute / der ander aber, Pieter le Roi hieß / hatten indessen die Jesuiter bey einem Englischen Capitain gantz schwartz gemachet und denselben überredet / daß bey ihren viel würde zu gewinnen seyn. Dieses veranlassete den Capitain/zu dem Pater Joseph zu sagen: wi-

M rü

r das Glück auch geweſen/ ſo hätte man von dem Hauſe dieſer Geiſtlichen anfangen wollen. Der Pater unterließ daher nicht/ihnen im Vertrauen das Vorhaben der Engelländer zu entdecken/ damit ſie ſich bey den Tractaten in acht nehmen möchten.

Hierauff ließ der Capitain ihn auff ſeinem Schiff herumb führen/ ſeine Munition und ſeine Leute in ihren Waffen rangiret ſehen. Endlich ſetzte man ihn ans Land/ und er gab von ſeiner Verrichtung dem Herrn Champlein Nachricht.

Man hielte darauff eine Berahtſchlagung/ und die Meinungen in derſelben waren ſehr unterſchiedlich. Zwey Frantzoſen/ welche mit dem Pater Joſeph bey den Engelländern geweſen/ hatten angemercket/ daß dieſelben nicht eben allzu ſtarck wären / und über 2. biß 300. Regulirte Trouppen nicht hätten / die übrigen aber zu den Waffen nicht allzugeſchickt ſchienen. Anderſeits verlieſſen ſie ſich ſehr auf die Tapfferkeit der Einwohner in Quebeck / und hatten dahero groſſe Neigung nebſt den Jeſuiten und unſern Geiſtlichen eine Belägerung außzuhalten. Allein der Herr Champlein / welchem die Tapfferkeit der Engelländer nicht unbekaudt war/ daß ſie nemblich ehe alles lieſſen zu Grunde gehen/als von dem einmahl gefaſten Entſchluß wichen/ rieth ihnen viel lieber mit vortheilhafften Conditionen ſich den Engelländern zu ergeben/ als ſich ſelber gantz zu ruiniren. Die Articul der Capitulation wurden dahero verfertiget/und der Pater Joſeph abge-

geſchicket/ſie dem Admiral am Bord zu bringen/
und/nachdem alles reguliret / einen Termin biß
übermorgen zu bitten.

Zu der Zeit erſuchten die Wilden/ und ſonderlich der genante Chaumin den Pater Joſeph
und unſere Franciſcaner/ ihnen 2. oder 3. Geiſtliche zu überlaſſen/ welche ſich mit in ihre Höltzer
und Land begeben möchten Denn obwohl Chaumin annoch nicht gar zu feſt in der Chriſtlichen
Religion gegründet war/ſo liebete er dennoch unſere Geiſtlichen ſehr/weil ſie alles wie die Wilden
unter ſich gemein haben. Dieſer Fürſchlag
ward überleget. Man betrachtete auff einer
Seite / daß die Engelländer nicht gar zu lange
dieſe Länder beſitzen würden/ſondern Franckreich
ſich bemühen / es geſchehe nun geſchwinde oder
langſahm / ſie durch Tractaten oder auff andere
Weiſe wiederumb an ſich zu bringen. Andern-
ſeits hielte man dafür / daß dadurch ein
groſſer Vortheil über die Wilden würde erhalten werden/die ohne dem ſich anbohten/ unſere
Franciſcaner zu verſorgen/ biß das Land wiederumb unter die Frantzöſiſche Herſchafft kähme.
Unſere Geiſtliche würden über dem in dem Stande ſeyn/ ihre gewöhnliche Arbeit in Canada fort-
zuſetzen/ und die angeſaugeneColonien zu unter-
ſtützen.

Man wurd auch deſto mehr darzu genöh-
tiget/ nachdem der Engliſche General die gröſſeſten Zeugniſſe der Freundſchafft dem Pater Joſeph erwieſen. Endlich boten ſich 2. unſerer
M 2   Geiſt-

Geiſtlichen an/ mit ſie zu reiſen / und der Pater
Joſeph ſchiene ſelbſt darzu geneigt zu ſeyn. Indeſſen war nicht viel Zeit zu verlieren. Man
muſte ſich enſchlieſſen/ noch ſelbigen Tages abzu-
reiſen / wie dann ſchon etliche Frantzoſen ſich zu
bewegen begunten / und ſich bey die Wilden auff
ihre Kahne ſalvireten. Aber es iſt ſehr verdrießlich / wenn man mit Gewalt in ſeinem gerechten Unternehmen auffgehalten wird.

Indeſſen widerſetzte ſich der Raht und die
Häupter ihrem Vorhaben / und es ward ein anders aus bloſen politiſchen und menſchlichen Urſachen beſchloſſen / weil ſie ſich entweder befürch-
teten/ deßwegen einen Verweiß in Franckreich zu
bekommen ; oder der Göttlichen Vorſorge für
unſere Geiſtlichen nicht traueten ; oder auch
nicht glaubten / daß die Frantzoſen jemahls wiederumb nach Canada kehren würden. Man
muſte ſich derohalben alles gefallen laſſen. Und
diß war die eintzige Sache/ darüber man ſich bey
Hofe und inſonderheit bey unſern Franciſcanern
zu St. Denis über den Pater Joſeph beklagen
können / daß er nemblich in dieſem Fall nicht
gnugſahme Beſtändigkeit oder Eyfer hätte ſpüren laſſen. Wiewohl ich verſichert bin / wenn
man zu der Zeit des Pater Joſephs Vorhaben
nicht unterbrechen/ daß die Wilden / welche damahls ein groſſes Vertrauen zu unſern Geiſtlichen hatten / weit mehr in ihrem Chriſtenthum
würden avanciret ſeyn/ als bißhero geſchehen.

Der Pater Joſeph entſchuldigte ſich deß-
we-

wegen/so gut er kunte/und behauptete/daß er hierin der Ordre des Rahts zu Quebeck hätte nachkommen müssen/ wie solches die Verantwortun-
gen zeigen / die er nach seiner Zurückkunfft dem
Definitori der Provintz gegeben / als er ihm von
seiner Mißion Rechenschafft gethan.

Nachdem darauff den 20. Julii 1629. der
Herr Champlein selbst am Bort des Englischen
Admirals sich verfüget/sind die Articuln der Capitulation von beyden Theilen unterschrieben
worden. Die Engelländer stiegen ans Land/
und wurden von gemeldtem Herrn Champlein in
Canada in Posseßion gesetzet.

Der Pater Valentin le Roux / welcher ein
sehr alter Commissarius Provincialis der Franciscaner in Canada gewesen / und den ich bey meiner Zurückkunfft von meiner grossen Entdeckung
noch gesehen / hat mir nichts hinterlassen von
den Articulen der Capitulation/ so zwischen
den Frantzosen und Engelländern in Quebeck gemacht worden. Es sey aber/wie ihm wolle/ so habe
doch die letztern Posseßion in Canada genomen/und
gedachter Herr von Champlein hat alle seine Güter und Familien salviret. Ja der Pater selbst
hat einen Vortheil von dieser Capitulation ge-
habt/indem ihn die Engelländer sehr höfflich dabey tractiret. Die übrigen Frantzösischen Ein-
wohner/die damahls im Lande gewesen / haben
ein jeglicher 20. Thaler bekommen/ den Rest ihrer Wahren aber den Uberwindern lassen müssen. Dieses hat zu klagen Anlaß gegeben/ weil

es

es sich befunden/ daß viele Particulier-Persohnen
sich bey dieser Gelegenheit bereichert. Diejeni-
gen/welche indessen Lust hatten im Lande zu blei-
ben/erhielten grossen Vortheil von den Engelländern / sonderlich die Familien des Herren He-
bert/mit welchen ich zu unterschiedlichen mahlen
in Montrojal umbgegangen/ als ich dadurch pas-
sirte/mich nach Frontenac zu begeben.

    Was unsere Franciscaner betrifft / so be-
kenne ich / daß sie der Generosität der
Engelländer wegen vieler sonderbahren Gunst-
bezeigungen sehr verbunden seyn / welches auch
bey mir allezeit eine grosse Hochachtung für diese
tapffere Nation erwecket hat. Man hielte ehr-
lich das Wort / welches ihnen der Admiral gegeben hatte/ nemblich nicht zu zulassen/ daß weder
dem Convent unser lieben Frauen und der Engel
in Quebeck/noch unserer ersten Residentz/ die damahls in derselbigen Gegend war / allwo jetzo
die Cathedral Kirche zu Quebeck ist / und unsere
Geistliche sie seitdem hinter derselben auffgerichtet haben/einiges Leid möchte zugefüget werden.
Indessen/was für Fleiß auch die Englischen Capitains deßwegen angewendet/ so haben sie doch
nicht verhindern können / daß nicht einer von ihren Soldaten uns listiger weise einen silbernen
Kelch gestohlen hätte. Allein die Englische Officier / welche großmühtig sind / bezeugten unsern
Geistlichen ihren darüber geschöpfften Verdruß
mit der grössesten Auffrichtigkeit und schwuren
ein-

einmühtig/es zu rächen/dafern sie nur den Thäter
entdecken könten.

Die Jesuiter (welche wohl 14. oder 15.
Jahr nach unsern Franciscanern erstlich in Ca‐
nada gekommen/und also diese die ersten Missio‐
narien in America sind)empfiengen hergegen
ein gantz ander Tractament. Ihr Hauß ward
geplündert / und alles darinn befindliche den
Soldaten zur Beute gegeben. Man nöhtigte
sie auch / nebst dem Herrn Champlein und allen
Frantzosen/sich folgenden Tages zu Schiffe zu be‐
geben / welche gegen Tadoussac seegelten. Aber
die Herren Ludowig und Thomas Kerck / beyde
Brüder/ davon der eine Admiral und der ander
Vice‐Admiral war / erlaubeten unsern Geistli‐
chen zu verbleiben. Die Engelländer bezeugten
öffentlich/daß sie dieselbe in Canada liessen/ die
Wilden in den ersten Gründen des Christen‐
thums zu unterweisen/und mit Genehmhaltung
des Königs von Engelland verhinderten sie/ daß
sie nicht wiederumb nach Franckreich zurück keh‐
reten. Sie ermahneten sie auch/in allen Dingen
gantz frey mit ihnen umbzugehen/ und sie mit der‐
selben Freyheit zu besuchen / die sie für der Ero‐
berung zu Quebeck gehabt hätten. An statt nun
ihnen das Exercitium der Römischen Religion
zu untersagen/ baten sie dieselben vielmehr/ bey
ihnen den Wein zur Messe zu nehmen/ dessen sie
zum Gebrauch in ihrer Kirchen benöhtiget wa‐
ren/weil sie ihnen solchen aus auffrichtigem Her‐
tzen anboten.

Un‐

Unſere Franciſcaner lebeten auff dieſe Weiſe über die 6. Wochen nach der Eroberung Quebeck vergnügt/ und empfiengen viel Höfligkeiten
von den Engelländern / als die ſie ſehr erſuchten/
doch bey ihnen zu bleiben / und verſtatteten denſelben die Freyheit/die Wilden/welche mit ihnen
umbgiengen/zu unterrichten.   Dieſes daurete
biß auff den 9. folgenden Septembris / allda ſie
gleichfals ſich mit dem Herrn Pontgrave/welcher
wegen ſeiner Kranckheit zu Quebeck geblieben
war/zu Schiffe begaben /   ſich mit dem Herrn
Champlein / den Jeſuiten und allen Frantzoſen
aus Canada/welche man nach Tadouſſac des folgenden Tages nach der Eroberung Quebeck hatte paſſiren laſſen/ zu conjungiren.   Man ſtellet
hierbey eines jedweden Uberlegung anheim / wie
groß der Schmertz der Mißionarien müſſe geweſen ſeyn/als ſie ſich gezwungen ſahen/eine Miſſion zu verlaſſen/ daran ſie bißhero mit ſo groſſem
Fleiſſe gearbeit hatten.

    In der Hoffnung nun/daß unſere Franciſca-
ner bald wiederumb nach Canada zurück kehren
würden / verbargen ſie an unterſchiedlichen Oer-
teen einen Theil ihres Haußgerahts und ver-
ſchloſſen in einer Kiſten von Elends-Fellen / die
noch in eine andere geſetzet ward / damit keine
Lufft darzu kähme/ den vornehmſten Zieraht unſerer Kirchen / und reiſeten darauff nach Tadouſſac ab.

    Die Flotte gieng den 14. September zu
Seegel/nach Engelland zu ſchiffen/ und gelange-
te

te den 18. October zu Pleymouth an / allwo unſere Geiſtliche 6. oder 7. Tage ſtille lagen / und
nachmahls nebſt einigen Frantzoſen nach Londen begleitet wurden. Von Londen begaben
ſie ſich den 24. ſelbigen Monahts nach Calais
und von da nach unſerm Convent zu Paris.

Allhier muß der Leſer mercken / daß die
Engelländer unſern Convent in Quebeck ſo wohl
unſer lieben Frauen / als der Engel / erhalten habt. Dieſes letztere war noch daher in dem Zuſtand /
die Jeſuiten bey ihrer Wiederkehr in Canada
auffzunehmen / darinne ſie ſo lange verharreten /
biß ihr eigen Hauß wieder auffgerichtet ward.
Unſere Geiſtliche hatten ihnen auch die Gegend
vertraut / allwo ihr Kirchen-Schmuck verborgen
läge / und denſelben zu gebrauchen zwar frey gegeben / denn dieſes alles hatten ſie dem Pater le
Jeune / einem Jeſuiten / entdecket: Allein ſie wolten uns nachmahls die Gunſt erweiſen / ſich deſſen
ſo wohl / als unſerer Häuſer / Kirchen / Güter und
Aecker eigenthümblich zu gebrauchen / wie denn
auch davon biß jetzund hin zu alles von der Gegend Gribanne an biß an die Thür unſers Convents de noſtre Dame zu rechnen ihnen geblieben iſt. Dabey man mercken muß / daß der Brief /
welchen der Pater l' Allemant einem Jeſuiten
zugeſchrieben und in dem 3ten Theil des Mercu-
re Francois erzehlet worden / falſch ſey. Denn
nebſt andern Unwarheiten / darinn er ſeinem Pro-
vincial / an welchen er geſchrieben / beyfället / iſt

M 4 auch

ach dieſes/ daß ihre Kirche unſer lieben Frauen
den Engeln gewidmet / hergegen die unſere dem
St. Carolo geheiliget wäre.   Welches dann
unwiderſprechlich zu verſtehen gibt/daß dieſer der
Brieff des gedachten Paters Caroli l' Allemant
nicht ſeyn müſſe.   Er war allzu wohl in der Hiſtorie von America erfahren / daß er nicht ſolte
gewuſt haben/wie die erſte Kirche in Canada den
Franciſcanern gehörte / als welche die allerer-
ſten Miſſionarien darinnen geweſen / und ſie
unter dem Nahmen unſer lieben Frauen den Engeln auffgerichtet.

Das XXXVII. Cap.

Wie die Ordens-Leute des heiligen Franciſci allezeit in allen Ländern denen Jeſuiten in den Miſſionen zuvor gekommen ſeyn.

ICh kan nicht umbhin/allhie den Gedancken des R. Paters Valentin le Roux/
Franciſcaner Ordens/ deſſen ich in vorigem Capitel erwehnet/zu folgen/ weil er
ſelber ſie unter dem Nahmen du Pere Chre-
tien le Clercq ans Liecht geben wollen.

Es iſt eine groſſe Ehre und fürtrefflicher
Troſt für unſern heiligen Orden/ daß die Geiſtliche St. Franciſci den Vortheil gehabt/ die erſten
Vorläuffer der Herren Jeſniter in allen Ländern
durch die Predigt des Evangelii zu ſeyn/zu den erſten

sten Entdeckungen der Länder einen Grund gele-
get zu haben/ am ersten den Weinberg des HErren zu pflügen / und ihnen die Wege/ so wohl in
Ost-als West-Indien/ so wohl in Africa als Asia/
so wohl in der Barbarey als Türckey/ und durchgehends an allen Orten zu bereiten/ allwo nachmahls die Kinder des heiligen Ignatii in die
Fußstapffen der Kinder des heiligen Francisci ge-
tretten.

Von Ost-Indien / darinn heute zu Tage die
Jesuiter durch Ansehen/ Verdienst und Reichthumb so mächtig sind/ daß sie daselbst den Thau
des Himmels und das Fette der Erden haben/
wie der General-Recepteur dieses Indiens/ dessen Nahmen ich vergessen / an der Taffel des
Herrn Graffen von Frontenac / General-Gou-
verneurs in Neu-Franckreich/ solches in meiner
Gegenwart selbst erzehlet hat/ weiß man/ daß 8.
Minoriten-Brüder Anno 1500. dahin geschicket
worden/ das Evangelium zu Calicut und Cochin
zu predigen/ und alle/ ausgenommen der Pater
Heinrich / welcher nach seiner Wiederkunfft in
Spanien des Königes von Portugal Beicht-
Vater und Bischoff von Cepta worden/ die Märtyr-Krone daselbst empfangen haben.

Anno 1502. sendete man dahin eine stärcke-
re Gesandschafft von unsern Geistlichen / welche
noch mehr entdeckten/ die Fahne des Creutzes daselbst auffrichteten/ und vortreffliche Siege durch
die Predigt des Evangelii/ welches so viele Völcker bekehrete/ erhielten.

M 6   An-

Anno 1510. baueten unsere Ordens-Leute das berühmte Collegium und Seminarium zu Goa/einer Hauptstadt in Ost-Indien ; welches nachmahls in die 28. Jahr von ihnen vermehret/ biß endlich unsere Geistliche Anno 1542. es dem Heiligen Francisco Xavier überlassen/ umb eintzig und allein mit seinen Discipuln dieser Arbeit sich zuergeben/und das Evangelium diesen barbarischen Völckern zu predigen ; welches dann die Geschichtschreiber unserer Zeiten bekräfftigen/ und die Autores/ die das Leben des heiligen Xaverii beschrieben/sonderlich aber der Pater Horatius Turselinus in den ersten Editionen zur Gnüge darthun / ohngeacht in den folgenden Editionen ein Privat-Autor unter den Jesuiten gerne diese Erkäudlichkeit / die sie uns daher schuldig/ unterdrücken wollen.

Man weiß den Ruhm / den wir in allen Ländern des Orients und Occidents/ ja in Japan selbst davon getragen / indem wir mit einigen dieser Väter die Märtyr-Krone getheilet und unsere Franciscaner ihnen in den Wegen des Evangelii im Königreich Voxu/ dem Morgentheil in Japan/das Eiß gebrochen haben / wie von mir in der Vorrede dieses Buches schon erinnert worden. Und diese weite Länder sind es / wohin sie nachmahls die Jesuiten beruffen / eingeführet/ höfflich begegnet/ empfangen/ unterhalten/ geliebet/favorisiret / und mit ihnen zugleich die Arbeit des Evangelii fortgesetzet haben.

So ist auch gewiß/ das unsere Geistlichen nicht

nicht weniger in die andern Theile der Welt verschicket worden. Der heilige Vater Pabst Alexander der IV. giebet im Jahr 1254. in einer
seiner Episteln unsern Ordens-Leuten das Zeugniß / daß sie durch die gantze Welt in allen Ländern der Ketzer und Ungläubigen das Evangelium ausgebreitet haben; Wie davon seine eigene Worte also lauten.:

Alexander etc. unsern geliebten Mino-
riten-Brüdern / die da gesandt werden in die
Länder der Sarracenen / Heiden / Griechen /
Bulgarien / Cumanen / Aethiopien / Syrien /
Irland / Nubien / Georgien / Armenien / Indien / Tartarey / Nieder-und Ober-Ungarn / zu
den gefangenen Christen in Türckey und andern ungläubigen Nationen in Levant / oder
wo sie sonst seyn / unsern Apostolischen Gruß
und Seegen.

Anno 1272. bemühete sich unser Ehrwür-
diger Pater Hieronymus Dascoli / nachmahls er-
wehlter Pabst Nicolaus der IV. mit seinen
Discipuln nicht nur die Griechische und Lateini-
sche Kirche zu vereinigen / sondern verkündigte
auch das Evangelium in der Tartarey / und
durch seine Veranlassung wurden unsere Geistliche durch die Printzen beyder Armenien beruffen im Jahr 1289. und setzten ihre Arbeit anno
1332. noch fort.

Die Türckey und andere dem Mahomet
annoch unterworffene Königreiche sind gewesen
und sind annoch Schauplätze des Eiffers der Ordens

dens Leute St. Francisci und Zeugnisse unserer
Apostolischen Arbeit.   Man weiß / daß das heilige Land und noch viel andere dem Türcken unterworffene Oerter unter der Präfectur der Kinder St. Francisci seyn / sonderlich das heilige
Grab unsers Herrn JEsu Christi/ welches sie bewahren.   Sie haben überdem viel wichtige
Dienste den Ehrwürdigen Vätern der Jesuiten
erwiesen/und mit vielen ansehnlichen Besoderun-
gen sie begabet.

Im Jahr 1342. gedencken die Historien
unserer Mißionen in Boßnien / Sclavonien/ an
die Tartarn/die jetzo China besitzen / in Persien/
Medien und Chaldäa.

Anno 1370. ward unsere Mißion verstärcket
durch den Pabst Urbanum v. mit 60. unserer
Geistlichen/und unser Orden ward allenthalben
mit einer grossen Anzahl Märtyrer gezieret.

Die Ambassade Eugenii des IV. und die
Mißion von 40. unserer Geistlichen an den Priester Johann Anno 1439. die nachmahls durch
eine grössere Anzahl unterstützet ward / ist eben so
lekand/ als wie von der Veränderung seines
Staats/und daß er sich der Römischen Kirchen
unterworffen/die gantze Welt noch zu reden weiß.

Ja ich würde eine unendliche Arbeit auff
mich laden/wenn ich mich unterfangen wolte/eine
vollkommene Erzehlung der berümtesten Mißionen anzustellen/damit wir durch die gantze Welt
beehrt worden/ und zu welchen sich die Jesuiter
hinzugefügt; Denn sie sind nur in unsere Arbeit
ein-

eingetreten / wir aber haben vielmehr den Vor-
theil/sie zu continuiren/ indem wir mit einander
einstimmen/und nichts suchen/ als mit gesambten
Kräfften die Ehre Gottes und das Evangelium
auszubreiten.

Deßwegen haben auch unsere Franciscaner in Paris die Herren Jesuiten nach Canada
zu Hülffe geruffen/umb einmühtig an der Gewin-
nung der Seelen zu arbeiten: aber es ist zu mer-
cken/daß nachdem die Engelländer / als 4. Jahr
verflossen/Canada den Frantzosen wiederumb ab-
getretten/die Jesuiten/ die mehr Mittel als wir
hatten/wiederumb dahin gekehret/ und gleichwie
man durch intriguen unserer Zurückkunfft einige
Hinderniß in Weg geworffen/ also hat sie dieses
ergetzet/zu sehen/daß wir/ die wir sie sonst in allen
Mißionen in der Christenheit übertroffen/in Neu-
Franckreich alle Hoffnung / unsere Apostolische
Arbeit daselbst mit ihnen fortzusetzen / schienen
verlohren zu haben / ohngeacht die brüderliche
Liebe / welche unter diesen 2. Corporibus in keinem Stücke verletzet war/ uns überredete / daß
die Herren Jesuiten / die sonst voller Eiffer und
Tugend sind/sich so sehr darüber betrübten/als sie
in ihren Schrifften damahls uns bezeugeten.

Man würde ein gantzes Buch brauchen /
die Schwierigkeiten zu beschreiben / die unsere
Religicusen hatten / ihre Mißiones nach Canada
wiederumb fortzusetzen/und die Intriguen zu erzehlen / derer etliche Persohnen sich bedienet uns
daran zu verhindern. Man hatte in diesem Stücke

cke nichts vergeſſen / biß endlich ungefehr nach
Verflieſſung 30. Jahren die Deputirten aus
Canada/welche mit den gröſten Schmertzen nach
der Wiederkunfft unſerer Ordens-Brüder war-
teten/unſern Geiſtlichen mehr davon geſagt / als
ſie wiſſen wolten/ und mehr offenbahret/ als die
Liebe zu ſchreiben erlaubet. Sie ſagten zu unſern Geiſtlichen frey heraus/ daß ſie jemand ſuchten / den ſie zum Pfarrern über Quebeck und ihre
fürnehmſte Oerter ſetzen wolten. Ihre Gewiſſen wären derer benöhtiget/nachdem ſie mit einerley Leuten/ſo wohl im geiſtlichen als leiblichen/
zu thun hätten/und niemand wüſten/ dem ſie vertraulich den Zuſtand ihrer Hertzen entdecken kön-
ten/als allein den Jeſuiten/daher ſie aus Mangel
unſerer Franciſcaner andere ſuchen müſten.

Die Herren der Compagnie von Canada/
die gleiche Inſtruction von den Deputirten em-
pfangen/führeten faſt dieſelben Reden ; ſonderlich brachen der Herr Roſe/ Director/ die Herren
Margonne / de Porter/ Beruhier und andere in
dieſe Worten heraus / und redeten unſere Franciſcaner folgender maſſen an : Liebe Väter/es
wäre weit beſſer geweſen/wenn ihr als die andern Perſohnen wiederumb nach Canada zurück gekehret. Man hat euch und den Einwohnern groſſes Unrecht deßwegen gethan/
und wir ſehen wohl / woher ſolches kömpt.
Gebet enre Urſachen ein / ſo ſol euch und den
Einwohnern Recht widerfahren. Der Se-

ckſ

tretarius der Compagnie ſagte noch mehr zu unſern Geiſtlichen: Ehemahls/ meine Väter/bin
ich wider euch geweſen ; aber ich habe deßwegen bey Gott umb Vergebung gebeten.
Man hatte mich betrogen;allein ietzo ſehe ich/
daß ich gefehlet. Wolte Gott ! daß ihr ſchon
längſt nach Canada wieder gekehret wäret/
und euren Pfardienſt daſelbſt verwalter/ denn
man verlanget euch daſelbſt / die Gewiſſen zu
ſtillen.

Die Patres Zacharias Moreau/ein Fran-
ciſcaner/welcher den Tod der Gerechten in meinen Armen in unſerm Convent zu St. Germain
en Laye geſtorben/ und Paulus Huet/ der in unſerm FranciſcanerConvent zu Montergir in meiner Jugend mein Præceptor geweſen/ ſagten zu
den Herren von der Geſellſchafft in Canada/ daß
wenn man ihnen auch gleich erlaubete / dahin
wieder zu kehren / ſie dennoch nichts mit den
functionibus curialibus wolten zu thun haben/
umb niemanden zur Eifferſucht zu bewegen/
daferne die ehrwürdigen Väter der Jeſuiten uns
nicht ſelbſt dieſelbe Freundſchafft erweiſen würden / die unſere alte Väter ihnen im Jahr 1625.
gethan / als nemblich unſer Pater Joſeph le Ca-
ron/Superior unſers Kloſters in Quebeck/ihnen
umb die Freundſchafft zu erhalten erlaubete/ ja
ſie erſuchte/ mit ihnen die unctiones curiales zu
Quebeck eins umbs ander zu verrichten. Dieſes alles aber dienete zu nichts : die Compagnie
ſchickte ſich wegen der Wiederannehmung unſerer

rer Geiſtlichen in dem Raht zu Quebeck ſehr
langſahm an / weil darinn der Gouverneur und
die übrigen Perſohnen lauter Creaturen der
Ehrwürdigen Jeſuiten waren; daher man dann
den Syndicum und die Einwohner leicht gewinnen kunte / unſere Zurückkunfft nach Canada zu
verhindern. Der Pater Provincialis der Jeſuiten und der Pater l'Allement, Superior des
Profes-Hauſes / damahls aber Superior der
Miſſionen in Franckreich / dieneten gleichfalß zu
nichts / als unſere Wiederkunfft zu verlängern.

Der unpartheyiſche Leſer urtheile ſelbſt/
ob wir / wenn die ehrwürdigen Väter der Jeſuiten in unſer und hergegen wir in ihrer Stelle geweſen wären/wohl würden ermangelt haben /ihr
Begehren gut zu heiſſen/und zu befördern/ſonder-
lich da unſere Ordens-Leute ehemahls wider die
Meynung der gantzen Compagnie für gut angeſehen hatten/die Jeſuiten nach Canada zu beruf-
fen/und ſie bey ihrer Ankunfft Anno 1625. zu unterhalten. Denn obwohl der Gouverneur und
alle Einwohner ſich ihrer Auffnehmung wieder-
ſetzten/ſo überredete uns doch die Liebe / welche
auffrichtig und einfältig iſt/daß dieſe Ehrwürdige
Väter nicht ermangeln würden/uns dergleichen
Dienſt bey anderer Gelegenheit hinwieder zu er-
weiſen/ſonderlich da es ihnen nachmahls an Credit und Macht in dem Raht zu Quebeck nicht er-
mangelte/wie ſie neublich in dem folgenden Jahre unſere Geiſtliche in ihren Brieffen verſichert
haben. Indeſſen ſahe man doch/daß der Schluß
auff

auff Seiten unserer Geistlichen noch nicht aus-
fallen wolte/ ob schon der Herr Lauzon/ erst Gene-
ral-Director der Compagnie / nachmahls aber
Gouverneur in Canada / unsern Geistlichen seinen Dienst darin zu erweisen nicht ermangelte/
nicht achtend / daß man sich unserer Zuruckkunfft
wiedersetzte. Jhm ist der Herr Marquis von
Denouville in der Gouverneur-Charge zu Canada gefolget / und hat uns eben dergleichen Promessen / wie der Herr Lauzon/ gethan/ nemblich
sich unserer Progressen in der ferneren Entdeckung neuer Länder lassen angelegen seyn. Er
hatte insonderheit Befehl von dem Frantzösischen
Hoff empfangen/ das Vorhaben unserer Geistlichen zu befördern : allein er hat das Gegentheil
erwiesen/ und ist nachmahls von seinem Gouver-
nement zurück gerussen worden. An dessen
Stelle ist hierauff der Herr Graf von Frontenac
kommen/ der zu meiner Zeit ein rechter Vater der
Franciscaner gewesen / und uns in unserm Vorhaben stets unterstützet hat / wie ich dann weit-
läufftiger in meiner Louisiane und auch in dem
vorigen Tomo dieses Wercks davon gehandelt
habe.

Das XXXVIII. Cap.

Von den Gedancken/ die ein Missionarius haben sol / wenn er wenig
Seegen in seiner Arbeit verspüret.

Die

Je gantze Christenheit. hält für eine beständige Warheit und festen Grund des Glaubens/ daß der Beruf und die wahre und auffrichtige Bekehrung der Völcker ein grosses Werck der Barmhertzigkeit und Allmacht Gottes/ und der triumphirenden Kraft seiner Gnade und heiligen Geistes sey.

Wenn nun dieses von den unglaubigen und abgöttischen Völckern wahr ist/ denen doch schon Gesetze fürgeschrieben / und die/ so zu reden/ dadurch zu der Unterweisung des Evangelii und der Christlichen Religion bereitet sind ; wie vielmehr sollen denn die Apostolischen Männer diese Gnade Gottes in Absehen auff die wilde Nationen erkennen / als die noch nicht den geringsten Begriff von einer wahren oder falschen Religion gefasset haben; die ohne Regeln/ ohne Ordnungen/ ohne Gesetze/ ohne GOtt und allen Gottesdienst dahin leben; derer Gemüht nur allein auff das Zeitliche gerichtet ist/ und die nicht das geringste von der Religion und dem Glauben begreiffen können.

In diesem Zustand befinden sich nicht nur allein die Völcker von Canada längst dem Fluß St. Laurent / sondern auch eine unzehlbahre Menge anderer Nationen / derer ich in meiner Louisiane / wie auch in dem vorigen und diesem Buche gedacht habe. Daher sollen die Mißionarii erkennen / daß das Werck der Bekehrung so vieler blinden Völcker weit über unsere Kräffte sich erstrecke und nur allein dem Vater des Liechts

zu komme/ ja demjenigen gehöre/ der die Hertzen
der Menschen in seinen Händen hat / und also
denselben bitten/ die Decke wegzuthun / welche
für den Augen dieser Barbaren hänget; ihre
Vernunfft zu erleuchten; die Finsterniß/ darinne
sie vergraben liegen/ zu vertreiben; die Härte ihres steinernen Hertzens zu erweichen; diese Völcker zu Menschen zu machen / und sie zur Annehmung der Gesetze / die die Vernunfft und die
Schrifft vorschreibet/ zu bewegen: ja/ mit einem
Wort/ diese Blinde zu erleuchten / und sie durch
die Krafft seiner Gnaden mit der Erkändtniß
und Liebe zur Warheit zu beseeligen.

Diß ist das wahre Fundament des Apo-
stolats/ darauff diejenigen müssen erbauet seyn/
welche etwas zur Besserung der Völcker in Canada und in den übrigen Ländern/ die wir in die
1200. Meilen entdecket haben / contribuiren
wollen. Die Einfalt des Glaubens/ die Demuht/
die Gnade und Salbung des heiligen Geistes sollen diejenige anfrischen/ die Gott verordnet und
beruffet/ solcher Menge Völcker das Evangelium
zu verkündigen / die ich als ein Siegel in mein
Hertz gegraben/ und für derer Wollfahrt ich gern
mein Leben und das allerliebste / so ich auff der
Welt habe/ in die Schantze schlagen will. Doch
ehe man dasselbe solchen Nationen zu Liebe auff-
opffert / muß man zuvor zum Grunde legen/ daß
niemand zu JEsu Christo/ dem Sohn Gottes/
kräfftig könne gezogen werden / dafern es nicht
selbst der Vater des Liechts durch seine siegende
Gna-

Gnade thut: Denn sein unsichtbahrer Geist
bläset wenn und wo er will / und die Augenblicke
seiner Gnade sind GOtt allein bekand und in der
Macht des Vaters und des Herrn unsers Glück.
Ja wie er die Menschen durch seine Gnade zum
Glauben zubereitet ; also gibt er ihnen zur be-
stimbten Zeit in Warheit Kräffte genug / darzu
zugelangen / welche Gnade dann von der unwider-
streblichen unterschieden ist / der niemand wi-
derstehen kan. Denn stehet es nicht bey jeman-
des Lauffen oder Wollen / sondern allein bey dem /
der da erleuchtet und durch die Krafft seiner
Barmhertzigkeit rühret? Wie viel weniger wird
es denn bey dem stehen / der da begiesset und pflantzet / als der nur ein schwaches Werckzeug ist / dafern Gott nicht durch seine Gnade das Gedeyen
darzu giebet? Der Glaube ist eine Gabe GOttes / den alle Menschen mit ihrem Verdienst nicht
erkauffen könen / und die Gnade des Berufs ist ein
blosses Werck der Barmhertzigkeit / daher nur die
Menschen vergebens suchen / das Gebäu des
Glaubens auffzurichten / wenn GOtt sich nicht
mit ins Mittel schläget / und dem Menschen zuvor
kömpt.

Eine demühtige Einfalt soll demnach die
Seele aller Apostolischen Arbeit und der Zweck
der Haußhalter des Evangelii und der Mißionarien seyn / so mit mir geholffen und nach mir gekommen / umb die Seelen Christo zu gewinnen /
die wir in Canada und unter allen Nationen der
Louisiane entdecket / damit sie sich nur als schwache
und

und bloſſe Werckzeuge desjenigen/welchem allein
die Ehre der Bekehrung ſeiner kleinen Heerde
zukömpt/anſehen mögen. Ja / wo ſie mercken/
daß ſie mit ihrem Eiffer nichts außrichten/ ſo ſollen ſie in einer tieffen Selbſt-Verläugnung dem
Willen Gottes lediglich ſich unterwerffen und
gantz vergnügt ſprechen : Wir haben gethan
den Dienſt/ſo uns GOtt befohlen hat/ obgleich
der Außgang uns erkennen läſſet/daß wir unnütze
Knechte geweſen.

Nun beuge ich meine Knie und hebe meine
Hände auff zu GOtt/ nachdem er mich auch itzo
dieſen 3ten Theil meiner Beſchreibung in Entdeckung neuer Länder hat zu Ende bringen laſſen /
ihn ferner erſuchend/daß er weiter biß an meinen
Todt/ſo wohl den Gehorſam gegen ſeine Befehle
in mein Hertze drücken/als auch mir die Gnade
geben wolle / meinen Obern in den Dingen zu
folgen/die die Wolfahrt ſo vieler Seelen/welche
bißher in der Finſterniß der Unwiſſenheit geſte-
cket/betreffen. Er laſſe zu/daß ich den Reſt meiner Tage einem ſo lobwürdigen Vorhaben auff-
opffere / und indem ich mich willig allen Zufällen
unterwerffe und mich lediglich der Regierung
GOttes im leben und ſterben ergebe/ſo gönne er
mir doch die Freude/daß ich dadurch alle Mißionarien zugleich zu einem hertzlichen Eiffer und
Muht auffmuntere/ alles wegen der Bekehrung
der Seelen zu unternehmen / die erſchrecklichen
Schwierigkeiten nicht zu fliehen / ſondern allen
Verdruß und Wiederſprechen zur Erfüllung
ihrer

ihrer Dienſte gerne zu erdulden. Alle diejenigen/
die gewidmet ſind / von einem Meer biß zum andern geſand zu werden/ mache er doch nebſt mir
zu würdigen Gefäſſen und verordne ſie / den
Nahmen des HErren allen Völckern und bar-
bariſchen Nationen biß an das ende der Erden zu
verkündigen. Seine Göttliche Verſehung/ die
ich ſtets anbete/vermehre ſeine ſtreitende Kirche
allhie mit einer groſſen Anzahl Arbeiter/die ſtets
an dem Wachsthumb ſeines Weinberges arbei-
ten/und ſegne die Mühe aller übrigen Geiſt-
lichen/die da trachten das Reich JEſu
Chriſti auffzurichten
Amen!

E N D E.